지도는 지구보다 크다

P+M

지도는 지구보다 크다

게으름뱅이도 즐기는 종이 한 장의 여행법

박사 + 이명석 쓰고 그리다

궁리
KungRee

트래비스와함께 했던
'오스트레일리아지도 놀이'의 흔적

우리는 혜화동 로터리에 있는 카페로 간다. 친구를 만나기 위해서다. 이름은 트래비스 비어드. 사실 친구라고 할 수 있을까? 멜버른에서 왔다는 것만 알지, 본명도 얼굴도 모른다. 국제적인 즉석 만남 같은 거다.

나(M)의 즐겨찾기 사이트 중 라이트스토커스라는 곳이 있다. 세계 곳곳을 옮겨 다니는 여행가와 사진가들의 모임인데, 게으름뱅이 여행자인 나는 무거운 배낭을 메는 대신 그들의 경로와 사진들을 보며 입맛을 다시곤 한다. 그 빛의 추적자들 중 하나가 서울에 오게 되었다고 해서, 그냥 "만나자"고 한 거다.

수염이 덥수룩하고 한눈에 여행자라는 걸 알 만한 백인 청년이 먼저 와 있다. '트래비스 비어드(수염 난 여행꾼)'라는 이름이 본명이 아님이 거의 확실해진다. 그쪽에서 우리를 먼저 알아보았으니, 우리의 행색도 만만찮은가 보다.

막상 만났지만 무슨 이야기를 할지 막막하다. 서울엔 왜 왔냐? 얼마나 머무를 거냐? 이런저런 빙 도는 이야기를 하던 나는 갑자기 궁금한 게 떠오른다. "그러니까 너네 나라에 사는 게 크로커다일이야, 앨리게이터야?" 악어의 두 가지 종류 중 어느 쪽이 호주에서 사는 녀석인지 갑자기 궁금해졌던 거다.

트래비스는 잠시 생각하다 빙그레 웃는다. "우리 '지도놀이'나 할까?" 그러더니 노트를 꺼내 엉터리 한반도를 그리더니, 남쪽에 오스트레일리아를 그릴 자리를 찾는다. 축척상으로는 노트를 한참 벗어나 탁자 위에 그려야 할 판이다. 보다 못한 내가 나선다. 가방에서 여행잡지를 꺼내, 세계지도가 나오는 페이지를 펼쳐준다. "이게 더 좋겠지?" "낙서해도 돼?" "물론이지. 지도는 그러라고 있는 건데."

신이 난 듯 트래비스의 펜이 오스트레일리아 위를 달린다. "여기서부터 여기까지 동쪽 해안에 대부분의 사람이 살고 있지. 영화 〈크로커다일 던디〉에 나오는 악어는 여기 북쪽 해안에 있어. 그리고 이쪽 바다에는 무시무시한 전기가오리가 살아. 너 그거 알아? 여기는 사막인데 고양이를 잡아먹는 괴물이 산다고. (웬만하면 믿는 P도 그 말은 안 믿는다) 남쪽에 있는 큰 섬은 태즈매니아이고, 정말 못생긴 태즈매니안 베어가 살지."

갑자기 내가 묻는다. "그러면 『십오소년 표류기』에 나오는 애들이 표류한 데는 어디지?" 트래비스는 잠시 머뭇거리더니 바다 위 어디를 더듬는다. "걔들은 뉴질랜드 항구에서 떠내려갔으니 이쯤일까?" "『걸리버여행기』의 소인국은?" "소인국이 왜 여기에 있어?" "소설에 보면 태즈매니아 서쪽 어디라고 했던 것 같은데?" "아 그건 나도 몰랐네. 『킹콩』에 나오는 섬은 자바 근처인데……."

우리의 책은 이와 비슷한 놀이다. 트래비스를 만나기 오래전부터 우리는 '지도 놀이'에 익숙해져 있었다. 우리는 여권조차 없던 시절에 책상머리에 앉아 지도를 펼쳐두고 가상의 여행을 하곤 했다.

『오리엔트 특급 살인사건』의 기차는 어디를 향해 달리고 있었던 걸까? 왜 그 소설에 등장하는 인간들은 모두 다른 국적을 지니고 있었을까? 〈섹스 앤 더 시티〉의 캐리가 살던 집은 도대체 뉴욕 어디쯤일까? 어디에 가면 그녀가 먹던 푸딩을 맛볼 수 있을까? 〈캐리비안의 해적〉 잭 스패로우가 살던 시대의 바다의 진짜 모습은 어땠을까? 혹시 비밀의 보물섬이 아직도 그 근처에 숨어 있지 않을까?

우리는 책, 영화, 만화 속에서 언제나 마음을 사로잡는 섬, 마을, 거리, 바다를 만난다. 만약 남은 인생 동안 그곳에 찾아가보지 못한다면, 그것은 불운이라고 해도 좋다. 그러나 그 도시를 지도 위에서조차 찾아보지 않았다면, 우리는 그것이 태만이고 죄악이라고 단언한다.

지구는 인간들을 위한 놀이터. 역사와 허구 속의 주인공들은 제각각의 땅과 바다와 도시와 거리를 가지고 있다. 현실에서든 상상 속에서든 그 모든 이야기는 '어떤 곳'에서 벌어졌다. 그 모든 나라, 바다, 도시, 거리를 찾아갈 수 있다면 정말 좋겠지. 하지만 수많은 장애들이 발을 건다. 그런 우리 앞에 지도가 있다. 이 신비로운 종이만큼 우리의 갈증과 호기심을 해결해줄 존재는 없다.

우리는 지도라는 마법의 종이를 펼친다. 막연하게만 알고 있던 도시, 항구, 거리들을 찾아내며, 보물의 위치를 발견한 것마냥 흥분한다. 무궁한 호기심으로 수많은 이야기들을 모으고, 그 세계에 대해 알려주는 지도를 수집하고, 그러다 참다못해 직접 우리만의 지도를 그려나간다. 지도는 세계를 축약하지만, 꿈은 그 속에서 수만 배로 부풀어오른다. 그러곤 생각한다. 어느 날 꿈이 너무나 무르익으면 그 지도를 들고 진짜 세계로 날아가고 말리라.

우리는 지금 8년 전쯤 골목길에서 주운 낡은 지구본을 들여다본다. 소비에트 공화국이 선명하게 적혀 있는 구시대의 유물 위에서 더듬더듬 지명을 읽어간다. 그날 이후 한 번도 보지 못한 수염투성이 친구 트래비스가 지금은 어디에 있을까 생각하며 지구본의 먼지를 닦아간다. 그는 서울, 상하이, 마카오, 파키스탄을 옮겨 다니며 사진 일을 하며 여비를 마련할 거라고 했다. 최종 목적지는 아프가니스탄의 카불. 그곳 주민들에게 고국의 친구들이 기증한 중고 디지털 카메라를 나눠주고 사진 찍는 법을 가르칠 예정이라고 했다. 한편으로는 부럽고, 한편으로는 부끄럽다. 나는 왜 여기서 꾸물럭거리고 있을까?

우리는 몇 년 전 사람들에게 여행의 로망을 부추기는 책을 썼다. 그 죄로 여기저기서 원망의 소리를 들어왔다. 사람들은 온갖 한탄을 해댄다. 정말 마음은 활활 타오르는데 부모님이 허락해주지 않는다, 펀드가 곤두박질했다, 직장일 때문에 시간을 낼 수 없다. (간혹 우리 때문에 전세 돈을 빼서 떠나버렸다는 사람도 있지만) 그런 사람들에게 말하고 싶다. 우리라고 항상 떠날 수 있는 건 아니라고. 그러나 떠나는 연습만큼은 멈추지 않는다고. 지도 밖으로 떠날 때가 언제인지는 모른다. 그러나 그때까지도 마음의 여행은 멈추지 말자. 그러니까 지금은……

"지도 안으로라도 떠나자."

2009년 4월.
ⓟ 의 뒤뜰에 있는 딸기 모종을 옮겨 심을 걱정을 하며. ⨏

차례 .

도시는
나라보다
크다 ..

1 카프카의 프라하를 만나다

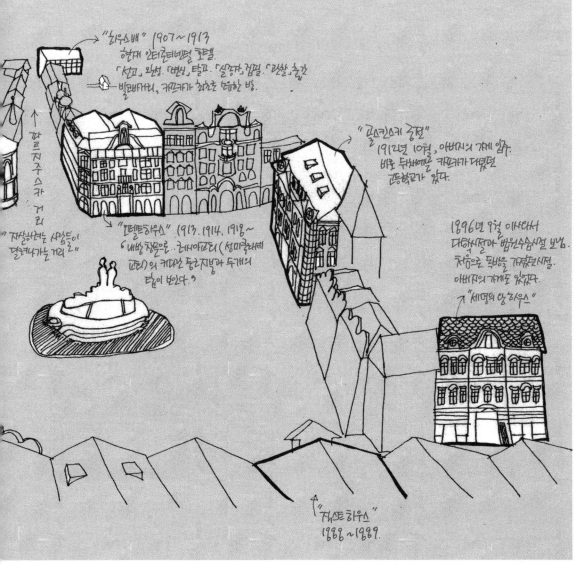

→ "하우스배" 1907~1913
 현재 인터콘티넨털 호텔.
 「선고」 완성. 「변신」 탈고. 「실종자」집필. 「관찰」 출간
 빌헬바러, 카프카가 최초로 묵한 방.

"꼴친스키 중절"
 1912년 10월, 아버지의 가게 입주.
 바로 두번째로 카프카가 대였던
 고등학교가 있다.

↑ 칼르지주스카 거리
 "자살하려는 사람들이
 덜려나가는 거리"

→ "텔레트하우스" (1913. 1914. 1918~
 6 내방 창문으로... 러베아피티 (성마골러메
 피티)의 커다란 돌지붕과 두개의
 탑이 보인다. 9

1896년 9월 아내에서
 대학시절과 법원수습시절 묵업.
 저층으로, 독방을 가졌던시절.
 아버지의 가게도 있었다.

↑ "세명의 앙하우스"

↑ "저스트하우스"
 1888~1889.

©박사

두 번째 프라하^{Prague}에 갔을 때 그 여행의 주제가 '카프카^{Kafka}'가 된 것은 순전히 우연이었다. 그의 작품들을 좋아하긴 했지만 그의 발자국을 열렬히 뒤쫓을 만큼 팬은 아니었다. 하지만 프라하를 걷다보니 계속해서 카프카를 만날 수밖에 없었다. 길모퉁이에서, 담벼락에서, 서점에서, 표지판에서. 내가 카프카를 좇는 게 아니라 카프카가 나를 미행하는 듯했다. 그러니 어쩌랴. 돌아서서 그를 되짚을밖에. 그리하여 나는, 카프카의 행적이 표시된 지도를 샀다.

그 모든 곳들. 작고도 아름다운 곳들. 나는 추운 날씨에 코끝이 빨개진 채 종종 걸음으로 카프카를 찾아다녔다. 이제 호텔이 된 하우스배 자리에서 블타바 강을 내다볼 수 없을까 오르락내리락하다가 우연히 본 대형 거울 속의 나는 마치 카프카 소설 속 주인공 같았다. 연금술사의 골목에서 좁은 2층을 오르며 내 발밑, 작은 책상에서 글을 쓰고 있는 그를 상상했다. 그가 걸었던 숲을 걸었다. 그가 걸었던 길을 걸었다. 마른 모래처럼 서걱거리며, 그의 독일어들이 발등 위에 떨어지는 소리가 들리는 듯했다.

마지막 날 묵었던 호텔은 구시가 광장에 면해 있었다. 왼쪽 창으로는 카프카의 생가가 내다보였고, 그 옆의 오펠트하우스도 보였다. 정면의 창으로는 골스킨스키 궁전이 자리잡고 있었다. 화장실 창으로는 직스트하우스와 세 명의 왕 하우스가 자리하고 있는 첼레트나 거리 입구가 보였다. 그 방에서 나는 카프카를 따라 까치발이 된 채 종종거리며 헤매던 발끝이 가만히 바닥에 닿는 것을 느꼈다. 살아생전의 카프카 또한 그곳에서 지금 내가 묵고 있는 이 방의 창문들을 건너다

보았으리라. 어쩌면 지인의 초대로, 이 방에 우두커니 서 보았던 적도 있었으리. 그와 나를 가로막고 있는 것은 시간밖에 없었다. 그 힘센 시간은 또 투명하기도 해서, 그가 보았던 풍경을 내게 보여주는 데 아낌이 없다. 프라하, 그 아름다운 도시.

——— 카프카를 만든 도시 프라하, 프라하를 먹여살리는 아이콘 카프카

프라하는 아름다운 도시다. 낯설고 먼 나라의 낯설고 먼 도시. 여행자들은 그곳에서 고풍스러운 건물들과 비현실적으로 보일 만큼 아름다운 야경을 만난다. 그리고 또 만난다. 카프카를. 이국적인 이미지의 대명사처럼 어렸을 때부터 익히 들어온 친숙한 이름의 작가를. 이미 오래전에 죽은 작가이지만, 프라하에서만큼은 그의 체온을 느낄 수 있다. 길모퉁이에서 문득 맞닥뜨릴 것 같은 느낌이 들 정도로, 한 작가의 숨결을 이토록 생생하게 간직한 도시가 또 있을까.

한 작가를 이토록 온전히 품고 있는 도시가 지구상에 또 있을까. 좁고 오밀조밀한 골목을 걷다보면, 카프카는 프라하의 영혼처럼 느껴진다. 프라하의 다양한 문화와 사람들을 그려낸 일러스트레이터 보트루바Votruba는 프라하를 대표하는 사람들을 한자리에 모아놓은 그림에서 일부러 카프카를 등돌려놓았다. 뒷모습만 보아도 카프카임을 알 만큼 유명한 사람이라는 의미일 수도 있지만, 한편으로는 모든 서점과 기념품 가게를 점령하고 있는 카프카 소비에 대한 조롱과 항의의 표시일 수도 있겠다.

프라하는 카프카에게 단순히 푸근한 고향 이상의 의미였다. "프라하는 놓아주지 않는다. 이 어미는 맹수의 발톱을 가지고 있다"라고 카프카는 말한다. 평생 프라하에 대한 애증의 감정을 놓지 못했던 카프카. 그곳에서 태어난 그는 프라하를 떠나 지낼 때에도 그 영향력에서 결코 벗어날 수 없었다. 구시가 광장을 중심으로 카프카가 태어난 집부터 시작하여 그가 자라난 곳들을 차례차례 돌아다니다보면, 그의 영혼에 이 도시가 각인된 이유를 짐작하게 된다.

그는 자신에게 히브리어를 가르쳤던 가정교사에게, 창문 밖 프라하 전경을 가리키며 말했다고 한다. "저곳이 제가 다니던 고등학교지요. 건너편 건물은 대학이고, 왼쪽으로 조금 더 걸어가면 제 사무실입니다." 손가락으로 몇 개의 작은 원을 그리며, 카프카는 이어서 말했다. "제 인생은 이 작은 원 속에 갇혀 있어요……." 둥글게 둥글게 퍼져나가지만 또한 단단하게 막혀 있는 원. 그 안에서 카프카는 자라나고 글을 쓰고 산책을 하고 또 글을 쓰면서 살다가 결국 프라하의 관광자원이 됐다. 그가 과연 그것을 원했을까? 아마도, 아니었을 것이다.

카프카는 프라하를 너무나도 떠나고 싶어했다고 한다. 그는 혼자서 별별 계획을 다 세워보곤 했다. 스페인어를 배운다, 빈에 있는 수출 아카데미에서 공부를 한다, 남미로 이민을 떠난다……. 가능한 한 프라하로부터 멀어지려는 그의 시도는 쉽게 이루어지지 않았다. 그는 어쩌면 그의 인생 자체에서 떠나고 싶었던 것은 아닐까. 프라하 안에서, 폭압적인 아버지 밑에서 구획지어지고 만들어진 인생을 통째로 버리고 카프카 아닌 카프카가 되고 싶었을지도 모를 카프카. 그러나 그는 프라하의 또 다른 이름이 되어버렸다.

── 카프카의 정서를 만든 프라하의 정서

그토록 프라하를 떠나고 싶어했지만 프라하가 그의 문학적 자양분이 되었다는 사실은 카프카 자신도 부정하지 못할 것이다. 단순히 아름다운 산책로를 품고 있기 때문만은 아니다. 산책하는 것을 무척 좋아했던 카프카에게 프라하의 멋진 산책로는 큰 역할을 했겠지만, 그보다 더 근본적인 영향을 끼친 것은 프라하라는 도시를 이루

연금술사의 골목 22번지

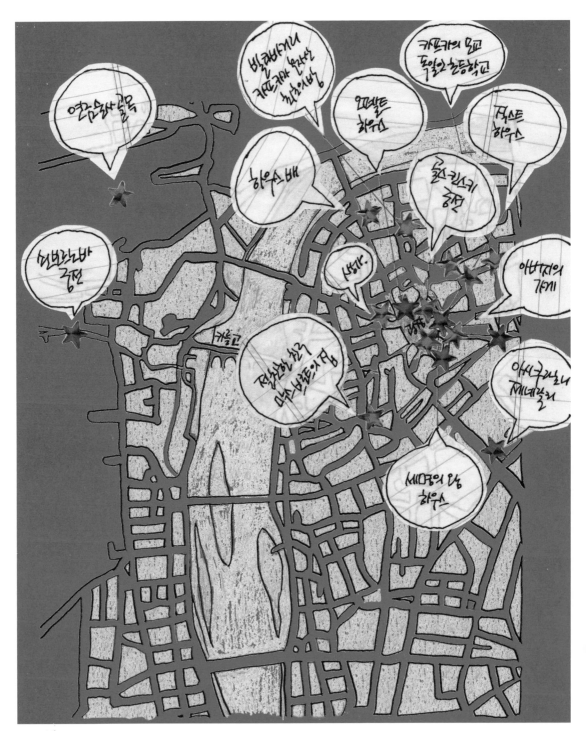

©박사

는 문화였다.

보헤미아 왕국의 수도인 프라하를 차지하고 있는 것은 독일인이었다. 많은 체코인들이 이주해 들어오는 바람에 소수가 되기는 했지만, 독일인들은 프라하의 상류계층을 이루어 여전히 독일어를 쓰면서 프라하의 중심인 구시가와 요제프 구에 모여 살았다. 독일어를 일상적으로 쓰는 가장 가까운 지역이 50킬로미터나 떨어져 있었으니, 독일어의 섬이라 할 만했다. '프라하 독일어'는 다른 독일어보다 간결한 문체를 특징으로 한다. 독일어를 말하는 사람의 과반수 이상을 차지했던 '독일계 유대인'이었던 카프카는 독일어로 작품을 썼다. 카프카가 외국어로 글을 쓰는 작가였다는 일부의 오해는 여기서 비롯된다.

'프라하 독일어'에서 '간결한 문체'를 받아들인 그의 글을 채우고 있는 정서도 이들 독특한 위치의 독일인의 삶에서 흘러나온 것들이었다. 프라하의 상류계층으로서 누릴 수 있었던 풍부한 문화적인 삶은 카프카에게 든든한 자양분이 되었다. 또한 그 이면을 이루고 있었던 소수집단인 독일인들의 폐쇄성은 카프카의 정서를 지배하게 되었다.

─── 카프카를 따라 프라하를 돌다

카프카는 1883년 7월 3일, 구시가 광장이 가까운 유대인 거주지역에서 태어났다. 그의 생가는 현재 대문만이 옛 모습을 간직하고 있는데, 1960년대 중반 '프라하의 봄^{Prague Spring}'에 제막된 반신상을 건물에 붙여 카프카의 생가임을 기리고 있다. 그가 다섯 살 때까지 이사다녔던 세 채의 집은 철거된 유대인 거주지역 안에 있어 지금은 볼 수 없다. 그의 다섯 번째 집인 직스트하우스에서 그는 1889년 5월까지 9개월간 살았다. 그 뒤에 카프카는 소광장 2번지의 하우스 미누타^{Haus Minuta} 작은 집으로 이사해 1896년 9월까지 살게 된다. 6년간 살았던 이 집에서 카프카는 죽은 남동생들 대신 엘리, 발리, 오틀라, 세 명의 여동생을 맞이하게 된다. 하우스 미누타에서 그는 프라하 구시가의 독일어 상용 왕립고등학교에 다닌다.

카프카가 열여덟 살로 고등학교 4학년에 진급한 해 하우스 미누타를 떠나 세 명의 왕 하우스로 이사한다. 이 집은 그 전의 집과도, 고등학교와도 멀지 않은 첼레트나 거리에 위치하고 있었다. 나중에 아버지의 가게도 같은 건물로 들어오게 된다. 이 집에서 카프카는 대학시절과 박사학위를 받은 뒤의 법원 수습시절을 보냈다. 카프카가 다녔던 대학은 프라하의 왕립 독일 카를 페르디난트 대학이었다. 법을 전공한 카프카의 첫 직장은 아시쿠라초니 제네랄리 보험회사의 프라하 지점이었다. 이곳에서 1년을 보낸 카프카는 보헤미아 왕국 노동재해 보험협회로 이직하여 퇴직하기 전까지 그곳에서 일을 한다.

카프카는 세 명의 왕 하우스에서 1907년 6월 하우스배로 이사한다. 엘리베이터도 있는 이 고급 임대주택의 꼭대기층에서 건설 중인 체후브교를 내려다보며 카프카는 다리에 연결된 파르지주스카 거리를 "자살하려는 사람들이 달려나가는 거리"라고 이름지었다. 아직 채 짓지 못한 다리를 향해 곧게 뻗어 있는 길. 달려가다보면 곧장 강으로 떨어질 길이었다. 이 집에서 카프카는 『소송^{Der Prozess}』, 『변신^{Die Verwandlung}』, 『실종자^{Der Verschollene}』 등 유명한 걸작들을 집필한다.

카프카는 블타바 강의 민간수영학교를 다니고, 친한 친구인 막스 브로트^{Max Brod}의 집에 종종 놀러 갔다. 이곳은 그가 약혼녀 펠리체 바우어^{Felice Bauer}를 만난 곳이기도 하다.

1913년에 오펠트하우스로 이사한 카프카는 한동안 그곳에서 살다가 드디어 빌코바 거리 10번지의 집으로 독립을 하게 되었다. 그의 나이 서른한 살이었다. 그 뒤에 누이동생의 집 등을 전전하던 그는 황금곤들매기에 1915년 3월부터 1917년 2월까지 잠시 정을 붙이고 산다. 아름답지만 시끄러운 이 방에서 글을 쓸 수 없었던 카프카는 그 유명한 연금술사의 골목 22번지를 작업실로 구하게 된다. 작고도 작은 이 집은 현재 카프카의 책을 파는 작고도 작은 서점이 되어 있다. 이후 쉰보르노바 궁전으로 이사한 뒤에도, 그는 이 작은 집으로 출퇴근하며 글을 썼다.

쉰보르노바의 이 집에서 첫 각혈을 한 카프카는 1917년 9월부터 병 치료차 시골 요양소로 떠나게 된다. 그럼에도 직장을 그만두지 않았던 카프카는 종종 프라하로 돌아와야 했고, 결국 5년이 지난 뒤에 사직한다. 회사를 사직한 뒤에도 가끔 프라하의 부모님 집으로 와서 쉬던 그는 1924년 6월 3일 요양소에서 숨을 놓는다. 현재 그는 프라하 슈트라슈니츠^{Straschnitz}의 유대인 공동묘지에 묻혀 있다. ℙ

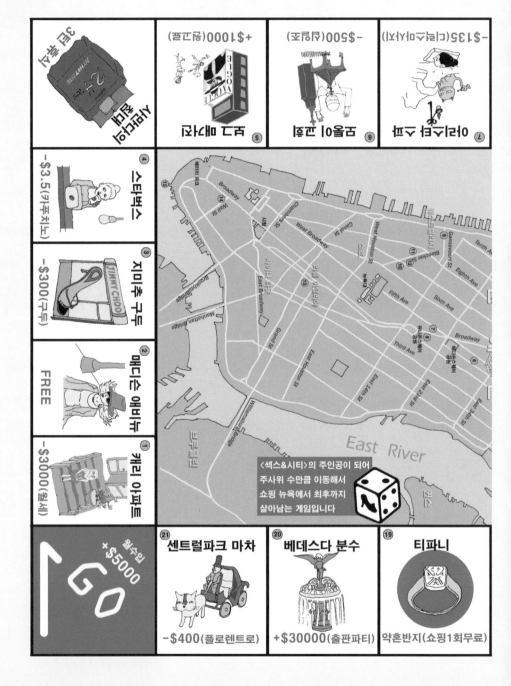

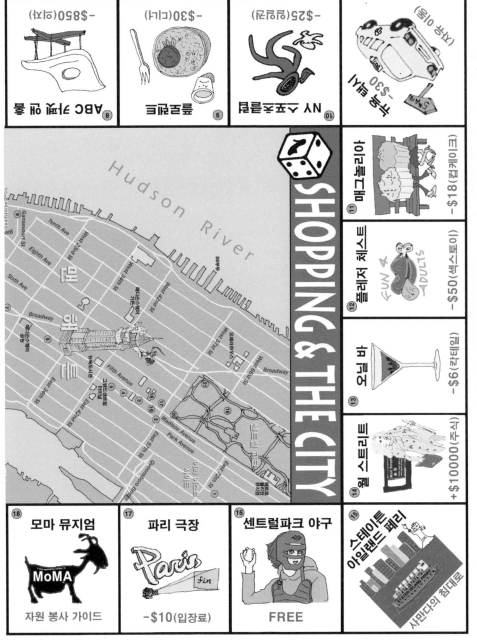

SHOPPING & THE CITY

⑧ ABC 가정 용 품 -$850 (의자)

클럽줄리크 -$30 (디너)

⑩ NY 스포츠클럽 -$25 (물놀이용품)

스쿨 렌터카 -$30 (차량 이용)

⑪ 매그놀리아 -$18 (컵케이크)

⑫ 플레저 체스트 -$50 (섹스토이) FUN 4 ADULTS

⑬ 오닉 바 -$6 (칵테일)

⑭ 월 스트리트 +$10000 (주식)

⑱ 모마 뮤지엄 MoMA 자원 봉사 가이드

⑰ 파리 극장 Paris fin -$10 (입장료)

⑯ 센트럴파크 야구 FREE

⑮ 스테이튼 아일랜드 페리 사만다의 침대로

Hudson River

©이명석

항상 거기로 돌아가면 두 팔을 벌린 채 나를 기다리고 있는 넓은 가슴의 남자. 캐리의 바람은 세상 많은 여자들과 다르지 않았다. 구두에 미친 나머지 신용카드를 몽땅 잘라버리고, 풋내기와의 하룻밤으로 후회가 밀려오고, 냉소적인 편집장에게 시달리고, 세상 사람들에게 지독한 창피를 당할지라도 그런 자신을 전혀 부끄러워하지 않고 안아줄 사람. 튼튼하고 정직한 가구 디자이너 에이든, 나란히 앉아 지적인 대화를 나눌 수 있는 작가 버거, 중후한 나이와 유럽의 세련됨으로 여자를 다룰 줄 아는 아티스트 페트로브스키……. 하지만 모두가 부족했다. 처음부터 끝까지 그녀의 애를 태우던 미스터 빅조차 이름만큼 큰 남자는 아니었다. 그럼에도 오늘 그녀는 잘난체하는 남자들의 가슴을 밀치고, 작은 체구를 8센티미터 힐에 싣고 거리로 뛰쳐나간다. 왜냐면 거기 그 남자가 기다리고 있을 것이기 때문이다. 차갑고 매몰차 보이지만 천 가지 얼굴과 만 곳의 즐거움으로 그녀를 안아줄 도시, 뉴욕만이 그녀의 영원한 데이트 상대가 될 수 있다.

—— 뉴욕과 연애하는 완벽한 방법

어떤 도시와 연애하는 책, 드라마, 영화의 리스트는 적지 않다. 그러나 미국 HBO의 드라마 시리즈 〈섹스 앤 더 시티〉만큼 도시 구석구석의 속살을 드러내며, 그 도시를 작품의 진짜 주인공으로 만들어낸 예는 찾아보기 어렵다. 캐리, 미란다, 샬롯, 사만다, 네 명의 친구들은 매주 우리를 뉴욕에서도 가장 매력적인 장소로 안내한다. "뉴욕의 싱글들은 시간을 보낼 방법들이 무궁무진하다. 박물관, 공원, 영화관, 콘서트홀, 나이트클럽, 셀 수 없는 레스토랑들……" 원작 작가인 캔디스 부시넬이 뉴욕 길바닥의 인터뷰에서 칼럼을 뽑아냈기에 드라마 속 공간들 대부분이 실존하는 장소들이다. 등장인물들은 노골적인 패션잡지처럼 그곳의 이름을 밝히는 데 주저함이 없다. 여섯 시즌의 막을 내린 뒤 드라마 속의 장소들을 찾아가는 투어가 만들어지고, 전 세계에서 찾아온 팬들이 캐리, 사만다, 미란다, 샬롯의 친구가 된 듯한 환상에 젖는 것도 무리가 아니다. 물론 우리도 그 무리에 끼어 양손에 지미 추와 마놀로 브라닉 구두를 한 켤레씩 들고, 티파니의 보석으로 약혼반지를 만들 꿈을 꿀 수 있을 것이다. 하지만, 〈섹스 앤 더 시티〉는 싱글의 이야기다. 당신 홀로 조심스레 뉴욕지도를 펼쳐든 뒤, 〈섹스 앤 더 시티〉의 다섯 번째 주인공이 되어 친구들의 길을 타박타박 따라가보는 건 어떨까?

　　　"침실과 거실이 분리된 원 베드룸 아파트먼트, 4층 정도. 어퍼 이스트 사이드Upper East Side를 걸어서 갈 수 있고, 매디슨 애비뉴Madison Avenue를 살짝 벗어난 곳." 캐리의 아파트에서부터 우리의 뉴욕여행을 시작해보자. 남자친구인 에이든의 이삿짐 박스에서 정확한 주소까지 알 수 있다. 73번가 이스트 245번지. 사치스런 입지는 아니지만 맨해튼에서 독립 주거생활을 하려면 매달 3천 달러는 주어야 하는 시세. 일주일에 한 번 신문에 칼럼을 쓰는 정도로 그 월세를 내고 최고급 구두를 수집해 쌓아두는 그녀의 경제생활에 고개가 갸웃거려지지만 일단은 미소를 지어주도록 하자. 적어도 방안의 인테리어는 벼룩시장을 제법 들락거렸을 만한 빈티지 스타일이고, 멀지 않은 파크 애비뉴Park Avenue에 있는 샬롯의 신혼집에 비하자면 무척이나 검소한 주택이다.

　　　캐리가 무리를 해서라도 매디슨 애비뉴 근처에 살고자 고집했던 이유는 무얼까? 세계 광고업계의 중심지인 이곳은 뉴욕에서도 가장 세련된 남녀들이 활기차게 걸어다니는 '가장 뉴욕다운 거리'이다. 게다가 칼럼니스트로서 그녀가 주요한 목표로 삼고 있는 《보그》 매거진의 사옥이 자리 잡고 있다. 거기에 살짝 옆길로 빠져나와 5번가로 접어들면, 핑크빛 뱀의 혀로 여자들의 허리를 감아챌 명품 숍들이 줄지어 있다는 사실도 무시 못할 이유였겠지.

성 패트릭 성당에서 북쪽으로 5번가를 따라가면 캐리의 추억이 얽혀 있는 장소들이 밀집해 있다. 먼저 캐리의 단골 구두가게인 지미 추^{Jimmy Choo Shoes}가 보이고, 뉴욕 미술의 중심지인 모마^{MoMA; Museum of Modern Art} 뒤로 돌아가면 마놀로 블라닉 부티크^{Manolo Blahnik Boutique}를 만날 수 있다. 캐리 정도라면 가볍게 소화하는 구두이지만, 악명 높은 작은 사이즈를 신기 위해 새끼발가락을 자르는 여성들도 있다고 한다. 다시 5번가로 나와 북쪽으로 가면, 오른쪽으로 티파니^{Tiffany & Co.}가 보인다. 오드리 헵번이 영화 〈티파니에서 아침을^{Breakfast at Tiffany's}〉에서 들렀던 유명한 보석가게로 〈섹스 앤 더 시티〉의 여러 에피소드에 등장한다. 샬롯이 자기가 먼저 청혼했다는 분을 삭히게 된 것도 이곳에서 '가장 예쁜 반지'를 선물받았기 때문이다.

"뉴욕생활의 좋은 점 중 하나는, 당신이 어느 밤이라도 떠날 수 있다는 사실이다. 파리로!" 대각선으로 눈을 돌리면 58번가에 걸쳐져 있는 파리극장^{Paris Theatre}이 보인다. 맨해튼에 거의 남아 있지 않은 '진짜 영화관'으로, 프랑스 중심의 외국 예술 영화를 전문으로 상영하는 곳이다. 캐리는 이곳에서 혼자 영화를 본 뒤 "완벽한 뉴욕의 밤"이었다고 만족하는데, 아이러니하게도 영화의 제목은 〈조이 포 투^{Joy for two}〉. 그래서 캐리는 웃으며 말한다. "둘을 위한 즐거움, 한 장이요^{Joy for two, for one}."

푸른 벨벳의 영화관 건너편으로 센트럴 파크의 남쪽을 지키고 있는 위압적인 신사가 보인다. 플라자 호텔은 영화 〈추억^{The Way We were}〉에서 바브라 스트라이샌드가 로버트 레드포드에게 작별을 고하는 장소로도 유명한데, 럭셔리한 호텔 안의 오크 바^{Oak Bar}는 캐리와 빅의 추억이 깃든 곳이다. 공원 쪽으로 야외 테라스와 함께 있는 베데스다 분수^{Bethesda Fountain}에서는 〈섹스 앤 더 시티〉의 파티가 펼쳐지기도 했다.

우리의 뉴욕친구들은 주말을 어디에서 보낼까? 분수 너머 넓디넓은 센트럴 파크가 다채로운 준비를 하고 있다. 뉴욕의 허파인 이곳에서 캐리와 친구들은 조깅하고, 개들을 산책시키고, 그 주인인 남자들과 뒤엉키고, 일광욕을 즐기기도 한다. 센트럴 파크는 시민전쟁 이후 만들어진 수많은 볼 클럽들의 본거지로, 26개의 경기장에서 야구나 소프트볼을 즐길 수 있다. 일요일 오후 한때 야구를 즐긴 뒤 근처의 펍이나 카페에서 환담을 나누는 것도 뉴요커의 즐거움인데, 변호사인 미란다는 승진에 도움이 될까 싶어 회사의 주말 야구대회에 출전해 맹활약했다가 레즈비언으로 오인받기도 한다. 미란다는 또 다른 뉴욕의 상징인 양키스의 열렬한 팬이기도 한데, 네 친구가 함께 야구장을 찾아가 태양 아래 맥주와 담배를 즐기기 위해서는 북쪽으로 다리를 건너 브롱크스 지역^{880 River Ave, Bronx}으로 가야 한다. 캐리는 양키스의 섹시한 루키와 사귀는 것도 마다하지 않지만, 센트럴 파크에서 빅과 함께 밤의 마차를 탄 시간을 훨씬 낭만적인 기억으로 간직하고 있다. 센트럴 파크 캐리지 회사는 신데렐라 화이트, 레드 캐너디안 빅토리아, 블루 풀 톱 등 다채로운 스타일의 마차를 준비하고 있고, 〈나 홀로 집에〉〈순수의 시대〉 등에서도 그 장면을 볼 수 있다. 규칙상 공원을 벗어나면 벌금을 내야 하는데, 미스터 빅처럼 4백 달러를 찔러주면 인근 도로를 달려줄지도 모른다.

이 거대한 정원의 또 다른 즐거움은, 메트로폴리탄, 구겐하임 등 세계적인 수준의 미술관과 박물관들로 둘러싸여 있다는 사실이다. 하지만 뉴욕의 예술 애호가들은 그 위치는 물론 개관시간까지 제대로 알아둬야 한다. 캐리는 휴관일에 구겐하임을 잘못 찾았다가 얄미운 돌풍에 치마가 벗겨질 뻔하기도 했다. 반대로 시간을 잘 맞추면 일요일 모마에서 자원봉사자 샬롯의 가이드로 모네의 그림을 감상할 수도 있다. 부설 아트 숍에서 미란다의 집에 놓인 투박한 항아리를 살 수도 있다.

자유로운 싱글과 일요일의 신앙생활은 전혀 어울리지 않지만, 뉴욕의 건실한 독신남들을 만나기 위해 교회를 찾는 그녀들의 모습을 보기도 한다. 5번가를 남쪽으로 내려가 엠파이어스테이트 빌딩을 지나면 29번가와 만나는 길에 '모퉁이의 작은 교회 Little Church Around the Corner' 가 나온다. 19세기 중엽에 세워진 이 고풍스러운 교회에서 사만다는 성스러운 섹스에 눈을 뜨기도 한다. 물론 그녀들은 성직자들뿐만 아니라 소방관, 해군 등 제복의 사내들에게도 뜨거운 눈길을 보내는데, 월드 트레이드 센터 World Trade Center 의 테러에 대해 직접적으로 말하지는 않지만 이러한 사교가 나름의 '애국적 행위' 라고 여기는 듯도 하다. 매년 5월 말에 벌어지는 해군의 정박 주간 Annual Fleet Week 은 그녀들이 가장 기다리는 축제기간이기도 하다. 이때가 되면 뉴욕거리 곳곳에서 귀여운 해군의 팔짱을 낀 그녀들을 볼 수 있지만, 허드슨 강에 인접한 88부두 Pier 88 에 정박한 선박에 올라타면 '물 반 해군 반' 이라는 소문이다.

─── 세계의 진미가 흘러들어오는 거리

"내가 부엌에서 이룬 유일한 성공작은 한 번의 잡탕, 그리고 몇 번의 작은 화재뿐이다." 뉴욕의 여느 싱글들과 마찬가지로 캐리가

직접 요리를 해먹는 일은 거의 없다. 주방에는 요리책이 몇 권 있지만 거의 읽은 적이 없고, 군데군데 놔둔 포장배달 메뉴를 훨씬 요긴하게 쓴다. 대신 가벼운 식사 한 끼라도 멋지게 차려 입고 거리로 나가는 일이 많다. 친구들과의 브런치 정도라면 유니온 스퀘어 근처의 식당들을 즐겨 찾는다. 아름다운 야외정원이 있는 루나 파크^{Luna Park}, 해산물과 비즈니스 런치가 유명한 블루 워터 그릴^{Blue Water Grill}, 그리고 유니온 스퀘어 커피숍^{Union Square Coffee Shop} 등이 여러 에피소드에서 등장한다. 나이가 나이인 만큼 클럽을 찾는 일은 점점 줄어들지만, 심야의 가벼운 식사를 위해서는 갱스부르트 거리의 플로렌트^{Restaurant Florent}를 찾아간다. 근처에 있는 아웃도어 카페 파스티스^{Pastis}는 캐리가 귀여운 게이 올리버와 브런치를 먹었던 장소다.

　　스시 바, 스테이크 그릴, 생식 요리점 등 여러 레스토랑들이 시리즈를 장식하지만, 아마도 〈섹스 앤 더 시티〉를 대표할 만한 먹거리는 반짝거리는 분홍색의 컵케이크가 아닐까? 플로렌트에서 소호로 가는 블리커^{Bleecker} 스트리트에서 매그놀리아 베이커리^{Magnolia Bakery}를 찾아보자. 캐리와 미란다가 바깥 벤치에 앉아, 담배 때문에 키스하기 싫다는 남자와 닉스 농구 팀의 1백 만 달러 하프타임 이벤트를 따고 말겠다는 남자에 대해 이야기하며 컵케이크를 먹던 그곳이다. 울화가 치민 미란다가 열두 개들이 한 박스를 거의 아작냈던 장면을 기억하는 게 더 빠를지도 모르겠다.

　　네 친구 중에서는 미란다의 다이어트 걱정이 가장 큰 편이다. 적어도 그 케이크들의 공격은 감당해야 하니까. 매그놀리아에서 그리 멀지 않은 곳에 미란다가 다니는 뉴욕 스포츠 클럽^{New York Sports Club}이 있다. 그녀는 마라톤 풀코스 완주를 목표로 삼지만 이곳에서 꼬마들과 다투는 일로도 벅차 보인다. 미란다의 취미가 달리기라면, 사만다의 취미는 역시 '어른들의 장난감' 쇼핑이 아닐까? 시리즈에 종종 등장하는 섹스 숍 플레저 체스트^{Pleasure Chest}도 근처에 있다. 네 친구가 여자들만의 우정을 다지기 위해 찾아가는 아리스타 스파^{Artista Hair Salon and Spa}도 멀지 않은 곳에 있다.

그리니치 빌리지에서 남쪽으로 내려가 소호로 들어서면, 캐리가 탈의실에서 한 남자와 사건을 만들었던 바나나 리퍼블릭^{Banana Republic} 매장이 나온다. 샬롯이 시즌 초반에 직장생활을 했던 갤러리 역시 예술의 거리 소호에 있다. 풍문에 따르면 촬영할 때마다 장소 대여료를 기하급수적으로 올려 받아, 금세 촬영을 접어야 했다고 한다. 다시 리틀 이탈리아 지역의 그랜드 스트리트로 접어들면 캐리와 친구들이 가끔 모여 축배를 들던 오닐 바^{O 'Nieal's Grand Street Bar & Restaurant}가 나온다. 〈섹스 앤 더 시티〉 덕분에 수많은 팬들이 찾아오는 명소가 된 이곳에서 가장 잘 팔리는 음료는? 당연히 빨간 코스모폴리탄이다.

─── 쇼핑광들을 위한 마지막 휴식처는

캐리와 친구들의 뉴욕생활을 따라가는 일은 결코 쉽지가 않다. 그녀들만큼의 외모와 패션감각도 필요하겠지만, 손 뻗는 곳마다 돈을 빨아들이는 예쁜 가게들이 줄을 지어 서 있기 때문이다. 샬롯과 트레이가 침대를 샀던 ABC 카펫 앤 홈^{ABC Carpet & Home}이나 캐리가 아기를 안은 에이든을 만난 마야 샤퍼^{Maya Schaper Antiques}와 같은 앤틱 셀렉션에서 가구 구경을 하는 정도는 괜찮지만, 여행 트렁크 전체를 구두로 채워오는 일은 아무래도 곤란하지 않을까? 그러나 검소한 당신도 마음 놓고 즐길 수 있는〈섹스 앤 더 시티〉의 멋진 장소가 있다.

우리의 마지막 행선은 지하철을 타고 월스트리트 역을 나오는 것으로 시작해보자. 목적지에 좀더 가까운 역이 있지만, 바로 이곳이 캐리가 신문사의 주식상장시간에 맞추느라 허겁지겁 뛰쳐나오는 장소이니까. 이제 남쪽으로 걸어 내려가 섬의 끝으로 간다. 자유의 여신상으로 가는 비싼 페리를 보거든 애써 무시하고 좀더 걸어가자. 스테이튼 아일랜드로 가는 친절한 페리^{Staten Island Ferry}가 우리를 기다리고 있다. 이 배는 공짜인 것도 고마운데, 자유의 여신상과 뉴욕의 야경을 조망할 수 있는 가장 멋진 자리를 선사한다. 스테이트 아일랜드에 도착해 여행의 마지막을 즐기며 코스모폴리탄을 드는 당신, 이곳만은 안 된다. 이 섬에서 그녀들의 손에 잡힌 잔은 롱 아일랜드 아이스 티^{Long Island Ice Tea}였다. Ⓜ

살라레히아

오아로강

린다라하
정원

위싱턴 어빙의
거주지

대사들의 방

찰스5세의 궁전

푸에르타 데 라
그라나다스

토레스 베르메아스

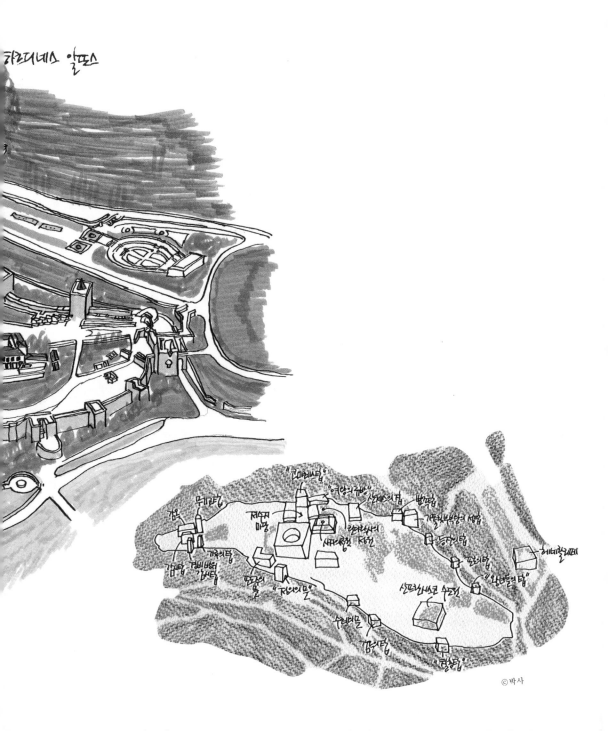

카르카손 알뜨

©박사

세상에서 가장 낭만적인 곳을 꼽을 때 알함브라^{Alhambra} 궁전에 견줄 만한 곳은 많지 않을 것이다. 세월의 잔인한 풍화와 인간사의 작열하는 충돌을 견뎌낸 그 섬세한 아름다움도 아름다움이지만, 궁전 모퉁이를 돌 때마다 만날 수 있는 설화와 전설들은 또 어떤가. 분수에서 쏟아져나오는 청량한 물, 사방팔방을 장식한 장미와 배롱나무 꽃과 오렌지와 시트론 나무는 후락했지만 아름다운 궁전을 여전히 풍성하게 장식하고 있다. 이곳에 오면 천하태평 주민인 고양이들이 부럽다. 그들은 아름다운 벽에 등을 부비며 영원히 찬란한 시간을 게으르게 영위하고 있다.

—— 알함브라에서 산다는 것

알함브라에서 살면 어떤 느낌을 받을까? 궁전이니만큼 왕족의 우아한 생활을 먼저 상상하게 되지만, 꼭 그렇지 않더라도 아주 특별한 느낌일 것이다. 미국의 수필가이자 소설가 워싱턴 어빙^{Washington Irving}은 그런 면에서 굉장한 부러움을 살 만하다.

워싱턴 어빙 이전의 미국소설은 온통 교훈 일색이었다. 그의 작품들은 그러한 초창기의 미국소설에 낭만적인 허구를 더해 새로운 문학세계를 열었다는 평가를 받는데, 그의 대표작으로는 팀 버튼에 의해 영화화되기도 한 『슬리피 할로우^{Sleepy Hollow}』, 『립 반 윙클^{Rip Van Winkle}』 등이 있다. 또한 그는 크리스토퍼 콜럼버스, 조지 워싱턴 등의 전기를 써내 '미국식 위인전'의 토대를 만든 사람이기도 하다. 조지 워싱턴의 '복숭아나무 일화' 등 사실에 살짝살짝 허구를 섞은 그의 전기문은 그를 '낭만적인 역사 기술가'로 평가받게 했다. 그의 낭

워싱턴 어빙

만성은 산타클로스 얘기에서도 알 수 있는데, 성 니콜라스 이야기를 부풀려 미국의 산타클로스와 결합한 크리스마스 문화를 만들고 찰스 디킨스의 『크리스마스 캐럴』에 영향을 준 것도 바로 그였다.

1831년, 태수의 허락을 얻어 알함브라 궁에 머물렀던 그는 여왕의 규방에서 묵고 사자의 정원에서 점심을 먹으며 특별한 사치를 만끽했다. 소년 시절부터 여행을 좋아하고 많은 것을 보고 듣고 옮겨온 그는 지치지 않는 호기심으로 신기한 얘기들을 수집했다. 그에 대한 세간의 평은 '낭만을 재발견한 작가'였으니, 그와 낭만적인 알함브라 궁전의 만남은 행복할 수밖에 없었다.

알함브라 궁전에서 지냈지만 왕족처럼 우아한 생활은 아니었다. 어빙이 머물던 당시 알함브라는 온갖 하층민들이 임시로 거주하는 곳이었다. 마지막 왕실 거주자는 18세기 초에 머물렀던 펠리페 5세^{Felipe V}와 왕비인 파르마의 엘리자베타^{Elizaveta}였는데, 그들도 오랫동안 머물렀던 것은 아니었다. 그 후 군사적 입지로서 인정받았을 뿐, 궁전은 방치되었고 아름다운 홀과 정원은 폐허가 되었다. 그 폐허로 콘트라반디스타^{Contrabandista, 밀매업자}들과 온갖 종류의 강도와 불한당이 모여들었다. 정부군이 개입하여 소탕할 때까지 알함브라는 범죄자들의 은신처 노릇을 맡아야 했다.

그가 도착했을 즈음에는 그에게 식사와 잠자리를 제공해줄 착한 하녀 안토니아 아줌마가 알함브라를 돌보고 있었고, 그녀의 조카들과 가난한 이웃들이 기꺼이 그를 위해 봉사할 준비가 되어 있었다. 그 중에는 수다장이 안내꾼 '알함브라의 아들' 마테오 히메네스도 있었다. 유난스러운 넉살로 어빙의 여행안내자, 가이드, 경호원, 역사문헌에 관한 시종 역할을 꿰찬 그는 온갖 전설과 설화들을 그에게 실어날랐는데, 그에게 들은 이야기들과 알함브라 궁 구석구석에 둥지를 튼 가난한 이웃들이 해준 이야기들이 모여 재미있는 책, 『알함브라』가 탄생했다.

작가 특유의 섬세한 관찰력과 더불어, 에스파냐 민중들의 입에서 입으로 떠도는 온갖 이야기들의 독특한 유머감각이 가미된 이 책은 알함브라의 또다른 얼굴이다. 건조한 역사적 사실 위에 덧씌워진 낭만적인 이야기들은 이곳의 풍경을 더욱 풍성하게 한다. 재치있는 이야기꾼 어빙의 눈으로 본 알함브라는 어떤 색채일까? 그의 이야기를 따라가보면, 알함브라는 바로 이런 곳이다.

—— 알함브라, 숨겨진 얼굴들

알함브라에서 유명한 곳들은 아름다운 곳들이다. 어빙의 표현을 빌리자면 "시간의 손길이 가장 가볍게 스친 곳"인, 열두 마리의 사자상이 유명한 사자의 정원을 중심으로 한 수조궁전은 우아하고 화려한 두 자매의 방과 피비린내나는 전설을 간직한 아벤세라헤 홀^{Sala de los Abencerrajes}과 연결되고 웅장하기 이를 데 없는 코마레스 탑^{Torre de Comares}과도 이어진다. 이곳에서 발견할 수 있는 우아함과 화려함은 예전의 알함브라의 영화를 짐작해보게 한다. 어빙은 "흐릿한 공상들을 피워올리고 과거의 장면들을 눈앞에 보듯이 떠올리게 하면서 벌거숭이 현실에 추억과 상상으로 만들어진 환상의 옷을 입혀주는" 것이 알함브라 궁전의 독특한 매력이라 생각했는데, 가장 풍화가 덜 된 궁전의 중심부들에서 특히 그 매력은 발산되었다.

그러나 그가 특별히 관심을 기울였던 곳들은 후락한 곳, 잊혀진 곳, 외진 곳이었다. 그가 머물렀던 '여왕의 규방'이 그러했다. 이곳은 궁전과 붙어 있었지만 유령이 나타난다며 사람들이 기피하던 성의 부속건물로, 린다락사의 작은 정원과 나란히 아름다운 방들이 배치되어 있다. 18세기 초 펠리페 5세와 왕비 엘리자베타가 알함브라에 거하던 시기에 왕비와 그녀의 시중을 들 여종들을 위해 준비된 곳이었다 하는데, 그들이 떠나고 난 뒤에 잊혀져버렸다. 이리저리 산책하다 이 방들을 발견한 어빙은 폐허를 수리하고 자리잡았는데, 이후 워싱턴 어빙 기념관이 되었다.

특히 그는 무어의 마지막 왕인 보압딜 ^{Boabdil} 이 알함브라를 넘겨주고 떠나며 지나갔던 문이 남아 있는 '칠층탑'에 애정을 보였다. 보압딜은 "몰락한 자 특유의 감상적인 기벽으로" 가톨릭 부부왕에게 자기가 지나간 이후로는 아무도 그 문을 통과하지 못하도록 청했다 한다. 그때 이미 폐쇄된 문은 낡고 후락하여 흔적만 남았을 뿐, 그 후로는 문으로서의 역할은 하지 못했다. 또한 이곳은 미신의 중심지이다. 기괴한 유령들과 마술을 부리는 무어인들은 이곳을 중심으로 출몰한다. 키 작은 물지게꾼 페레힐이 무어인에게 받은 유산으로

알함브라가 있는 곳

보물을 발견하는 곳도 칠층탑의 지하이고, 도깨비가 한밤중에 머리없는 말의 형상으로 나타나는 곳도 이곳이다. 머리 없는 말은 알함브라의 밤거리를 질주하는데, 그 뒤로는 끔찍한 괴성을 지르며 울부짖는 개 여섯 마리가 따른다 한다.

칠층탑에서 멀지 않은 곳에 자리잡은 '왕녀들의 탑'도 어빙의 관심을 끄는 곳이었다. 왕녀들의 탑이라는 이름은 폭군왕인 아버지에게 갇혔던 세 무어인 공주의 사랑 이야기에서 유래한 것이다. 점성술사의 예언에 따라 결혼 적령기에 이를 때까지 갇혀 자라난 세 공주는 우연히 보게 된 에스파냐 기사 포로들과 사랑에 빠지고, 결국은 아버지로부터 달아나고 만다. 불쌍한 막내공주 조라하이다만 두려움에 사로잡혀 남게 되는데, 결국은 그때 달아나지 못했던 것을 한스러워하다 요절하였다. 죽은 조라하이다는 밤마다 구슬피 울거나 은류트를 연주하여 왕녀들의 탑이 기피대상 1호가 되는 데 일조하였으나, 가여운 고아소녀 하신타에게 은류트를 주어 첫사랑인

시동과 결혼하는 데 결정적인 도움을 주기도 한다. 천상의 음악을 들려주던 그 류트는 이후에 이런저런 우여곡절을 겪은 끝에 마법으로 전 세계를 사로잡고 있는데, 그게 바로 파가니니의 바이올린이라나 뭐라나. 전설과 신화는 이야기꾼을 만나 한층 진화한다는 것을 보여주는 전형적인 이야기인 셈이다.

망루로도 쓰이는 거대한 무어식 사각탑인 정의의 문은 알함브라로 들어서는 입구인데, 이곳에 얽힌 풍성한 이야기는 어빙의 귀를 솔깃하게 했다. 설화에 따르면, 정의의 문은 알함브라가 지어지기 전에 이미 있었다. 수백 년 전 그라나다를 다스리던 아벤 하부즈 왕과 늙은 점성술사는 아름다운 고트족의 공주를 사이에 두고 다투게 되었는데, 점성술사는 자신의 마술에 계책을 더하여 왕으로부터 공주를 납치하였다. 그리하여 정의의 문 지하, 마술로 봉해진 동굴에서는 지금도 아름다운 공주의 리라소리에 맞춰 꾸벅꾸벅 조는 점성술사가 살고 있다고 한다. 공주의 리라소리는 사

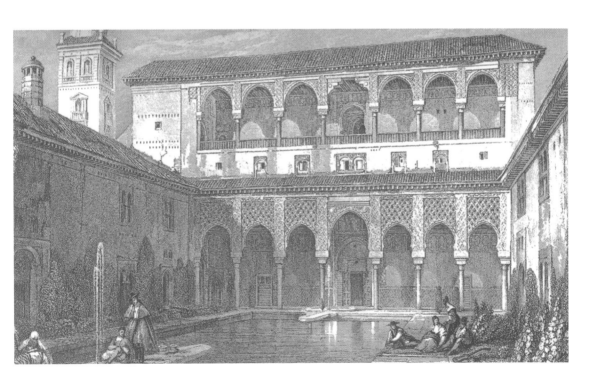

워싱턴 어빙, 알함브라를 읽다

람들을 잠들게 하는 힘을 가지고 있어, 문앞에서 보초를 서는 병사들은 근무지에서 조용히 존다. 어빙에 따르면 이곳은 "기독교 세계를 통틀어 가장 졸음이 오는 군 주둔지"인데, 그 배후에는 이러한 마력의 힘이 자리잡고 있었던 것이다.

── 워싱턴 어빙, 알함브라를 구하다

알함브라의 낭만적 이미지를 만드는 데 워싱턴 어빙이 기여한 공로는 크다. 스페인 전역에서 아랍의 유적들이 소리소문없이 파괴되는 와중에 쓰여진 이 책『알함브라』는 영어권 사람들에게 알함브라 궁전에 대한 환상을 심어주었다. 그후 알함브라는 전설적인 존재로 자리잡게 되었으며, 수많은 관광객을 불러모았다. 그 덕분에 알함브라는 더 이상 파괴되지 않고 보존되고 새로 건축될 수 있었던 것이다. 실제의 알함브라는 알함브라의 환상을 만들고, 환상의 알함브라는 실제의 알함브라를 구했다. 그 한가운데 소박한 표정을 한 작가가 있었으니, 알함브라의 영광 한가운데 그의 이름을 새기는 것이 어찌 기껍지 않겠는가. ⒫

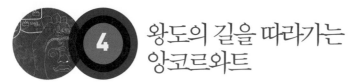

4 왕도의 길을 따라가는
앙코르와트

앙코르톰

꼬끼리테라스
바푸온

바욘

승리의문

사자의문

남쪽문

프레아칸

니악뽀안

타썸

타게오

타프롬

쁘레룹

반떼아이
스레이

반떼아이
삼레

반떼아이
크레이

스라스랑

앙코르와트

시엠립
시내

ⓒ박사

젊고 야심찬 학자 클로드와 노회한 탐험가 페르캉은 밀림 속으로 떠난다. 흔적만 남은 왕도의 길을 더듬으며. 그들을 그 원시와 죽음의 땅으로 밀어넣는 것은 욕심이다. 표면적으로는 돈에 대한 욕심이지만, 그 근원으로 파고 들어가보면 죽음과 맞닥뜨린 인간의 절박함이 숨어 있다. 왕도의 길, 그것은 죽음으로부터 멀어지려는 길이지만, 죽음으로 다가가는, 죽음과 만나는 길이기도 하다. 왕도의 길. 그곳에 바로 앙코르와트가 있다.

앙드레 말로^{Andre Malraux}의 소설 『왕도로 가는 길^{Le Voie royale}』은 소설이기도 하지만 앙드레 말로 자신의 이야기이기도 하다. 그는 몸을 사리지 않고 고고학 탐사가로, 모험가로, 혁명가로, 비행대장으로, 전차병으로, 유격대장으로, 정치가로, 웅변가로, 예술철학자로 격렬하게 살며 동시대인에게 "죽음을 이야기할 권리가 있다"는 평을 받았다. 1920년대, 스물 초반의 나이에 극동아시아에 머물며 고고학 탐험과 혁명운동에 참여했던 그는 캄보디아에서 도굴범으로 체포되어 3년형을 구형받았다가 프랑스 국내의 구명운동 덕분에 간신히 석방된다.

그 폐허를 덮고 있는 표현키 어려운 형용할 수 없는 불안이 마치 죽음의 힘 같은 괴이한 힘으로 그 조각들을 지켜온 것이다. 그리하여 몇백 년을 거쳐온 그 석상들의 몸짓이 폐허에 들끓는 지네 떼와 짐승들의 세계를 다스리고 있는 것이다. 이윽고 페르캉이 옆을 지나갔다. 순간 흡사 천길 만길 깊은 바다 밑에 잠긴 듯한 폐허는 그 두 백인의 출현에 맥없이 생명을 잃고 현실 세계로 떠올랐다. 마치 바닷가 모래 언덕에 떼밀린 해파리처럼.

─『왕도로 가는 길』, 104쪽

앙드레 말로를 앙코르와트로 떠민 것은 철학적으로 미화된 죽음에 대한 경도만도 아니고, 물론 돈 때문만도 아니었다. 뛰어난 심미안을 자랑했던 앙드레 말로는 앙코르와트의 아름다움을 온전히 소유하고 싶어했다. 서양이 만들어내지 못한 아름다움을 제 있던 데서 끌과 톱과 망치 등의 원시적인 도구로 거칠게 떼어오려 했던 그의 시도는 순수한 데가 없지 않지만, 그렇다고 용서받을 수 있는 것은 아니었다.

앙드레 말로가 앙코르와트를 대하는 태도는 서구인들이 앙코르와트를 대하는 태도를 고스란히 반영하고 있다. 그들이 발견하기 전에는 신비의 텅 빈 도시였던 곳. 그들이 발견한 후에 비로소 빛나기 시작한 보석. 그들의 눈에는 앙코르와트 지역에 살고 있던 '원주민'들은 보이지 않았다. 김춘수가 불렀던 꽃의 이름처럼, 아름다움은 아름다움을 발견한 자를 만나 비로소 빛나기 시작했고, 그렇게 빛나기 시작한 아름다움은 차마 폐허 한가운데 버리고 올 수 없는 것이기도 했다. 그들은 발견자이자 구원자였다. 그들의 생각 속에서는, 그랬다. 명약관화했다.

16세기에 이곳을 방문했던 선교사 리바드네이라Ribadeneyra는 앙코르톰Angkor Thom을 "폐허가 된 고대도시에 캄보디아란 나라가 있다. 혹자는 로마인들이 이 도시를 세웠다고 하고, 혹자는 알렉산더 대왕이 만들었다고도 한다"고 소개하고 있다. 벌레나 나무와도 다를 바 없었던 캄보디아 원주민들이 바로 앙코르와트를 만든 이들의 후손이라는 것을 인정하고 싶지 않았던 서구인의 오만한 시선은 지금의 앙코르와트 신화를 만드는 데 한몫 하고 있다.

젊은 시절의 앙드레 말로

　　그들은 어느 날 앙코르와트를 '발견'했다고 믿는다. 앙코르와트는 예전부터 그곳에 있었지만, 세계의, 특히 유럽인의 관심을 사기 시작한 것은 프랑스의 식물학자인 앙리 무오^{Henri Mouhot}의 스케치와 여행기 덕분이다. 그는 1860년 1월 앙코르 왕도를 방문하여 3주를 보내며 "솔로몬왕의 신전에 버금가고, 미켈란젤로와 같이 뛰어난 조각가가 세운 앙코르와트. 이것은 고대 그리스, 로마인이 세운 것보다도 더 장엄하다"고 감탄했다. 그가 매혹되었던 저항할 수 없는 매력이 서구인들을 음습하고 황홀한 정글로 이끌었다.

　　유적의 발굴을 "미지의 힘, 더러운 힘이 지배하는 비천한 세상인 밀림 속, 부패되고 정체된 세계로부터 예술을 시간의 구속에서 벗어나게 하여, 인간의 세계로 돌리려는 움직임, 행동 그 자체"로 이해했던 말로의 입장에서는 유적도굴이라는 게 죄이기는 커녕 신성한 임무였을 수도 있겠다. 그러한 서구인들의 뒤집힌 인식은 앙코르와트를 훔쳐내고 부수는 데 큰몫을 하기도 했지만, 복원하고 관광객들을 끌어모으는 데 큰 역할을 하기도 했다. 도굴꾼이었던 그가 드골정권 아래 문화상을 역임할 때 앙코르 유적의 복원을 위해 기울였던 지대한 관심을 떠올려보라.

─── 앙코르와트의 이미지를 영상으로 옮기다

앙코르와트는 압도적인 죽음과 영원의 이미지에서 단순히 아름답고 이국적인 외양에 이르기까지 많은 이미지 생산자들의 눈길을 끌었으나 막상 영화에 등장하는 경우는 많지 않다. 안젤리나 졸리가 섹시한 여전사 라라 크로프트로 나오는 〈툼레이더〉에는 타프롬^{Ta Phrom} 과 바이욘^{Bayon} 사원, 그리고 1백여 명의 현지 불교 수도사들이 등장하는데, 1965년에 리처드 브룩스 감독의 모험영화 〈로드 짐^{Lord Jim} 〉 이후로는 처음 촬영한 것이다. 〈로드 짐〉은 조지프 콘라드의 같은 제목의 소설을 기초로 만들어진

1866년에 찍은 앙코르와트

1, 2, 3 · 〈화양연화〉
4 · 〈툼레이더〉
5 · 〈로드짐〉
6, 7, 8 · 〈투 브라더스〉

모험영화로, 피터 오툴이 '짐' 역할을 맡았다. 원작의 배경은 앙코르와트가 아니지만 원작의 이국적인 분위기를 마음껏 살릴 수 있는 배경으로 앙코르와트만한 곳이 없었던 것.

〈로드 짐〉은 운이 좋았다. 앙코르와트에서 찍은 영화가 많지 않은 이유는 앙코르와트가 UN이 정한 세계 10대 유산 중 하나로 유적보존을 위해 촬영이 쉽게 허락되지 않기 때문이다. 프랑스 식민지 시대를 배경으로 한, 호랑이가 주인공인 영화 〈투 브라더스〉는 장 자크 아노 감독이 캄보디아 왕자와 절친한 친구이기 때문에 앙코르와트 촬영이 가능했던 흔치 않은 경우다. 캄보디아 정부의 전폭적인 지원이 있었지만, 그럼에도 건축가와 고고학자들이 정한 대로 스태프들이 다니는 길에 보호막을 설치하는 등 보호에 만전을 기하고서야 촬영이 가능했다고 한다.

짧게 보여주었지만 많은 사람들에게 앙코르와트의 이미지를 선명하게 각인시킨 영화로는 왕가위 감독의 〈화양연화〉를 들 수 있다. 마지막 장면에서, 양조위는 앙코르와트 사원의 오래된 돌 틈에 가만히 이야기를 남긴다. 편집 전의 장면에서는 앙코르와트에서 양조위와 장만옥이 재회하지만, 완성된 이야기에서는 양조위만이 쓸쓸히 서 있을 뿐이다. 감독은 한 인터뷰에서 "앙코르와트는 시대가 없는 곳이란 점, 그리고 시간의 의미가 느껴지지 않는 곳이어서 좋았다. 언제나 그 자리에 변함없이 존재하는 것, 영원한 것을 표현하고 싶었을 뿐이다"라고 앙코르와트를 선택한 이유를 말했다.

── 앙코르와트, 시대와 인간의 치열하지만 조용한 각축장

"시대가 없는 곳, 시간의 의미가 느껴지지 않는 곳"이라는 감독의 표현과는 정반대로, 앙코르와트는 한 시대의 몰락을 분명하게 보여줄 뿐 아니라 시간의 이미지를 압도적으로 몸으로 보여주는 곳이기도 하다. 캄보디아의 작은 도시 시엠립^{Siem Reap} 외곽의 일곱 개 지역 안에 흩어져 있는 1천여 개의 사원들, '앙코르 유적군'이라고 부르는 이곳은 공식적으로 802년부터 1431년까지 '캄부자^{Kambuja},' 왕조의 왕도였다.

수랴바르만 2세^{Suryavarman II}, 자야바르만 7세^{Jayavarman VII} 등 역대 왕들은 이곳에 7개의 도시와 1천 2백 개의 사원을 세웠으나 13세기부터 쇠망의 징조를 보이던 왕조는 15세 기경에는 완전히 멸망하여 화려했던 도시와 함께 정글 속에 묻혀버렸다. 정글의 원시 적인 생명력에 의해 잠식되던 건물들은 인간들의 관심을 끈 이후에는 전쟁과 약탈로 급격히 훼손되어, 끊임없는 노력에도 불구 하고 완전한 복구는 사실상 불가능하다.

그 지난한 기간 동안 힘을 겨루며 지 역을 번갈아 차지하곤 했던 힌두교와 불교 는 앙코르와트에 뚜렷한 흔적을 남기며 경 계 없이 서로의 어깨를 겯게 되었다. 오랜 역사를 지나온 앙코르는 불교의 옷을 덧입 었다 힌두교의 옷을 갈아입었다 했으나 그 둘의 경계가 하나도 이질적이지 않으니, 사 실 인간들의 부지런한 싸움은 앙코르에서 는 거대한 시간의 흔적 그 이상도 이하도 아닌 것이다. 그 때문에 사람들은 앙코르와 트에 가고, 훌륭한 조각품 앞과 무너진 폐 허 앞에서 똑같이 조용히 감동을 받는 것이 겠다. Ⓟ

시엠립

앙코르와트에 가기 위해 거쳐야 할 도시. 비행기를 타도 이곳 공항을 거치고, 육로를 통해도 이곳에 일단 안착해야 한다. 앙코르와트를 방문하는 사람들의 돈으로 먹고사는 도시, 시엠립은 앙코르와트 유적지에서 7킬로미터 떨어져 있으며, 여행자들의 숙소, 식당, 기념품가게, 맛사지가게로 가득차 있다. 온갖 유명한 체인 호텔들도 속속 들어서는 중.

앙코르톰

'앙코르angkor'는 산스크리트어로 도시국가를 뜻하는 단어이고, '톰thom'은 '커다란'이라는 뜻을 가진다. 앙코르톰은 '대도시국가' 혹은 '위대한 도시'라는 뜻. 이곳은 성으로 둘러싸인 도시로, 12세기 후반 자야바르만 7세가 건설하기 시작했다. 앙코르톰의 한가운데 바욘이 자리잡고 있고, 그 주변으로 수많은 유적이 모여 있다. 높은 성벽 밖에는 인공호수가 파여 있어 접근하기 어려우며, 오직 5개의 성문으로만 드나들 수 있다. 54명의 신과 악마가 나란히 줄서서 뱀을 붙잡고 있는 난간이 유명한 앙코르톰 남문, 시바에게 바쳐진 힌두사원인 바푸온, 도열한 코끼리 조각이 장관인 코끼리테라스, 천상의 궁전이라 불리는 피메아나카스 등을 볼 수 있다. 그 중에서도 바욘사원이 압권. 사방을 내려다보는 거대한 석상얼굴은 '앙코르의 미소'라 하여 앙코르를 대표하는 이미지로 널리 인용된다.

앙코르와트 사원

〈화양연화〉에서 양조위가 찾은 곳이 바로 앙코르와트 사원. 양조위가 무엇인가를 끼워넣는 곳은 중앙사당의 서쪽 벽이다. '돌의 예술'을 보여주는 앙코르 유적

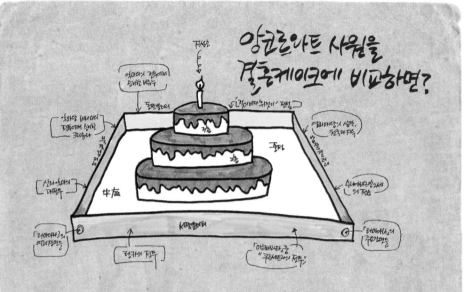

군의 대표 사원인 이곳은 힌두의 대서사시를 표현한 섬세하고 우아한 부조로 유명하다. '크메르 예술의 정수'로 손꼽히는 이곳을 짓기 위해 타케오 사원, 벵 메알리아 사원 등이 습작으로 지어졌다. 좌우대칭이 정확하게 맞아떨어지는 기하학적인 구조로, 거대한 규모로 정교하게 재현된 힌두신화와 2천여 명에 달하는 압살라의 조각이 유명하다. 수리야바르만 2세가 지었다.

반띠아이 스레이

『왕도로 가는 길』의 작가 앙드레 말로가 청년 시절 이곳의 조각품을 밀반출하려다 체포된 것으로 유명하다. 붉은 색 사암과 라테라이트가 주로 사용되어 전체적으로 붉은 느낌을 주는 이 사원은 앙코르에서 북쪽으로 30킬로미터나 떨어져 있지만 꼭 한번 볼 가치가 있다. '여인의 성채'라는 의미에 어울리게 우아하고 아름답고 더할 나위 없이 섬세한 부조가 사원 전체를 장식하고 있다. 라젠드라바르만 2세와 그의 아들 자야바르만 5세의 교체시기(967~968)에 바라문교의 승려 야즈나바라하가 시바에게 바치기 위해 건축했다고 알려져 있다.

타프롬

〈툼레이더〉에서 신비한 사원의 매력을 마음껏 보여준 곳. 자야바르만 7세가 1186년 자신의 어머니에게 헌사하기 위해 지은 사원이다. 뱅골보리수와 열대 무화과나무 등 거대한 나무들이 뿌리를 내려 무너져가는 사원을 잡고 있는 모습이 볼 만하다. 인간이 만든 구조물이 어떻게 자연에 의해 부서지는 한편 공존하는가를 보여주기 위해 일부러 복원하지 않았다고 한다. 앙코르와트, 바욘 사원과 함께 앙코르 3대 유적지로 꼽힌다.

나라는
대륙보다
크다 ..

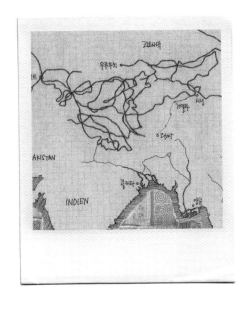

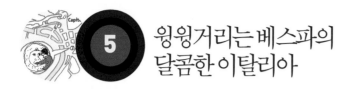

윙윙거리는 베스파의
달콤한 이탈리아

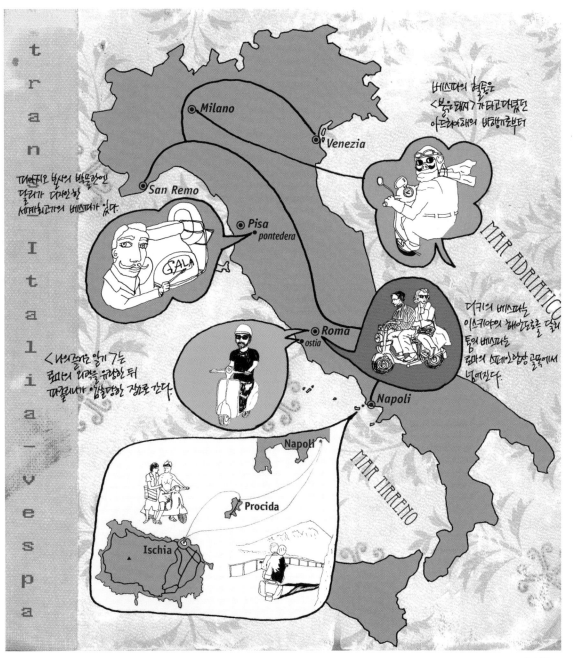

이런, 또 방심하고 말았다. 한두 번도 아닌데 왜 자꾸 이럴까? 스쿠터 한 마리가 잘록한 허리를 좌우로 흔들며 윙윙윙 골목길로 빠져나갔고, 나는 그 꽁무니를 바라보며 사랑에 빠진 듯 멍청히 서 있다. 사과 바구니를 들고 지나가던 아주머니가 말한다. "저 여자는 마르조야. 모퉁이 와인 숍에 가면 만날 수 있어." 미안하지만 그녀의 이름 같은 건 궁금하지 않다. 진짜 중요한 이름은 오래전에 내 가슴 속에 새겨두었으니까.

베스파^{Vespa}, 두 바퀴로 달리는 것 중 가장 유명한 이름. 세계 곳곳의 여행지에서 녀석을 만날 때마다, 나는 아드리아 해를 먼저 떠올린다. 도대체 그 스쿠터가 바다를 헤엄쳐 건너기라도 했단 말인가? 아니, 잘못 말했다. 아드리아 '해^海'가 아니라, 그 바다 위의 푸른 하늘이 눈앞으로 다가온다. 나는 베스파가 하늘을 나는 걸 보았다.

─── 땅위를 날아가는 붉은 돼지

이탈리아, 달마시아, 크로아티아 사이에 새파란 바다가 있다. 그리고 그 이름을 딴 비행기 '아드리아노'를 함께 타고 우정을 나누었던 친구들이 있었다. 세 남자들은 지나라는 한 여인을 사랑했고, 지나는 그중 한 남자를 택할 수밖에 없었다. 다른 친구들은 그에게 대적해볼 생각조차 하지 못했다. 애초에 그건 불가능했다. 남자는 1차 대전에서 죽어버렸으니까. 지나는 작은 섬에 아드리아노라는 바를 내놓고 하늘의 남자들을 위해 노래 불렀다. 우리의 주인공은 친구도 사랑도 잃고 얼굴은 돼지가 되어버린 채 근처 무인도에서 살을 찌웠다. 가끔 붉은 비행정을 타고 나가 하늘의 해적들을 붙잡아 현상금을 타냈다. 미야자키 하야오가 만든 애니메이션 〈붉은 돼지^紅^{の豚}〉의 포르코 로소다.

베스파의 가죽안장에 올라타면 그 돼지가 더욱 분명히 떠오른다. 급커브에서는 좌우로 몸을 기울이고, 막힌 길에서는 옆으로 슬쩍 빠져 달아나고, 골목길에 귀찮은 경찰이라도 서 있다면 부드럽게 유턴해 돌아간다. 날개만 없을 뿐, 두 핸들을 잡고 하늘을 나는 기분이다. 날렵한 유선형의 철판 외장, 햇빛 속에 반짝이는 단정한 원색, 항공기를 본 딴 계기판에 이르기까지 베스파는 이탈리아의 군용 디자인, 특히 비행정을 닮았다. 여기에 포르코가 썼던 조종사용의 가죽헬멧과 두툼한 고글까지 그대로 이어받아도 된다.

　　나는 약간의 억지를 부려 베스파의 이탈리아 지도를 아드리아 해로부터 시작한다. 그래도 그리 과한 억지는 아니다. 영화 중반을 지나면 포르코는 피콜로 씨에게 새로운 비행정을 의뢰하기 위해 밀라노로 간다. 무솔리니 파시즘이 활개를 치던 곳

이라, 전쟁에 염증을 느끼던 아나키스트 포르코에게는 결코 편안한 장소가 아니었다. 전쟁에 동원된 남자들을 대신해 소녀 엔지니어 피오와 여성 노동자들에 의해 새 비행정이 완성될 즈음, 파시스트들이 포르코에 대한 체포령을 내린다. 포르코는 새 비행정을 타고 나비글리오 그란데 Naviglio Grande 운하의 다리 아래로 날렵하게 미끄러져 달아난다.

　　애당초 엔진에게 바다, 운하, 하늘, 골목길 중 어디를 달리라고 정해진 법률은 없다. 20세기 초반 이탈리아 북부에 산재한 공장들은 '엔진'이 달린 무엇이든 만들었다. 피오와 아주 비슷

〈붉은 돼지〉의 전투기는 베스파의 전신

한 이름을 가진 피아지오 사^{Piaggio 社}는 피사 근처의 작은 도시 폰테데라^{Pontedera}에 본사를 두고 기차, 자동차, 항공기 등을 제작하고 있었다. 밀라노의 여러 공장들이 그랬듯이, 피아지오 본사 역시 2차 대전의 공습으로 큰 타격을 받았다. 이탈리아 전역의 도로들은 만신창이가 되어, 전쟁 전에 힘을 쏟던 자동차산업을 다시 일으키기에도 역부족이었다. 패전국민들 중 자동차를 살 만한 여유를 가진 사람들도 거의 없었으리라. 〈자전거 도둑^{Ladri Di Biciclette}〉을 보라. 잃어버린 자전거 한 대 때문에 아버지와 아들은 목숨을 걸고 로마를 뒤진다.

너덜너덜한 도로 위에서도 재빨리 움직일 수 있는 두 바퀴의 운송수단. 물론 오토바이 역시 도전대상이 될 만했다. 그러나 피아지오는 보다 간편하고 새로운 모델을 만들고자 했다. 당시 비행기 설계 분야의 최고 전문가였던 코란디노 다스카니오^{Corrandino D' Ascanio} 야말로 그 적임자. 투 스트로크의 간편한 엔진에는 원피스의 철판 옷을 입히고, 운전자의 다리를 비와 진흙으로부터 보호하기 위해 앞판을 대고, 치마를 입은 여성 운전자들까지 손쉽게 탈 수 있도록 작은 바퀴로 키를 낮췄다. 이 모든 것에 산뜻하고 날렵한 디자인을 입혔다.

사장인 엔리코 피아지오는 녀석을 보자마자 이렇게 외쳤다. "Sembra Una Vespa^{말벌 같잖아}!" 윙윙거리는 투 스트로크의 엔진소리는 바쁜 말벌^{Vespa}의 날개 소리를 연상시켰고, 통통한 엉덩이에 대비되는 허리 역시 말벌처럼 잘록했다. 포르코 로소는 말했다. "날지 않는 돼지는 다만 돼지일 뿐이다." 돼지는 잘 모르겠지만, 날지 않는 이탈리아인들은 스쿠터를 탔다. 머지않아 장화모양의 반도는 땅위를 달리는 말벌, 베스파로 북적거리게 되었다.

피아지오 본사가 있는 폰테데라에는 현재 박물관이 갖추어져 있는데, 가장 큰 자랑거리는 역시 다양한 모델의 베스파다. 우리가 익히 보아온 스쿠터 모델뿐만 아니라, 베스파를 개조한 짐차, 버스, 포가 달린 낙하산 부대용 군용차까지 만날 수 있다. 베스파는 수많은 아티스트들로부터 열렬한 구애를 받기도 했는데, 박물관에는 살바도르 달리가 디자인해 그의 연인 갈라스의 이름을 써넣은 세계에서 가장 비싼 베스파도 진열되어 있다.

—— 공주와 베스파가 새로 칠한 이탈리아

유럽인들은 곧바로 베스파에 대한 열렬한 사랑을 고백해왔다. 독일과 이탈리아는 추축국^{樞軸國}의 핵심이었지만, 유럽인들이 전쟁 뒤 두 나라를 대하는 태도는 사뭇

달랐다. 적어도 이탈리아에는 나치의 홀로코스트가 없었다. 〈무솔리니와 차 한 잔 ^{Tea with Mussolini}〉이라는 영화에서 드러나듯이 영국인들이 피렌체를 비롯한 이탈리아의 예술에 대해 바치는 사랑 역시 대단했다. 싸우기는 했지만 미워할 수만은 없었다. 그때 등장한 베스파는 정말 좋은 구실이 되었다. 역시 그래. 어떻게 저런 녀석을 만들어낸 나라를 미워할 수 있겠어?

베스파는 거기에 만족할 수 없었다. 유럽 자체가 전쟁으로 찌그러져 버렸지 않나? 이제부터 진짜 '세계'는 대서양 건너편에 있다.

1950년대 미국인들은 이탈리아에 대해 아는 것이 거의 없었다. 로마 시내를 행진했던 해방군들이 고국에 돌아와 콜로세움이라는 거대 경기장에 대해 떠벌인 정도가 대부분. 장거리

〈로마의 휴일〉 속 베스파

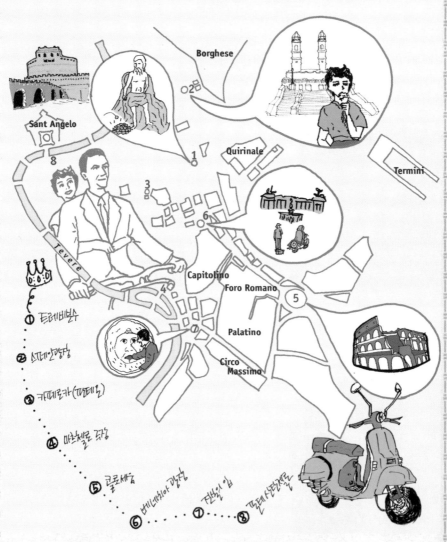

Princess map of Rome

(in the order of their appearance)

Roman Holiday (1953) ; Audrey Hepburn, Gregory Peck,
and their dearest scooter - Vespa

여객선이 아니면 찾아가보기도 힘들었고, 영국과 프랑스에 비하자면 남쪽 바닷가의 희미한 풍경사진 정도에 불과했다. 이탈리아계 이민들이 적지 않았지만, 시실리에서 온 마피아들로부터 좋은 인상을 받기란 더욱 어려웠다. 그러나 두 가지 마법이 기적을 이루어냈다. 하나는 오드리 헵번이라는 공주, 또 하나는 그녀의 애마 베스파. 둘의 공모로 만들어진 영화 〈로마의 휴일^{Roman Holiday}〉 덕분에 로마는 세상에서 가장 아름다운 도시로 변신하게 된다.

유럽 이름 모를 왕국의 공주 앤은 답답한 유럽순회 일정을 참지 못하고 로마의 대사관에서 탈출한다. 트럭 짐칸에 몰래 탄 채 시내로 나가는데, 그녀의 눈앞에 로마의 자유를 한순간에 보여주는 장면이 펼쳐진다. 베스파를 타고 자유롭게 밤거리를 달리는 남녀. 나도 저렇게 자유로워질 수 없을까? 그러나 나오기 직전 수면제를 먹은 게 탈이다. 트럭에서 내린 공주는 벤치에서 잠이 들고 만다. 이때 그녀를 깨운 신문기자 그레고리 펙이 묻는다. "아가씨. 어디 살아요?" "콜로세움이요." 이 아가씨는 일단 한숨 재우는 게 낫겠다.

다음날 남자의 아파트에서 빠져나온 공주 앞에 태양의 도시 로마가 펼쳐진다. 우리 역시 지도를 펼쳐들고 그 길을 따라가지 말란 법은 없다. 시장 길에서 급하게 달리는 베스파를 살짝 피한 공주는 투정도 없이 번화가로 나온다. 트레비 분수 근처의 미용실^{Via de Stamperia}에 들어가 머리를 짧게 깎고, 쇼윈도에 모습을 슬쩍 비춰본 뒤, 4인 가족이 매달려 달리는 베스파를 지나 스페인 광장으로 걸어간다. 계단 아래에서 그 유명한 아이스크림을 먹어주는데, 그레고리 펙이 다가오더니 그녀를 판테온 옆의 카페 로카로 데리고 간다. 생각 없이 싸돌아다니는 아가씨. 어쩌려고 이러시나? "온종일 좋은 것만 할 거예요." "머리를 깎고, 젤라토를 먹고." "노천 카페에 앉고, 쇼핑하고, 빗속을 거닐고" 그 모든 꿈이 가능할까? 물론이다. 영화니까, 로마니까, 베스파가 있으니까.

기자는 베스파의 뒷자리에 공주를 싣고 로마를 유랑한다. 이런 영화들이 그렇듯이 스크린에 등장하는 장소들이 효과적인 동선은 아니지만, 가능한 그 선을 따라서 로마의 지도 위를 스쿠터로 달려보자.

베스파는 마르첼로 극장을 오른쪽으로 끼고 처음 모습을 드러낸다. 근처에는 유대인 지구와 공주가 좋아할 만한 작은 가게들이 많이 있지만, 일단 커다란 관광거리를 보여주는 게 중요했나 보다. 곧바로 도로를 내려와 콜로세움에 도착한 뒤 원형경기장 안을 둘러보게 한다. 그를 따라온 사진기자 친구에게 라이터 카메라로 공주의 모습을 촬영하게 할 기회를 주기 위해서였는지도 모른다. 헤드라인은 '콜로세움을 구경하는 공주는 숏 컷'.

밖으로 나온 두 사람은 테베레 강을 따라 스쿠터를 달린다. 헬멧도 쓰지 않은 기자는 위험하게 손을 뻗어 주변의 건물이 무엇인지 가르쳐준다. 무척 위험한 행동이다. 급기야 로마에서 가장 큰 길인 베네치아 광장을 향해 달려가다 신호를 무시하고 우회전하다 경찰에게 잡힌다. 일국의 경찰 따위가 뭐라든, 공주는 안중에도 없다. 기자가 꾸지람을 듣는 동안 직접 베스파의 슬로틀을 잡아당기고 만다. 뒤쫓아와 뒷자리에 올라탄 기자. 아드리아 해의 비행정은 비상시에 조수석에서 조종을 할 수 있도록 설계되어 있지만, 피아지오 사는 그 시스템을 스쿠터에까지 적용시킬 생각은 못했나 보다. 두 사람은 위태로운 질주를 하며 시장과 도로를 헤집고 다닌다. 결국엔 경찰서에까지 잡혀가지만, 교회에 결혼하러 간다는 거짓말로 모두의 축복을 받으며 풀려난다. 이어 베스파는 잠시 쉬게 하고, 두 사람은 진실의 입, 소망을 써넣는 벽을 지난다. 마차로 산탄젤로 성 아래 있는 선상 파티까지 달려간다.

〈로마의 휴일〉에 등장하는 숱한 분수들이 노래한다. 이게 로마야. 이탈리아야. 총각과 아가씨들은 스쿠터를 타고 어디든 달려가지. 분수대에서 아이스크림을 먹어. 전쟁은 예전에 사라졌어. 패전국 이탈리아 따위는 잊어먹어. 베스파의 자유가 여기

있으니, 어서 놀러와.

——— 리플리 씨의 이탈리안 조이

베스파가 도와주니 로마는 한나절이면 충분하잖아. 안 돼, 부족해. 베스파를 타고 로마 바깥으로 나가 〈이탈리안 조이^{Italian Joy}〉를 즐길 수 없을까? 그래, 1950년대의 이탈리아를 세계인들에게 알려준 또 하나의 걸작이 있잖아. 패트리샤 하이스미스의 여행 스릴러 『재주꾼 리플리 씨^{The Talented Mr. Ripley}』(1955). 여기에서 힌트를 얻을 수 없을까? 소설 속에서는 새로운 커피 '에스프레소'에 대한 열정은 보이지만 베스파의 감응은 없다. 첫 번째 영화판인 알랭 드롱 주연의 〈태양은 가득히^{Plein Soleil}〉에서도 작열하는 태양 아래 요트만 눈부시다. 하지만 두 번째인 안소니 밍겔라 감독의 〈리플리〉(1999)에서 빈티지 베스파가 멋진 모습으로 등장한다.

사기꾼 톰 리플리^{맷 데이먼}는 갑부 그린리프의 부탁으로 이탈리아에서 인생을 탕진하고 있는 아들 디키^{주드 로}를 설득해 집으로 데리고 오라는 의뢰를 받는다. 원작에서 톰은 뉴욕에서 여객선을 타고 북유럽으로 와 파리와 로마를 거쳐 나폴리로 오지만, 영화에서는 이탈리아로 직행한 듯 시실리의 팔레르모 항구로 들어온다. 이어 버스를 타고 몬지벨로^{Mongibello, 에트나 화산}가 보이는 리조트로 가 디키를 만난다. 마을로 들어가는 모퉁이 길에 늘어선 베스파들이 1950년대의 이탈리아로 왔음을 확실히 알려준다.

베스파는 교활하다. 공주 오드리 헵번 아래에서는 순진무구한 소녀처럼 굴더니, 미남자 주드 로 아래에서는 바람둥이 본색을 드러낸다. 웃통을 드러낸 디키는 베스파를 타고 좁은 언덕길에 나타나 이탈리아 여자에게 추파를 던지고, 자신에게 금지된 연정을 품은 톰을 뒤에 태운 채 해안도로를 달린다. 이 장면들은 나폴리 근처의 이스키야^{Ischia}와 프로시다^{Procida} 섬에서 촬영되었다. 로마로 가게 된 주인공들 주위에도 베스파는 줄기차게 등장한다. 디키와 톰이 카페에서 노닥거리고 있을 때, 베스파를 줄줄이 세워두고 여자들을 희롱하는 이탈리아 남자들. 그들이 있던 곳은 나보나 광장^{Piazza Navona}의 베르니니^{Bernini} 분수다.

항상 베스파와 함께하지는 않지만, 톰 리플리를 따라 이탈리아를 여행하는 일도 흥미롭다. 나폴리와 로마의 나날을 통해 부쩍 친해진 톰과 디키는 이탈리아 북쪽의 해변 도시 산 레모^{San Remo}로 간다. 영화에서는 당시 첫선을 보인 산 레모 재즈 페스티벌이 크게 부각되는데, 페스티벌에 참석한 각국의 사람들 역시 베스파에 쉽게 매혹되었으리라. 산 레모는 모나코, 니스와 가까운 휴양도시라 베스파를 프랑스와 여타의 유럽에 진출시키는 교두보 역할을 톡톡히 했다. 1954년 최초로 유로 베스파 클럽이 만들어진 곳이고, 1955년 4월에는 성대한 베스파 데이 행사를 벌이기도 했다.

산 레모에서 디키를 죽여버린 톰은 로마로 돌아와 디키 행세를 한다. 백만장자의 아들이라는 새로운 신분은 그에게 이탈리아의 쾌락을 극대화시킨다. 그러나 자신을 의심하는 디키의 친구 프레디 마일즈까지 살해하게 되고, 디키의 애인^{기네스 팰트로}에게 마치 디키가 살아 있는 척 꾸며대면서 거짓말의 두 바퀴는 점점 위태롭게 흔들린다. 톰이 엔진이 바깥으로 나와 있는 스쿠터를 달리다 넘어지는 곳은 스페인 광장 근처다. 어쩌면 근처에서 아이스크림을 먹고 있던 오드리 헵번을 스쳐 지났을지도 모르겠다.

─── 오늘도 나는 베스파로 일기를 쓴다

베스파는 50년 전의 향수일 뿐인가? 오늘날의 살아 있는 이탈리아, 숨 쉬는 로마를 베스파로 달려볼 순 없을까? 괴짜 감독 난니 모레티가 그 방법을 알려준다. 난니 자신이 주연으로 등장하는 〈나의 즐거운 일기^{Caro Diario}〉의 첫 번째 에피소드는 제목

자체가 '베스파' 다.

"나의 일기야. 내가 세상 무엇보다 좋아하는 것이 있단다." 난니는 하얀 헬멧을 쓴 뒤 짙은 푸른색의 베스파를 타고 로마를 달린다. 로마인인 그로서는 〈로마의 휴일〉 같은 관광 루트를 따라갈 이유가 없다. "나는 베스파에 탄 채 아파트를 둘러보는 걸 좋아해." 그는 지난 수십 년 간 로마인들 일상의 풍경을 바꿔온 지역들을 지나간다. 독창적인 아름다움의 가바텔라^{Garbatella}(1927) 지구를 지나더니 카사 파로코^{Casa} ^{Palocco}(1962)에서는 주민과 말다툼을 한다. 난니는 푸념한다. "30년 전 (1960년대) 로마가 정말 아름다웠을 때 떠나는 편이 가장 좋았을 거야." 이어 난니는 악명 높은 스피나체토^{Spinaceto}(1965) 지구를 달린다. "그렇게 나쁘진 않네. 더 심할 거라 생각했거든."

난니는 마지막으로 무솔리니가 로마의 외항으로 만든 오스티아^{Ostia}로 간다. 1975년 〈살로, 소돔의 120일〉이라는 영화사상 최고의 문제작으로 세상을 시끄럽게 했던 파졸리니 감독이 의문의 죽임을 당했던 곳이다. 경찰은 17세 소년 주세페 펠로시를 붙잡은 뒤, 파졸리니가 소년을 강간하려고 하자 반항한 소년이 그를 죽인 것이라고 발표했다. 그러나 2005년 펠로시는 다시 고백을 하며, 세 명의 알 수 없는 인물들이 남부 이탈리아 억양으로 "변태 공산주의자"라며 그를 죽였다고 말했다. 지독하게 쓸쓸한 그곳에서 난니는 묻는다. "나는 왜 그동안 파졸리니가 암살당한

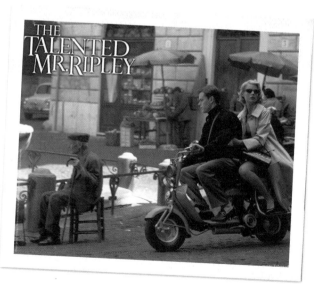

〈리플리〉에서 톰이 달리고 있는 곳은 스페인 광장 근처

곳에 가려 하지 않았을까?"

우리는 항상 어디엔가 도착하고 나서야 깨닫는다. "왜 그동안 여기 올 생각을 하지 못했을까?" 베스파가 공주와 달리던 거리는 이제 관광객과 명품 쇼핑백으로 빽빽하게 채워져 있다. 밀려드는 관광버스 사이에서 비틀대며 빠져나온 가냘픈 말벌은 힘겹게 호흡을 가다듬으며 생각한다. "이제 나는 어디로 달려가야 할까?"

피아지오 사가 베스파 탄생 50주년을 기념해 내놓은 출판물에서 움베르토 에코는 말한다. "나의 눈에 베스파는 계율의 위반, 죄악, 심지어 유혹 — 바로 그 물건을 소유하도록 부추기는 유혹이 아니라, 베스파가 단지 운송수단에 불과한 어느 먼 곳으로 가고 싶은 미묘한 유혹 — 에까지 이어진다. 거기에서 베스파는 내 상상 속으로 달려온다. 단순한 욕망의 대상이 아니라 채워지지 않는 욕망 자체의 상징으로."

공주는 기자와의 풋사랑을 뒤로 한 채 비행기를 타고 떠났고, 톰은 자신의 죄를 수장水葬하기 위해 베네치아로 달아났다. 잘난 척했지만 베스파에겐 날개가 없다. 베네치아는 베스파가 달릴 수 없는 물의 도시다. 아드리아 해로부터 날아온 포르코 로소가 우리를 내려다보며 말한다. "여기가 끝이야. 베스파로는." 약올라하는 우리 옆으로 무거운 수트케이스를 들고 재빠르게 움직이는 사내가 보인다. 완전 범죄의 마침표를 찍고자 그리스의 섬으로 가는 톰 리플리다.

그래, 이런 방법이 있었다. 영화 〈리플리〉에서 톰의 역할을 맡았던 맷 데이먼은 〈본 아이덴티티〉에서 기억을 잃어버린 스파이로 등장하는데, 그가 마지막으로 가는 곳 역시 그리스의 섬, 미코노스다. 미리 도망간 여자친구가 그 섬에서 신분을 숨기고 '그 일'을 하고 있기로 한 것이다. '그 일'이 무엇이겠는가? 스쿠터 렌트! 베스파로 이탈리아를 모두 달렸다면 아드리아 해를 넘어 미코노스로 가보자. 거기 또 다른 베스파가 너덜거리는 엔진을 윙윙대며 우리를 기다리고 있을지 모른다. "바보야, 그동안 여기 와볼 생각을 왜 못 했니?" ㎡

우리는 항상 어디엔가 도착하고 나서야 깨닫는다. "왜 그동안 여기 올 생각을 하지 못했을까?" 베스파가 공주와 달리던 거리는 이제 관광객과 명품 쇼핑백으로 빽빽하게 채워져 있다. 밀려드는 관광버스 사이에서 비틀대며 빠져나온 가냘픈 말벌은 힘겹게 호흡을 가다듬으며 생각한다. "이제 나는 어디로 달려가야 할까?"

6 티베트, 호기심이 길을 내고,
탐욕이 그 길을 따르다

: 스벤 헤딘의 티베트 지도와 칭짱철도

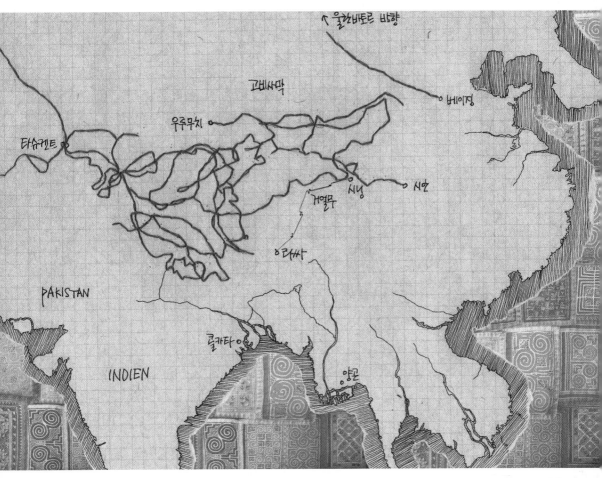

ⓒ박사

"공상 속에서 나는 거대한 강의 굉음과 맹위를 떨치는 눈보라의 윙윙거림과 붓다를 찬미하는 사원의 노래들을 들었다. 끝없는 아시아, 그리고 그 지리학상 최후의 비밀들과 사원도시들과 라마승들과 화신化身들을 지닌 신비스러운 티베트가 저 너머에 펼쳐진 채 나를 기다리고 있었다. 내 머리는 마치 대장간 같았다. 그곳에서는 놀라운 원정들과 무모한 모험들이 망치로 두들겨져 만들어지고 있었다."

스웨덴의 탐험가 스벤 헤딘Sven Hedin은 티베트로 떠나기 전, 천막 안에 누워 자신이 밟을 미지의 땅을 머릿속에 그린다. 1906년. 그에게 그 해의 티베트 방문은 세 번째였다. 6년에 걸친 첫 번째 여행, 4년에 걸친 두 번째 여행에 이어 세 번째 티베트행. 더 이상 신비로울 것도 없을 듯하지만, 그 지긋지긋한 고생에 넌더리를 낼 법도 하지만 그는 여전히 머릿속에 환상을 쌓아올리고 그 환상을 하나하나 확인해갔다. 그것이 바로 탐험가의 뇌구조였다. 지난 고생은 쉽게 잊어버리고 온통 궁금증으로 가득 차버리곤 하는 뇌구조.

1908년 한국을 방문한 적도 있었던 스벤 헤딘은 중앙아시아 서역을 탐험하여 실크로드를 밝히는 데 지대한 역할을 한 유명한 탐험가다. 근대 탐험의 역사에 그는 누란 왕국을 발견한 공로로, 방황하는 호수인 로프노르Lop Nor 호수의 위치를 찾아낸 공로로, 실크로드 연구의 기본적 토대를 만든 공로로 선명하게 이름을 새겼다. 그의 측량지도를 보며 후배 탐험가들은 길을 나섰고, 당시의 열강들은 영토확장을 위한 싸움에 그의 지도를 이용했다. 순수한 호기심이 길을 내고 탐욕이 그 길을 따른 셈이었다. 2002년 아프가니스탄을 침공한 미군의 군사지도도 바로 스벤 헤딘의 지도를 기본바탕으로 작성한 것이었다.

스벤 헤딘 자신도 말년에는 나치 독일과 유착관계를 맺음으로써 비난의 대상에 올랐다. 히틀러, 괴링, 괴벨스 등 나치당의 정계 거물들과 친분을 유지하여 출판, 연

스벤 헤딘

구에 전폭적 지원을 받은 탓에, 나치의 어용학자라는 비난을 피할 수 없었던 것이다. 전범으로까지 처벌되지는 않았지만 그 뒤 학계의 전적인 냉대는 감수할 수밖에 없었다. 실크로드 학자들에게는 즐겨 인용되는 그의 저서들이 제대로 체계적으로 정리되어 빛을 보지 못한 것은 이러한 정치적인 이유가 컸다.

─────── **티베트를 누볐으나 라싸로 들어가지 못하다**

두 번째 여행에서 스벤 헤딘은 라싸^{Lasa}에 들어가기 위해 잠입을 시도한다. 그가 시도하기 54년 전 프랑스 나사로회 신부들인 위크와 가베가 방문하여 두 달을 보낸 뒤, 수많은 사람들이 라싸에 들어가려 하였으나 실패했다. 라싸가 그들을 막은 이유는 무장한 백인들에게 포위되어 점령당할 것을 두려워한 탓이었다.

라마승 한 명과 스벤 헤딘을 포함한 세 명만이 몽골풍의 옷으로 변장하고 말 네 마리, 노새 다섯 마리와 함께 본대를 떠나 라싸로 향했다. 눈에 띄지 않기 위해 스벤 헤딘은 비계, 검댕, 흙먼지, 담배를 이용하여 옷을 더럽히고 머리를 밀었다. 그는 험난한 여정 중에 다른 순례자들과 얼핏 비슷해보일 정도로 초췌해졌지만 그래도 여전히 신경 써서 검댕을 문질러야 했다. 그는 심지어 티베트의 한 부인을 보고 부러워하기까지 한다. "무슨 짓을 해도 그렇게 더러운 몰골을 만들 수 없었기 때문"이다.

철저한 검문을 피하기 위해 서쪽으로 멀리 돌아가는 길을 택한 그들은 비적 떼를 만나고 우기에 잔뜩 물이 불어난 강에 빠져죽

스벤 헤딘의 스케치

을 뻔하는 등 갖은 고생 끝에 라싸에서 며칠 안 되는 거리인 얄록까지 다가갔지만, 결국 라싸에 이르는 대로의 감독관들에게 붙잡히고 말았다. 정중한 대우를 받았지만, 그는 끝끝내 라싸에 발을 디디지 못했다. 그후 4년 뒤 또 한 번 티베트를 찾았을 때 라싸는 이미 그의 관심사가 아니었다. 2년 반 전에 영국인 파견대 전원이 그곳을 방문했기 때문에, 라싸는 이미 탐험가의 피를 끓게 하는 매력을 잃은 것이다.

─── 티베트의 심장부 라싸에 가는 최고의 방법

라싸는 티베트의 심장부이므로, 사실 그의 현란한 여정의 발자취가 라싸에 다다르지 못한 것은 아쉬운 일이다. 7세기 송첸 감포왕이 티베트를 통일하면서 티베트의 수도가 된 라싸는 현재는 중국에 속한 시장자치구의 성도^{省都}에 지나지 않지만, 달라이 라마가 떠난 지금도 티베트인들의 영혼의 고향을 당당히 맡고 있다.

티베트를 여행하는 것은 백년이 지난 지금도 쉽지 않다. 스벤 헤딘처럼 변장을 하고 잠입할 필요는 없지만, 상당히 넉넉한 주머니 사정을 요구한다. 티베트행 비행기는 한 번도 할인된 적이 없었고, 교통편이 불편하여 비싼 택시를 이용할 수밖에 없으며, 숙박비 또한 싸지 않다. 단체여행이 아닌 이상 마음도 단단히 먹어야 하고 주머니도 든든히 채워둬야 하는 게 티베트 여행이다. 육로나 비행기를 통해 라싸에 들어갈 수 있지만 이 모든 루트들은 외국인들에게 불친절하다. 혼자서 여행하는 사람들은 티베트에서 냉대받기 일쑤다. 하지만, 칭짱철도^{Tibetan railway}의 개통은 불친절한 티베트의 심장을 향해 곧장 길을 뚫었다.

미국의 여행가 폴 써루^{Paul Theroux}가 "쿤룬 산맥이 있는 한 기차로는 영원히 라싸까지 갈 수 없다"고 호언장담했지만, 2006년 7월 1일 정식 개통한 칭짱철도는 그의 단정을 뒤집었다. 칭짱철도를 타면 베이징에서 라싸까지 이틀, 정확히 48시간이면 주

당시의 티베트 풍경들

파할 수 있다. 비행기를 타면 놓칠 수밖에 없는 티베트 고원지대의 풍경을 좌우로 거느리고 달리는 경험은 티베트를 제대로 맛보기 위해 필수적인 것이다. 정해진 시간 내에는 환승도 가능하기 때문에 작은 역들도 두루 돌아볼 수 있다. 독립된 욕실과 화장실, TV, 침대 등을 갖춘 안락함과 고산병에 대비한 산소호흡기를 마련하는 안전함은 덤이다.

중국인들에게 '티엔루天路', 즉 '하늘길'이라는 애칭으로 불리는 칭짱철도의 개통은 경이로운 것이었다. '21세기의 만리장성', '신新 실크로드의 완성'이라는 찬사가 과장이 아니다. 시닝Xining에서 거얼무Geermu까지의 구간은 1979년에 완공되었지만 거얼무에서 라싸까지의 구간은 오랜 시간을 기다려야 했다. 평균해발 4천 5백 미터, 최고해발이 5,072미터나 되는 "지구상에서 가장 높은 철도구간"인 만큼, 공사과정도 지난할 수밖에 없었다. 인부들이 산소마스크를 쓰고 작업해야 하는 고원 동토에서의 공사는 최신기술과 수공업적인 노동력을 있는 대로 쏟아부어야 하는 이루 말할 수 없이 큰 사업이었다. 칭짱철도는 전세계를 일일생활권으로 만든 교통의 눈부신 발달을 감안하더라도 놀라운 일임에 틀림없다.

——— 길이 몰고 온 지도의 변화, 삶의 변화

여행자의 입장에서야 쉽게 라싸로 접근할 수 있기 때문에 대환영일 수밖에 없지만, 정치적·경제적으로 중국과 복잡한 관계에 있는 티베트로서는 칭짱철도의 개통이 꽤나 착잡한 일이 아닐 수 없었다. 티베트로 이주하려는 한족들이나 티베트의 자원을 탐내고 정치·경제적으로 통제하려는 중국의 행보가 더욱 자유로워졌기 때문이다. 개통식에 후진타오 중국주석이 직접 개통연설을 할 만큼 중국의 입장에서는 중요한 노선일 수밖에 없다.

스벤 헤딘이 만든 지도의 길을 타고 열강들이 티베트로 몰려오고, 칭짱철도를 타고 중국인들과 외국인들이 라싸로 몰려오는 모습은 일견 닮았다. 칭하이성에서 라싸까지 보급화물을 운송하기 위해 4만 마리의 낙타를 동원해야 했던 1950년대 중국의 티베트 침공을 떠올려보면, 형태는 다르지만 근본적인 성격은 다르지 않다는 것을 짐작할 수 있다. "티베트의 관광사업을 촉진시키기 위해" 저렴하게 책정된 기차표 가격도 티베트인들의 입장에서 보면 달가운 것만은 아닐 것이다. 달라이 라마 14세가 "티베트에서 문화적 대학살이 일어나고 있다"는 극단적인 표현을 써서 우려한 한족의 티베트로의 대거 이주는 기정사실이 되었다. "한족은 기차가 낳고 위구르족은 사람이 낳는다"는 농담 아닌 농담은 칭짱철도의 성격을 잘 보여주고 있다.

워낙 고지대라 산소가 68퍼센트밖에 존재하지 않는 곳. 일년 내내 추워서 여름 한두 달을 제외하곤 낮기온이 20도를 넘지 않는 곳. 사람이 살기 척박한 이 도시가 어쩌다 티베트인들의 영혼의 고향이 되었을까. 신성성을 갖게 되었을까. 티베트를 몇 년 동안 헤집고 다녔던 스벤 헤딘이 라싸에 갔다면 그곳에서 무엇을 보았을까. 탐험가의 예리한 눈과 티베트에 익숙해진 시각으로 신성성의 뿌리를 볼 수 있었을까.

현재 라싸는 한족의 대거 이주로 티베트 특유의 특징을 잃어가고 있다고 한다. 포탈라^{Potala} 앞은 톈안먼 광장과 비슷해지고, 라싸 시내 한복판은 베이징로가 가로지르고 있다. 그럴수록 더욱 안으로 단단해지는 라싸의 정신이 궁금하다. 너무 편하게 달려가버리면 발견하지 못할지도 모르는, 오체투지로만 접근할 수 있는 티베트의 영혼이, '최후의 비밀'이 궁금하다. ℙ

현재 전해내려오는 예수의 초상
모델은 체사레보르자라는
설이 있지요.
그만큼 체사레보르자는
시대를 대표하는 미남이었단 말씀.
하지만 예수의 초상으로
쓰이기에는,
알맹이가 달라도
너무 다르네.

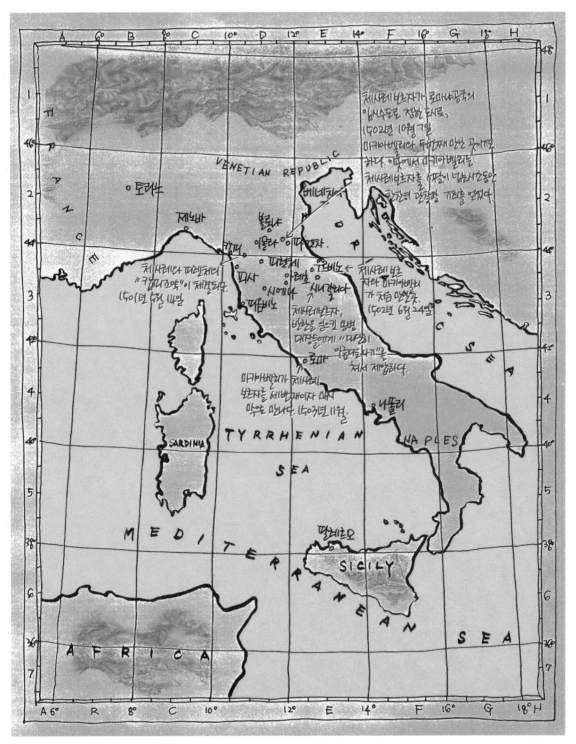

15세기의 이탈리아를 겪으면서, 마키아벨리는 『군주론^{Il Principe}』을 썼다. 15세기의 이탈리아는 '훌륭한 군주상'에 대해 고민해보기에 적합한 시대였다. 당시의 이탈리아가 주변국가와 비교하여 월등히 뛰어난 예술, 학문, 정치·경제적 제도, 생활수준을 자랑했기 때문만은 아니다. 교황이 머무는 로마를 품고 있는 기독교의 중심이었기 때문만도 아니다. 이탈리아는 극에 달하는 끝도 없는 영토싸움과 끊임없는 외부의 침입을 겪고 있기도 했다. 마키아벨리가 보기에 '강력한 군주'는 이 장화모양의 땅에 무엇보다 절실한 것이었다. 어떻게 하면 사회는 안정되고 이탈리아는 통일될 수 있을 것인가? 마키아벨리는 그 가장 적절한 해결책으로 '마키아벨리즘'을 내세웠다.

—— 마키아벨리, 마키아벨리즘의 모델을 만나다

'강력하고 전제적인 군주'가 무엇보다 필요함을 역설한 마키아벨리가 『군주론』을 쓰면서 염두에 두고 있었던 것은 악명높은 '체사레 보르자^{Cesare Borgia,}'였다. 교황 알렉산데르 6세의 서자로 태어나 이탈리아 중북부를 통일하겠다고 나섰던 체사레는 악마와 영웅의 면모를 동시에 갖춘 남자로, 당대를 공포에 떨게 만든 뒤 젊은 나이에 비참하게 최후를 맞이했다. 피렌체의 사절로 그를 가까이서 지켜볼 기회를 가졌던 마키아벨리는 진심으로 그에게 감탄하였고, 그의 최후를 지켜본 뒤 『군주론』에서 그를 부활시켰다.

마키아벨리에 따르면, 이상적인 군주가 가져야 할 외적인 요건으로 가장 중요한 것은 '자신의 군대'이다. 마키아벨리는 그래야만 '자신의 지위와 국가의 안전을 보장할 수 있다'고 주장했는데, 이는 체사레가 외교적 능력으로 다른 나라의 군대를 지휘하고 그 와중에 자신의 군대를 키우며 힘을 비축하는 과정을 보면서 느낀 것이리라. 마키아벨리는 그러므로, 군주는 '전사'이고 자신의 군대를 직접 통솔해야 한다고 말했다. 이는 체사레의 특징이기도 했다.

그는 또 '군주의 인물됨'에 대해 이야기하면서 논란이 될 만한 주장을 꺼냈다. 군주는 '사적 개인이 아닌 공적 개인인 만큼 사적 개인이 가졌을 때 바람직하다고 생각되는 덕을 가질 필요는 없다'는 것이다. 다시 말해 인자함이나 신의^{信義} 등 보통 군주에게 요구된다고 생각하는 덕망을 마키아벨리는 경계했다. 이는 오히려 군주에게 커다란 해악을 미칠 수도 있다는 게 그의 주장이었다. 그에 따르면 군주는 잔인해야 했다. 사랑받기보다 두려움의 대상이 되어야 했다. 군주는 과감히 약속을 깰 수 있어야 했다. 자비심을 버리고 인간미를 버려야 했다. 그러면서도 사적 개인으로서 바람직하다고 여겨지는 덕을 가지고 있는 것처럼 보이는 '위장술' 또한 가지고 있어야 했다. 바람직한 군주의 특징들은 체사레 보르자의 특징들과도 일치하는 것이었다. 그는 위장술은 갖지 못했는데, 아마도 마키아벨리는 훌륭한 군주는 "체사레 보르자 + α"여야 한다고 생각했던 것이 아닐까.

─── 마키아벨리와 체사레 보르자의 세 번의 만남

마키아벨리와 체사레 보르자는 세 번의 만남을 가졌다. 첫 번째와 세 번째는 인상적이지만 짧았고, 두 번째의 만남은 석달을 조금 넘기는 정도의 기간이었다. 체사레 보르자와의 만남은 길지 않았지만 그 과정에서 마키아벨리는 자신의 사상을 형성하는 데 결정적인 영향을 받았다. 그의 생각을 완전히 일변시키는 대변혁은 아니었다. 막연한 생각을 분명히 하도록 도움을 준 형태이기는 하지만 체사레 보르자와의 만남이 없었다면 '마키아벨리즘'은 탄생하지 못했을지도 모른다.

마키아벨리가 처음 체사레 보르자를 만난 것은 1502년 6월 24일, 우르비노^{Urbino}

에서였다. 당시 마키아벨리는 서른셋, 체사레는 스물일곱이었다. 산으로 둘러싸인 움브리아^{Umbria} 지방의 소도시인 우르비노는 귀도발도^{Guidobaldo} 공작이 통치하고 있었는데, 그가 도망치는 바람에 체사레 보르자는 위풍당당하게 무혈입성할 수 있었다. 피렌체^{Firenze} 로서는 우르비노의 함락이 엄청난 사건이었고, 그 때문에 허겁지겁 사절 소델리니 주교와 그의 수행원인 마키아벨리를 파견했다.

당시 체사레 보르자는 로마냐^{Romagna} 지방을 정복하여 로마냐 공국을 세워놓고 있었고, 피사^{Pisa}의 시민 대표들이 체사레에게 보호해달라며 피사의 영토 전체를 바친 참이었으며, 피렌체 영내의 아레초가 체사레군의 무장인 비텔리에게 성문을 열어준 상태였다. 그뿐이랴, 피옴비노^{Piombino}도 이미 체사레의 수중에 굴러 들어가 있었고 산마리노^{San Marino}와 카메리노^{Camerino}도 그에게 성문을 활짝 연 상황이었으니 피렌체로서는 체사레 세력의 바다 한가운데 고립된 처지였다. 체사레 보르자를 후원하고 있던 프랑스의 왕 루이 12세가 피렌체의 안전을 원하지 않았다면 피렌체 또한 체사레의 기세에서 피해갈 수는 없었을 것이다.

마키아벨리는 이때의 만남에서 체사레 보르자에게 깊은 인상을 받았다. 고압적이고 명쾌한 그의 태도는 우유부단한 피렌체 정부에 질려 있던 마키아벨리의

마키아벨리

마음에 꼭 드는 것이었다. 마키아벨리는 피렌체로 보내는 보고서를 체사레에 대한 극찬으로 채워 그의 심중을 드러냈다. 그러나, 이때의 만남은 길지 않았다.

마키아벨리가 체사레를 좀더 오래 지켜볼 수 있었던 것은 그로부터 석달 뒤였다. 체사레가 로마냐 공국의 임시수도로 정한 도시인 이몰라[Imola]에서였다. 체사레의 용병대장들이 반란을 일으키려 한다는 정보가 돌 즈음 이몰라에 도착한 마키아벨리는 체사레와 대화를 나누면서 그가 얼마나 훌륭한 솜씨로 반란을 진압하는지 옆에서 지켜볼 흔하지 않은 기회를 갖게 되었다.

우르비노에서와는 달리 마키아벨리에게 솔직하게 대했지만, 체사레는 '마조네의 난'이라 불리는 이 반란을 진압하는 내내 그의 심중을 거의 드러내지 않았다. 하지만 예리한 통찰력을 가지고 있던 마키아벨리는 그를 지켜본 결과를 피렌체 정부에 보낸 54통의 〈보고서〉와 이 사건이 끝나고 얼마 안 있어서 쓴 〈비텔로초 비텔리, 올리베로토 다 페르모, 파올로아 그라비나 공 등 오르시니를 살해한 발렌티노 공작의 방법에 대한 서술〉이라는 글로 남겼다. 어느 전기작가는 이를 '밀실에서 혼자 당구를 치는 자와 곁에서 그것을 관전하는 자'로 비유했다. 그 과정 내내 체사레가 어찌나 의중을 잘 감추었는지, 마키아벨리는 체사레에게 '위대한 시침떼기'라는 별명을 붙여주었다.

무력을 거의 사용하지 않고 외교와 계략만으로 반란자 전원을 소탕한 이 승리는 어찌나 교묘했는지 그의 적들조차 "대단히 아름다운 사기"라고 감탄하지 않을 수 없었다. 이러한 성공은 전 이탈리아의 사람들에게 깊은 인상을 주었다. 그들은 "지능과 치밀함의 결합을 보여주는 최고의 예이자 입신의 경지에 다다른 훌륭한 솜씨"라며 그의 성공을 격찬했다. 그러한 체사레도 자신의 곁에서 '마키아벨리즘'이 분명하게 형체를 갖추어가고 있음은 몰랐으리라. 체사레의 승리를 가까이서 지켜보며 발견한 훌륭한 군주의 특징을 마키아벨리는 오랜 시간이 지난 뒤에 『군주론』에서 생생히 재현해낸다.

마키아벨리가 체사레를 세 번째 만난 것은 1503년 10월, 체사레가 급격히 붕괴하던 때였다. 체사레의 아버지이자 든든한 후광인 교황이 말라리아로 죽고 체사레 본인도 말라리아로 죽을 고비를 넘긴 직후, 새 교황 선출정보를 수집하러 로마로 파견된 마키아벨리와 조우하게 된 것이다. 둘이 만날 즈음 새로 교황에 선출된 이는 줄리아노 델라 로베레^{Giuliano della Rovere}. 그는 체사레 보르자의 평생의 적이자 마키아벨리가 당대의 왕, 황제, 군주, 군인을 모두 알게 된 후인 생애 말년에 그 시대의 가장 능력 있고 이상적인 정치적 인물로 체사레 보르자와 함께 꼽은 인물이다.

세 번째는 아니 만나는 것이 좋았을지도 모른다. 마키아벨리는 세 번째 만남에서 체사레에 대해 깊이 실망하게 된다. 체사레는 망가진 모습을 가감없이 드러냈고, 마키아벨리는 '그가 천성적으로 그런 사람인지 아니면 운명의 급격한 충격 때문에 정신을 잃은 것인지, 그리고 그런 충격에 익숙지 않아서 그의 마음이 혼란에 빠진 것인지' 판단하지 못해 혼란스러워하며 그런 그의 모습을 지켜보았다. 그러나 분명한 것은, 그가 천성적으로 그런 사람은 아니었다는 것이다. 그 후로의 굵고 짧은 역경의 시간 동안 그는 오히려 어떤 위기에서도 포기하지 않는 힘을 보여주었다.

── 체사레 보르자, 『군주론』으로 다시 부활하다

1507년 3월 11일 체사레가 비참하게 전사하고 6년 후에 『군주론』이 나오게 된다. 마키아벨리에게 미친 체사레의 영향력을 보건대 그 둘 사이에 우정이 싹트지 않았을까 하는 후대의 상상은 없지 않았지만,

체사레 보르자

그 둘은 우정으로 맺어진 사이가 아니었다는 것은 분명하다. 체사레는 매력적이지만 무정한 사람이었고, 마키아벨리는 냉정하게 거리를 유지할 줄 알았던 사람이었다. 그가 우리에게 남긴 체사레 보르자의 이미지는 '사적 개인'이 아닌 '공적 개인'의 모습이다. 체사레 보르자의 사적 개인으로서의 모습에 더 관심이 있다 해도 그것은 마키아벨리에게 물을 일은 아니다. Ⓟ

석호필과
미드 친구들의
미국 순회기

내 이름은 마이클 스코필드^{Michael Scofield}. 그냥 한국식으로 '석호필'이라 불러도 좋다. 모두 알다시피 나와 친구들은 드라마 〈프리즌 브레이크^{Prison Break}〉로 전 미국을 떠들썩하게 쑤시고 다니는 탈주극을 벌여왔다. 다음 편이 궁금해 미칠 지경인 시리즈인데, 시즌 3이 진행되는 도중에 할리우드 작가 조합의 파업으로 한참 주춤댔던 적이 있다. 뜻하지 않게 휴식을 얻은 이때 나는 TV에서 방영된 드라마와는 다른 형태의 탈주계획을 짜게 되었다. 나를 도와줄 아주 멋진 단체를 찾아냈기 때문이다.

'미국 드라마 캐릭터 조합^{Character Guild of American Drama},'이라고 들어봤나? 못 들어봤을 거라고 생각된다. 미국 드라마에 등장하는 가상의 캐릭터들이 서로의 권익을 위해 모인 초극비 단체다. 나는 이 친구들의 도움을 받아 새로운 탈주여행을 할 계획을 짰다. 무엇인가 하면, 미국 드라마에 등장하는 도시들만 찾아다니면서 북미대륙의 지도를 그리는 거다.

어때 입질이 살살 오지 않나? 나와 함께하면 다음의 궁금증을 하나씩 해결해나갈 수 있을 것이다. 저 냉랭하던 의사 커플이 뜨겁게 키스를 나눈 장소는 어디인지, 저 드라마의 연쇄살인범이 번거롭게 냉동차를 운전해야 했던 이유는 무엇인지, 〈프렌즈〉의 조이가 자신의 쾌활함을 두 배로 만든 도시는 어디인지?

────── 우리의 탈주극은 시카고에서 시작된다

〈프리즌 브레이크〉에서 우리가 탈출해야 할 감옥의 위치부터 확인해보자. 동서로 넓적한 미 대륙 가운데 위쪽, 캐나다 접경 지역 호수 근처에 제법 낯익은 이름의 도시가 나온다. 시카고. 금주법 시대의 갱단으로도 유명하고, 미국 최초의 유색인종 대통령인 오바마의 정치적 고향이기도 한 곳이다.

이 대도시에서 멀지 않은 곳에 자리잡은 '폭스 리버 주립 교도소'가 우리의 출발지다. 실제 이 위치에는 악명 높은 졸리엣 교도소^{Joliet Prison}가 2002년까지 자리잡고 있었는데, 33명의 젊은이를 강간, 고문하고 죽인 '광대 살인마' 존 웨인 게이시가 복역했던 곳으로 유명하다. 이름을 바꾸어 〈프리즌 브레이크〉 시즌 1의 본무대로 사용되었는데, 드라마 속에서 사형수 링컨이 머물던 독실이 살인마 존 웨인 게이시가 실제로 수감되어 있던 감방이다.

교도소에서 빠져나온 우리는 먼저 시카고로 가야 할 것 같다. 나 석호필은 시카고의 로욜라 대학에서 도시공학을 전공해 시내의 건축회사에서 일했고, 단짝 수크레도 시카고에서 자랐다. 교도소의 황제로 군림하고 있는 존 아부루치 역시 시카고 마피아의 거물이다. 시카고가 주도인 일리노이 주지사의 딸 세라가 탈옥 전날 문을 열어달라는 내 부탁 때문에 고민하던 곳은 미시간 호수다. 시내의 밀레니엄 파크에 가면 링컨의 옛 애인이었던 베로니카가 부통령 동생의 살인사건 음모에 대한 제보자를 만나던 장면을 떠올릴 수 있으리라.

〈프리즌 브레이크〉의 모델이자 촬영장이었던 졸리엣 교도소

탈출 도중에 생긴 부상자들은 〈ER〉의 응급실로 보낼 예정이다. 의학 드라마의 대표자인 이 시리즈는 시카고에 있는 가상의 병원 '쿡카운티 제너럴 메모리얼 병원'의 응급실을 배경으로 하고 있다. 병원 내 장면이 대부분이지만 가끔 시카고 시내의 모습을 볼 수 있는데, 성질 급한 의사들이 아니랄까봐 급행열차 '엘(L)'의 플랫폼이 주요한 무대로 등장한다.

나의 형 링컨은 부통령의 동생을 죽였다는 혐의를 덮어쓰고 사형을 기다리고 있다. 유능한 변호사를 통해 누명을 벗을 수는 없을까? 캐릭터 조합의 변호사 명단은 동부 해안에 몰려 있다. 법정 드라마의 명제작자 데이비드 켈리의 〈프랙티스 Practice〉, 〈앨리 맥빌 Ally Mcbeal〉, 〈보스턴 리걸 Boston Legal〉의 로펌들이 모두 보스턴에 자리잡고 있다. 공인 훈남인 나의 매력으로 〈앨리 맥빌〉의 여변호사들을 사로잡는 건 시간 문제겠지만, 정치나 형사 사건은 〈보스턴 리걸〉에 의뢰하는 게 나아 보인다.

해안선을 따라 조금 아래로 내려가면 자유의 여신상이 우리를 반긴다. 처음 뉴욕으로 갈 때는 〈CSI 뉴욕〉이나 〈로 앤 오더 : 성범죄 전담반 Law & Order : Special Victim Unit〉 소속 형사들의 도움을 얻어볼까 생각했다. 하지만 막상 이 화려한 도시에 도착하니, 현실을 잊어버리고 도망자의 우울함을 떨쳐낼 유쾌한 친구들에게 달려가기로 마음먹게 된다. 〈프렌즈〉의 여섯 친구냐, 〈섹스 앤 더 시티〉의 네 아가씨냐가 고민인데 아무래도 교도소 내의 성폭행으로 괴로워하던 동생들을 위해 〈섹스 앤 더 시티〉의 캐리에게 상담을 받아봐야겠다.

다시 뉴욕의 번잡함을 피해 남쪽 시골로 내려간다. 뉴저지주는 뉴욕을 소재로 한 드라마에서 시골 나들이 장소로 즐겨 나오는 곳. 그러나 촌동네라고 무시해선 곤란하다. 에미상의 최강자인 〈소프라노스 The Sopranos〉가 여기에 버티고 있다. 하지만 우리 팀의 대부분이 범죄자들인 탓에 이들을 데리고 신경쇠약 증세를 겪고 있는 마피아 보스와 대면하려고 하니 찜찜하다. 그렇다고 이곳 프린스턴-플레인스보로 Princeton

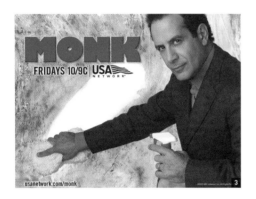

1, 2 • 덱스터
3 • 몽크
4 • 앨리 맥빌
5 • 그레이 아나토미

^{Plainsboro} 병원에서 진찰 팀을 이끌고 있는 괴짜 박사 〈하우스〉를 만나는 것도 탐탁지 않다. 우리는 가급적 빨리 이곳을 벗어나기로 한다.

다음 도착지는 백악관이 있는 수도 워싱턴 DC. 우리를 둘러싼 음모가 결국 대통령 자리를 좌지우지할 만한 '컴퍼니'와의 대결이라면, 이곳에서 일대 격전도 불사해볼 만하다. 〈웨스트 윙^{The West Wing}〉의 정직한 대통령 보좌관들이라면 분명 도움이 되겠지만, 우리를 못 잡아 안달이 나 있는 무시무시한 머혼 요원의 본거지인 FBI 본부가 자리잡고 있다는 점은 마음에 걸린다. 〈엑스 파일^{The X-Files}〉의 멀더와 스컬리 요원을 만날 가능성도 있는데, 우리의 탈옥을 외계인의 음모와 연관시켜버리면 곤란하다.

어느새 우리는 따뜻한 남쪽 바닷가로 왔다. 플로리다의 마이애미에서 수영이나 즐기다 쿠바나 파나마로 넘어갈 궁리를 해볼까? 하지만 호레이쇼 반장의 〈CSI 마이애미〉가 우리의 마음을 들쑤신다. 여기에서 시체가 되면 악어에게 먹히는 게 상식이다. 얼마나 연쇄살인범이 득시글거리면, 살인에 대한 욕망을 연쇄살인범을 죽이는 것으로 대신하는 〈덱스터^{Dexter}〉가 태어났을까? 이 정도가 되니 차라리 감옥 안이 안전했던 것 같다. 여러모로 미국대륙은 그 자체로 정신병동인 것 같다. 어딜 가나 제대로 된 인간을 만나기 어렵다.

─── 서부 해안을 따라가는 모험들

비행기를 타고 '잠 못 이루는' 시애틀로 날아가자. 오랜 도망자 생활로 고통받은 우리는 두 드라마의 주인공들에게 위로를 청한다. 우리의 아픈 몸은 〈그레이 아나토미^{Grey's Anatomy}〉의 아름다운 여자 인턴들에게 의뢰하자. 자칫하면 해부학 실습 교재가 될지도 모르겠지만. 잠시 병원침대에서 달콤한 대화를 나누어도 좋으리라. 우리의 어지러운 머리는 라디오 심리 상담자인 〈프레지어^{Frasier}〉 박사에게 의뢰해볼까?

〈프레지어〉는 원래 보스턴의 작은 바를 배경으로 한 〈치어스^{Cheers}〉에서 떨어져 나온 시리즈인데, 두 코미디를 비교해보면 동서 해안의 차이를 분명히 느낄 수 있을 것 같다. 보스턴에 비해 시애틀에 특별히 자랑할 만한 게 뭐냐고? 〈프레지어〉의 최종회인 '굿나잇 시애틀'에서 동생 나일이 프레이저에게 말한다. "나는 커피가 그리울 거야." 그래 시애틀은 스타벅스의 고향이다. 언제나 주룩주룩 비에 젖어 사는 이 도시에서 살아남으려면 주기적으로 심리 상담자나 카페를 찾을 수밖에 없을 것 같다.

우중충한 비의 도시를 떠나 남쪽으로 가면 타이틀 화면에 산뜻한 금문교를 펼쳐 보이는 드라마들이 나온다. 샌프란시스코를 대표하는 명사는 편집증 탐정 〈몽크^{Monk}〉와 할리웰 가문의 아름다운 마법 자매 〈참드^{Charmed}〉가 있다. 그리고 왕년에 히피들이 주름잡던 도시인 만큼 〈못 말리는 커플^{Dharma & Greg}〉을 만날 수도 있다. 히피 부모 아래 자유분방하게 자란 달마와 스탠퍼드 로스쿨을 수석 졸업한 상류층 그렉의 좌충우돌 신혼살림에 얹혀 잠시 희희낙락거려 본다.

여기에서 동쪽 사막으로 옮겨가면 우리를 유혹에 빠지게 하는 두 장소가 있다. 하나는 〈프리즌 브레이크〉의 교도소에서 전설의 DB 쿠퍼로 밝혀진 웨스트 모어랜드가 거액의 현금을 묻어두었다는 유타주. 분명히 가슴을 두근거리게 하는 장소이지만, 자칫 일행들끼리 돈을 놓고 싸우다 몽땅 사구^{砂丘}에 묻혀버릴 가능성이 아주아주 크다. 도박의 도시 라스베이거스가 두 번째 옵션. 뉴욕과 마이애미에 분점을 내고 있는 〈CSI〉의 본점이며, 카지노 호텔 안을 리얼리티 쇼처럼 중계하는 〈라스베가스^{Las Vegas}〉의 본거지다. 허영에 물든 사람의 마음을 초고층 빌딩의 펜트하우스로 올려보냈다가, 단순간에 밑바닥의 풀장으로 떨어뜨려버리는 곳이다.

일확천금의 미련을 버리고 서남쪽에 있는 로스앤젤레스로 향한다. 〈기동순찰대^{Chips}〉, 〈A 특공대^{The A Team}〉, 〈블루문 특급^{Moonlighting}〉 등 1970~80년대 원조 미드 시대를 주름잡았던 명작들의 고향이다. 예전에는 액션 주인공들이 고속도로를 질주하는 활극의 도시였지만, 요즘은 번쩍이는 럭셔리 도시로 탈바꿈한 느낌이다. 시내에서는 〈안투라지^{Entourage}〉, 〈어글리 베티^{Ugly Betty}〉가 때깔을 내고, 교외에서는 〈위기의 주부들^{Desperate Housewives}〉이 꽃단장을 한다. LA는 또한 유명 드라마에서 뛰쳐나온 시리즈^{spin-off}들의 무대로 각광받고 있는 곳이다. 〈프렌즈〉의 뉴욕에서 이사 온 〈조이〉, 〈그레이스 아나토미〉의 시애틀에서 이사 온 개업의 〈프라이빗 프랙티스^{Private Practice}〉 에디슨 몽고메리가 새로운 주민이다.

우리의 여행도 여기에서 마무리되지 않을까 싶다. 위대한 아메리카 탈주극의 대선배인 1960년대 〈도망자^{The Fugitive}〉의 리처드 킴블 박사는 우리와 같은 시카고 출신이다. 그곳에서 저명한 외과의사로 활약하다 부인을 죽인 누명을 쓰게 되고, 교도소로 압송되어 가던 호송버스에서 탈주한 뒤, 미대륙을 휘저으며 도망다니는 신세가된 것이다. 킴블은 결국 이곳 LA에서 붙잡혀 출발점인 시카고로 압송된다. 역시 살인누명에 쫓겨 우람한 모터사이클을 타고 미대륙을 돌아다니는 〈레니게이드^{Renegades}〉르노 레인즈도 이 부근 샌디에이고의 경찰 출신이다. ⑯

지도 어디에도 없지만 미국 어디에나 있는 마을

미드의 세계에선 때론 한 마을 자체가 주인공 역할을 하며 우리에게 빨리 놀러 오라고 손짓하는 곳들이 있다. 그런데 그 대부분이 가상의 마을이라 정확한 위치를

가르쳐주지 않는다. 뭐 어쩌겠나? 구글 어스에서는 그 지명을 찾을 수 없겠지 만, 우리 마음의 지도에 새기는 것까진 막지는 못하리라.

음침하기로는 타의 추종을 불허하 는 마을, 데이비드 린치의 〈트윈픽스^{Twin Peaks}〉는 미국과 캐나다 국경에 있는 워싱 턴 주의 한 지역으로 소개된다. 드라마 는 아니지만 프랭크 밀러가 그린 죄악의

1 • 트윈 픽스
2, 3 • 심슨 가족

도시 〈씬시티^{Sin City}〉도 워싱턴 주에 있는데, 아무래도 비만 주룩주룩 내리는 우울한 날씨 때문인 것 같다. 뉴욕의 잘 나가는 결혼 매니저가 갑작스레 시골로 내려간 이야기를 그린 〈맨 인 트리스^{Men in Trees}〉의 엘모는 알래스카 주에 있는 가상의 마을이다.

슈퍼맨이 어린 시절을 보낸 〈스몰빌^{Smallville}〉은 자신의 위치를 살짝살짝 보여주며, 팬들과 퍼즐 풀이를 한다. 처음에는 편지의 우편번호를 통해 〈오즈의 마법사^{The Wizard of Oz}〉의 주인공 도로시의 고향인 캔자스 주임을 알려주고, 대도시와 3시간 거리라며 위치를 가늠하게 하고, 다음에는 슬쩍 지도에서 별로 표시해주는 식이다. 어차피 무릉도원이나 이어도 찾기지만, 팬들은 결사적으로 알아내려 한다.

〈심슨 가족^{The Simpsons}〉의 '스프링필드'는 뛰어난 유머감각으로 교묘한 장난을 친다. 학교수업시간에 스프링필드의 위치가 표시된 지도를 보여주는 척하다 슬쩍 가리고, 영화판에서는 "오하이오 주, 네바다 주, 메인 주, 켄터키 주와 접경하고 있다"며 절대 존재할 수 없는 위치를 가르쳐준다. 시리즈 속에서 《뉴스위크》가 '미국 최악의 도시'라고 부르는 스프링필드는 사실 '미국 어디에나 있는 도시'인 것이다.

'미국 드라마 캐릭터 조합'이라고 들어봤나? 못 들어봤을 거라고 생각된다. 미국 드라마에 등장하는 가상의 캐릭터들이 서로의 권익을 위해 모인 초극비 단체다. 나는 이 친구들의 도움을 받아 새로운 탈주여행을 할 계획을 짰다. 무엇인가 하면, 미국 드라마에 등장하는 도시들만 찾아다니면서 북미대륙의 지도를 그리는 거다.

9 헤밍웨이의 스페인 관찰기

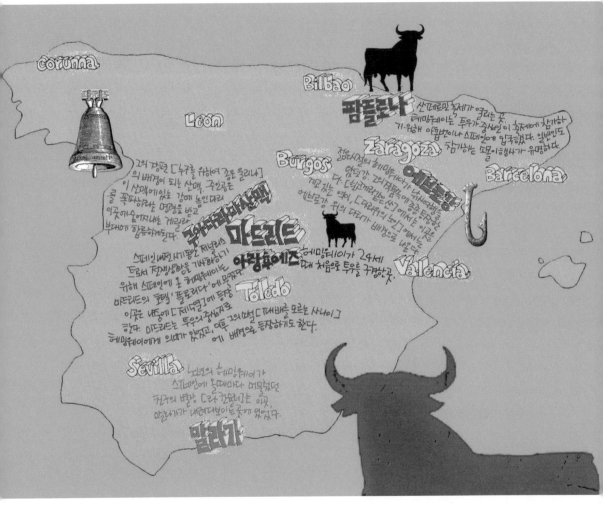

자라온 땅의 정서는 핏줄처럼 혈관을 따라 흐르기 마련인가 보다. 그래서 많은 작가들이 모국의 언어로 모국의 이야기를 쓴다. 이국의 작가들이 쓴 글을 보면서 그 나라를 상상하는 것은 저릿한 경험이다. 다른 사람의 안구로 가보지 않은 세상을 내다보는 경험. 그 때문에 우리는 읽기도 어려운 이름을 가진 작가들의 책을 두근거리며 펼쳐보곤 한다.

그러나 '모국'이란 게 도대체 뭘까? 태어난 곳? 자라난 곳? 어느 곳이 한 인간에게 가장 큰 영향을 미쳤는지는 오직 그 사람만이 알 뿐이다. 아니, 어쩌면 그 자신도 모를지 모른다. 그가 쓴 글을 읽는 이들만이 냄새 맡을 수 있을지도 모를 일.

헤밍웨이는 미국 출신의 작가이다. 그는 평생 영어로 글을 썼다. 그렇지만 그가 영어로 풀어낸 세계는 미국에 국한되지 않았다. 그는 돌아다닌 모든 나라들의 에너지를 자신의 글로 풀어낼 수 있는 능력을 지닌 작가였고, 그렇기 때문에 정열적으로 전 세계를 돌아다닌 작가이기도 했다. 그가 살았던 파리, 쿠바, 그가 여행했던 아프리카, 스페인을 비롯한 전 세계 중에서 그에게 가장 많은 영향을 끼친 나라를 꼽으라면 어디가 제일 앞줄에 서게 될까?

스페인. 그곳은 헤밍웨이와 닮은 점이 많다. 열정이 그렇고 극단을 추구하는 성정이 그렇다. 헤밍웨이가 스페인의 많은 문화들 중에서도 죽음과 삶을 넘나드는 투우에 매료된 것은 그의 본성과 스페인의 정서가 맞아떨어진 곳이 어디인지 보여준다.

───── **투우, 헤밍웨이를 만나다**

헤밍웨이가 스페인을 방문한 것은 그의 평생 모두 18회에 달하는데, 그중에서 아홉 번이 산 페르민 축제 Fiesta de San Fermin 를 보기 위해서였다. 그는 1923년 5월, 스물네 살에 처음으로 아랑후에스^{Aranjuez}에서 투우를 보았고, 깊은 감동을 받아 그해 7월 6일 팜플로나^{Pamplona}를 방문하여 투우가 중심 프로그램인 산 페르민 축제에 참가했다.

매년 7월 6일에서 14일까지 열리는 산 페르민 축제는 그를 위해 만든 것처럼 헤밍웨이에게 딱 맞는 행사였다. 먹고, 마시고, 춤추고, 소와 함께 달리고……. 투우를 즐기는 팜플로나에서의 일주일을 보내기 위해 그는 친구들과 함께 스물네 살 때부터 서른두 살까지 딱 두 번을 제외하고 매해 팜플로나를 방문했다. 그 뒤로도 쉰네 살에 한 번, 예순 살에 한 번 그 광란의 축제에 몸을 담았다.

세계 각국의 젊은이들이 모여들어 떠들썩하게 노는 분위기도 헤밍웨이에게 딱 맞았지만, 그가 진정으로 매료된 것은 축제의 핵심인 투우였다. 그는 논픽션 『오후의 죽음^{Death in the Afternoon}』에서 "전쟁이 끝나버린 지금 생과 사, 그것도 횡사를 목도할 수 있는 유일한 장소는 투우장이다"라며 그가 왜 투우에 관심을 기울이게 되었는지 밝히고 있다.

그가 팜플로나를 자주 찾을 수 있었던 데는 지역적 조건도 한몫했다. 프랑스의 산악국경선에서 남쪽으로 약 38킬로미터 정도밖에 떨어져 있지 않아, 파리에 살던 헤밍웨이와 친구들은 쉽게 팜플로나로 넘어가곤 했다. 그 당시의 경험은 『태양은 또다시 떠오른다^{The Sun Also Rises}』에 잘 묘사되어 있다. "축제는 7일 동안 밤낮으로 계속되었다. 댄스도 계속되었다. 술마시기도 계속되었다. 시끌벅적함도 계속되었다." 지금도 팜플로나에는 헤밍웨이의 흉상 기념비가 서서, 웃고 즐기는 광란의 무리를 내려다보고 있다.

투우에 대한 헤밍웨이의 관심은 찾아가서 노는 데 그치지 않았다. 그는 『오후의 죽음』과 『위험한 여름^{The Dangerous Summer}』이라는 작품으로 투우에 대한 그의 관심과 지식을 정리했다. 1932년에 출판된 『오후의 죽음』은 스페인의 투우를 다룬 비스페인어로 된 투우서 중 가장 훌륭한 책이라는 평가를 받고 있는 논픽션 작품으로, 투우 외에도 스페인의 다양한 문화들을 소개하고 있다. 마찬가지로 논픽션인『위험한 여름』은 1959년 여름의 스페인 투우 시즌에 대한 기록이다. 그해 집필이 시작된 이 책은 이듬해《라이프》지에 세 개의 시리즈로 실리고 난 뒤, 1985년에 비로소 출판되었다.

헤밍웨이는 투우를 주제로 다룬 단편소설도 몇 편 써냈다. 1918년 마드리드가 배경인 〈패배를 모르는 사나이The Undefeated〉나 〈싱거운 이야기Banal Story〉 등이 그것이다. 〈여왕의 모친The Mother of a Queen〉의 무대는 멕시코이지만, 여섯 번의 투우 경기를 계약하고 멕시코에 온 스페인의 투우사 파코가 주인공이다. 파코는 다른 소설에서도 몇 차례 얼굴을 내밀곤 했다.

—— 헤밍웨이, 스페인 내전에서 활약하다

헤밍웨이의 스페인 문화에 대한 관심은 단순히 먹고 노는 떠들썩한 축제에만 머물지 않았다. 1936년 7월 18일부터 1939년 3월 27일까지 있었던 스페인 내전은 헤밍웨이의 작품을 이야기하는 데 빠질 수 없는 역사적 사건이다.

1936년 선거에서 승리한 자유주의자, 사회주의자, 공산주의자 연합인 인민전선의 개혁에 대항하여 파시스트 프랑코가 벌인 이 전쟁은 정치적 · 이념적으로 혼란스러웠던 스페인을 양대 세력으로 나누었다. 반란을 일으킨 국가주의자 진영으로 스페인의 로마 가톨릭 교회, 군부세력, 토지자본가, 기업가, 우익 팔랑헤Falange가 결집하고 공화파 진영으로는 도시노동자, 농업노동자, 중산층이 단결했다. 헤밍웨이는 파

헤밍웨이

시즘에 맞서 공화파 진영에 합류했다.

전쟁은 국제적인 정세를 반영하면서 각 나라들이 합류함으로써 그 성격이 더욱 분명해졌다. 프랑스, 멕시코, 소련이 공화파에 장비와 물자를 지원하는 한편, 이탈리아의 무솔리니와 독일 나치스는 비행기, 탱크, 병사들을 프랑코에게 지원했다. 1939년 3월 27일 프랑코가 마드리드에 입성함으로써 3년간의 전쟁은 종료되었다. 공화파는 패배하고 파시즘은 승리했다. 그 뒤 2차 세계대전이 일어나게 된다.

헤밍웨이가 공화파에 서게 된 이유는 간명했다. 프랑코가 파시스트였기 때문이다. 파시즘을 막기 위해 헤밍웨이는 스페인에서 가능한 한 전력을 다해 공화파를 도왔다. 헤밍웨이는 스페인 내전의 전황 급보를 취재하여 《북아메리카 신문연합》에 싣기 위해 세 번 스페인에 입국하고, 30개에 달하는 기사를 송보하여 스페인 전쟁에 대

마네의 〈투우〉

해 더 많은 사람들이 아는 데 한몫했다.

그는 또한 선전영화인 〈스페인의 대지 The Spanish Earth〉의 대본을 쓰고 이 영화의 홍보와 기금마련을 위해 애쓰기도 했다. 더불어 뉴욕에서 개최된 미국작가연맹모임에서 "파시즘은 사기다 Fascism Is a Lie"라는 제목으로 반파시즘 연설을 하는 등, 자신이 할 수 있는 모든 일을 하며 스페인 내전에 참가했다.

이런 그의 맹렬한 활동은 그를 공산주의자로 의심하게 했다. 여러 번 기관의 조

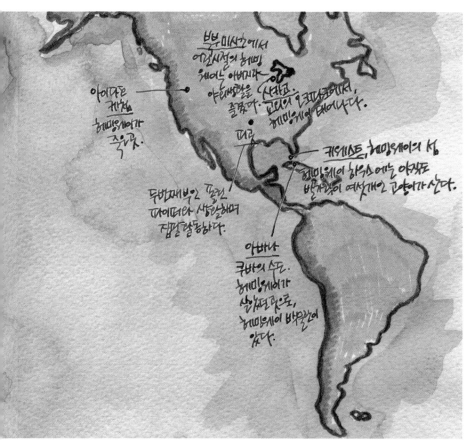
헤밍웨이의 세계
ⓒ박사

사를 받았을 뿐 아니라 한창 스페인 내전으로 활동하던 중 발표한 소설 『가진 자와 못 가진 자 To Have and Have Not 』는 디트로이트에서 판매금지 처분되기도 했다. 그는 공산주의자가 아니었으나 불간섭정책 노선을 고수하는 루스벨트 대통령에게 크게 실망하여 공개적으로 비난했다. 또한 전세계를 향해 스페인 내전을 방치할 경우 파시스트에 의해 세계전쟁이 일어날 것을 경고했는데, 결국 2차 세계대전이 일어남으로써 그의 불길한 예언이 적중했다.

그는 작가답게 다양한 작품을 통해 스페인 내전을 다루었다. 그 중 가장 유명한 작품은 장편소설인 『누구를 위하여 좋은 울리나^{For Whom the Bell Tolls}』이다. 세고비아 남동쪽 구아다라마 산맥에 있는 강에 놓인 다리를 폭파하는 임무를 받은 청년이 게릴라단에 소속되어 사랑과 죽음을 겪는 이 소설은 전쟁에 매료되는 한편 전쟁을 혐오하는 헤밍웨이의 관점을 잘 보여준다.

3막극 희곡인 〈제5열^{The Fifth Column}〉의 제목이 뜻하는 바는 스페인 내전 중 적에게 경도되어 아군을 배반하는 사람을 일컫는 말이다. 이 작품에 나오는 마드리드의 플로리다 호텔은 전쟁당시 헤밍웨이가 다른 기자, 작가들과 함께 머물렀던 바로 그곳이다. 또 스페인 내전 기록영화인 〈스페인의 대지〉에서 헤밍웨이가 육성녹음한 영화 속의 사운드트랙 내레이션을 추린 동명의 작품이 이후 출간되었다.

단편소설인 〈다리 위의 노인〉도 스페인 전쟁을 주제로 한 작품이다. 파시스트들이 에브로^{Ebro}강을 향하여 어느 지점까지 진격했는가를 알아내는 정찰임무를 맡은

영화 〈누구를 위하여 좋은 울리나〉

군인은 전쟁으로 피난가는 대열에 끼어 있는 노인을 만나게 된다. 평생 동물을 돌보는 일만 하고 살아온 마을을 떠나는 일흔다섯 살 노인의 처량한 피난은 전쟁이 얼마나 비인간적인가를 잘 보여준다.

—— 헤밍웨이가 쉬던 집, 라 컨슐러

말라가^{Málaga}가 내려다보이는 언덕에 자리하고 있는 라 컨슐러는 헤밍웨이의 친구인 빌 데이비스와 그의 아내 애니가 소유한 별장이다. 헤밍웨이는 노후에 종종 이곳에 와서 쉬곤 했다. 그는 60회 생일파티를 여기에서 열었는데, 그것은 1959년 여름의 투우 시즌을 즐기기 위해 스페인에 와 있었기 때문이었다. 『위험한 여름』을 취재하고 집필하면서 그는 이 집에서 한숨 돌리곤 했다. 당시 그는 몸이 많이 불편했다.

다음해, 그는 다시 라 컨슐러로 와서 8월 4일부터 10월 8일까지 머물렀다. 그러나 그 시기에 그는 불행했다. 연초부터 그를 괴롭혔던 고혈압과 불면증, 심각한 우울증이 이곳에서 신경쇠약증세로 악화되면서 엉뚱한 행동을 하거나 화를 통제하지 못하는 증상으로 드러났기 때문이다. 결국 그는 10월 8일 비행기로 뉴욕으로 돌아가는데, 그것이 그가 스페인과 함께 한 마지막 날이 되었다. 그가 사랑했던 스페인의 바람과 흙도 병으로부터 그를 구원하지는 못하였던 것이다. Ⓟ

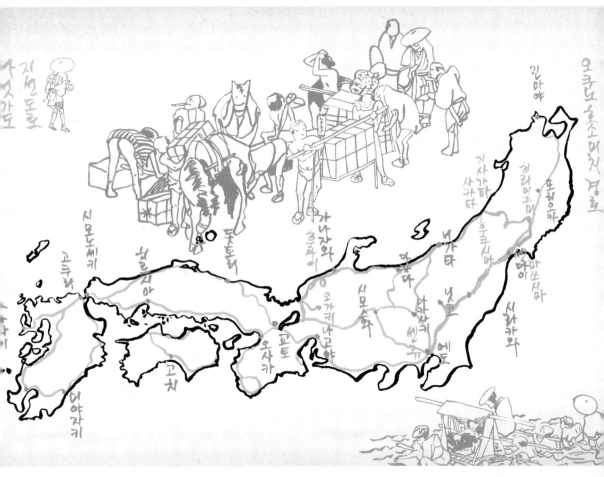

오쿠노호소미치 경로

긴마야

모험오카

히라이즈미

기사가타 사쿠타

쓰쿠시마

지쿠도로 사굿간도

시모노세키

고쿠라

도토리

가나자와 (후쿠이)

구마이

나가타 닛코

마쓰시마

센다이

시라카와

고치

교토

오사카

시모승후

오가키나고야

가야산키 (센)

에도

미야자키

ⓒ박사

마쓰오 바쇼^{松尾芭蕉}는 에도시대의 유명한 하이쿠 작가이기도 하지만 또한 유명한 여행가이기도 했다. 에도 바쿠후^{幕府}가 안정되어가던 시기인 1644년에 태어난 마쓰오 바쇼는 젊었을 때는 고향의 봉건영주인 도도 요시타다^{藤堂良忠} 밑에서 사무라이로 지냈다. 그가 시에 전념하기 시작한 것은 1666년. 스물둘의 나이다. 한때는 교토에서 기타무라 기긴^{北村季吟}을 스승으로 모시고 시를 배웠던 그는 당시 수도인 에도, 지금의 도쿄로 올라와 시인이자 비평가로 이름을 알리게 되었지만 아직은 잠재적 여행자에 지나지 않았다. 그가 본격적으로 여행을 시작한 것은 1684년, 그의 나이 마흔이 되어서였다. 지금도 그렇지만 그때를 생각해보면 절대로 이르다고 할 수 없는 나이였다.

그가 여행자로서 이름을 알리게 된 것은 여러 차례의 여행을 거치면서 씌어진 수많은 기행문들 때문이었다. 『노자라시 기행^{野晒紀行}』, 『사라시나 기행^{更科紀行}』 등 많은 기행문들 중에서 가장 사랑받는 것은 7개월간 동북지방을 여행하면서 쓴 『오쿠노 호소미치^{奥の細道}』이다. 이 책은 지금도 한 손에 책을 들고 그의 족적을 따라가는 여행자들을 불러모으고 있다. 그는 진정한 여행자답게 나가사키^{長崎}로 가던 여행길에 오사카^{大坂}에서 객사하였다. 1694년, 그의 나이 쉰이었다.

그는 여행길에서 본 풍광들을 아름다운 하이쿠^{俳句}로 남김과 동시에 하이쿠의 배경을 설명해주는 유려한 산문을 덧붙였다. 그뿐 아니라 여행하면서 만나는 현지의 시인들과 렌가^{連歌}를 짓는 솜씨를 겨루기도 했다. 렌가는 일본의 고유한 시가의 한 장르로, 한 수의 시를 두 사람이 읊는 형태이다. 바쇼는 렌가에서 뛰어난 솜씨를 발휘했는데 '하이쿠'라는 것 자체가 렌가의 제1구, 즉 홋쿠^{発句}를 의미하는 말인 만큼 하이쿠의 대가인 그가 렌가에서 얼마나 눈부신 실력을 보였을지 능히 짐작할 수 있다.

"방랑에 병들어, 꿈은 겨울 들판을 헤매이누나." 그는 마지막 하이쿠 한 소절을 토해내고는 결국 길 위에서 죽었다. "세상은 그저 나그네 하룻밤의 주막일 뿐"이라는 또다른 그의 하이쿠가 저절로 생각나는 인생이었다. 여행자의 눈은 예민하다. 그의 여행의 흔적들이 지금도 사람들을 끄는 이유는 그의 몸 자체가 하나의 눈이었고 하나의 입이었기 때문이리라.

그가 죽은 뒤 1702년에 발표된 『오쿠노 호소미치』는 그의 3대 기행문 중 마지막 기행문이다. 제목은 "오슈의 좁은 길"이라는 뜻을 가지고 있는데 오슈란 현재의 후쿠시마, 미야기, 이와테, 아오모리 현 등을 말한다. 넓은 의미에서 동북지역 전체를 가리키는 말이라 할 수 있다. 에도에서 오가키까지 6천 여리. 약 150일간 2천 4백 킬로미터를 도보로 돌면서, 그는 자신의 문학적 재능을 마음껏 드러냈다. 그는 이 작품을 쓰면서 문학적 상상력을 과감하게 발휘하였는데, 그와 함께 여행하였던 제자 소라^{曾良}의 여행기와 비교하면서 그 차이를 발견하는 것도 소소한 재미를 준다.

── 여행자들, 순례자들

마쓰오 바쇼가 살았던 당시는 여행이 서민들의 생활 속에 의미있게 자리잡고 있던 시절이었다. 교통과 숙박시설의 발달은 여행의 기반을 마련해주었다. 당시 나가사키의 네덜란드 상관^{商館}에 의사로 파견되어 와 있던 켐펠^{Englebert Kaempfer}은 〈에도참부 여행일기^{江戶參府旅行日記}〉에서 "이 나라의 가도^{街道}에는 매일 믿을 수 없을 만큼의 사람들이 있어, 두세 계절 동안은 주민들이 많이 사는 유럽도시들의 길거리와 비슷할 정도로 사람들이 길에 넘쳐나고 있다. 나는 일곱 개의 주요 가도 중 가장 중요한 도카이도^{東海道}를 네 번이나 왕래했으므로 그 체험에 근거해 이것을 입증할 수가 있다. 이유의 하나는 이 나라의 인구가 많다는 것과 또 다른 하나는 다른 나라 국민들과 달리 이들은 상당히 자주 여행을 하고 있다는 데 있다"고 당시의 분위기를 전하고 있다. 그러나 그렇다고 해도, 외진 해안지방까지 샅샅이 돌아다니는 여행은 흔하지 않았다. 그 때문에 바쇼는 후대 사람들에게 바쿠후의 비밀스파이, 닌자라고 의심받기도 했다.

　서민들의 여행의 가장 큰 목적은 사원참배, 성지순례였다. 오직 도보에 의지해 전국을 다녀야 하는 여행이 단순한 도락일리 만무하다. 숙박비, 식대 등 여비가 만만치 않게 들었음에도 불구하고, 이세신궁^{伊勢神宮} 참배의 경우 참가하는 대다수의 사람들은 돈 없는 하층민들이었다. 그들을 위해 지역의 사람들은 무료로 잠자리를 제공해주거나 짚신 따위를 사찰이나 길거리의 지장보살 앞에 두어 사용할 수 있게 해주었다. 인심이 후하던 시절이기도 했고, 범죄를 미리 막겠다는 의도도 없지 않았다.

　서민들은 '고^講'라는 단체를 만들어 여행을 준비했다. 특정한 사원에 참배를 하거나 영산^{靈山}을 찾아가기 위해 결성된 이 모임은 일종의 여행사 역할을 도맡았다. 통행증을 발급받는데도 '고'에 소속되어 있는 것이 유리했다. 후지산에 등반하기 위한 '후지고'와 이세신궁을 참배하기 위한 '이세고'가 그중에서도 가장 유명하고 인기있는 '고'였다. 당시의 사람들은 평생에 한 번은 이세 참배를 하고 싶다는 열망을 가지고 있었는데, 단순히 종교적인 열망만은 아니었다. 실제로는 참배의 경로에 인근의 명소를 포함시켜 관광의 욕구도 충족시켜주었다.

　대규모 참배단이 처음 생겨난 것은 1650년이다. 그후 1705년과 1718년, 1723년, 1771년, 1830년에 대규모 참배가 있었다고 한다. 대규모 참배단은 지나는 마을마다 축제 분위기를 만들곤 했다. 동네 사람들은 하던 일을 놓고 모두 나와 참배단과 어울리며 먹을 것과 짚신 등을 나누어주었다. 그중에서도 1830년의 참배단 인원은 최대를 기록했는데, 그 수가 무려 486만 명이었다 한다. 당시 전체 인구가 3천만 명 정도였다고 하니, 그 수가 얼마나 큰 규모였는지 짐작할 수 있다.

에도여행 당시 풍속화

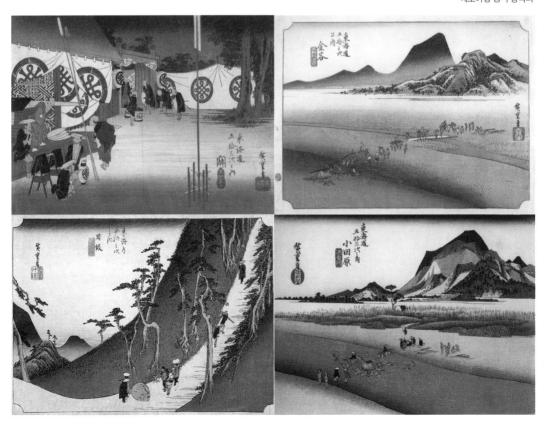

이렇듯 여행이 불길 일듯 일어났던 이유 중 하나는 여행자를 위한 길이 잘 정비되어 있었기 때문이다. 3대 쇼군 이에미쓰^{家光}가 제정한 '산킨코타이제도^{參勤交代制度}'가 그 기반을 만들었다. 이 제도를 만든 이유는 사실 여행을 위해서가 아니라 전국 각지에 흩어져 있던 다이묘^{大名}들을 통제하고 감시하기 위해서였다. 이에 따르면 원칙적으로 각 다이묘들은 격년으로 에도에 머물러야 했다. 그러다보니 3백여 개에 달하는 다이묘들의 행렬이 매년 에도를 향했고, 그 때문에 길의 정비는 필수적인 것이 되었다.

에도 바쿠후는 적극적으로 교통정책을 펼쳤다. 교통체계는 에도를 중심으로 개편되었고 도로망은 확충되었다. 다이묘의 행렬이 자주 있게 되자 숙박시설도 저절로 생겨났다. 당시 최대의 간선도로였던, 교토와 에도를 잇는 '도카이도^{東海道}'에는 53개의 세키쇼^{關所}와 그에 따른 숙소들이 생겨났다. 5대 도로에 잇닿은 중간급 도로들과 작은 지선도로들은 각 한^漢의 한슈^{藩主}들이 관리했다. 가로수를 심고, 1리마다 '이치리즈카'라는 이정표를 세우고, 하천에도 배와 나루를 만들었다.

그렇다고 해서 누구나 무조건 자유롭게 돌아다닐 수 있는 것은 아니었다. 사무라이든 서민이든 신분증은 반드시 지참해야만 했다.

1 • 니혼바시의 거리표시
2 • 1865년에 찍은 동해도

또한 세키쇼에서 사증도 신청해야 했다. 총 76개의 세키쇼가 길의 곳곳에서 여행자들의 발목을 잡았다. 한에는 한슈가 자체적으로 설치한 반쇼가 있어 세키쇼와 함께 여행자들을 감시했다. 그중 가장 엄격했다고 하는 하코네 세키쇼에서 여자들이 사증을 받기란 쉽지 않았다. "소총은 절대로 에도로 들여보내지 않고 여자는 함부로 에도에서 내보내지 않는다"는 철칙을 가진 이곳을 통과하려면 온몸을 샅샅이 수색당해야 했다.

여비도 여행을 쉽게 떠나지 못하게 발목을 잡는 한 요인이 되었다. 돈없이 순례 여행을 떠나는 경우가 흔한 것은 아니었다. 대부분 도보로 다녔으므로 교통비는 적게 들었지만 그만큼 시간도 많이 들고 숙박비와 식비도 많이 들었다. 특히 바쿠후가 군사적 이유로 나루를 놓지 못하게 한 시즈오카 현에 있는 오이강大井川을 건너려면 강을 건너게 해주는 사람인 도하졸의 목마를 타야만 했는데, 그 수고비도 만만치 않았다. 시간이 많이 들었으므로 자연히 짐이 많았고, 그래서 짐꾼과 말을 고용해야 했다. 그러나, 그 돈은 아껴서 마련 못할 만큼의 거금은 아니었다. 에도시대에 여행이 성행할 수 있었던 이유 중 하나다.

여행의 성행은 각종 여행안내서와 여행소지품의 발달을 가져왔다. 1655년경부터 휴대용 여행가이드북이 나오기 시작했는데, 뒤로 갈수록 그 안에 담긴 정보가 상세하고 풍부하다. 여행안내서는 노끈을 세우면 쓸 수 있는 휴대용 해시계 등 각종 부록들도 갖추고 있었다. 여행용품들도 휴대의 용이함과 견고성을 보완한 제품들이 쏟아져나왔다. 접는 삿갓, 휴대용 등과 촛대, 간이 경대 등 아이디어 집약적인 이런 물건들은 지금 쓰기에도 유용할 듯, 궁리한 태가 역력하다. ℙ

인도의 신, 다시 말해 인도의 땅

시바

브라흐마

비슈누

©박사

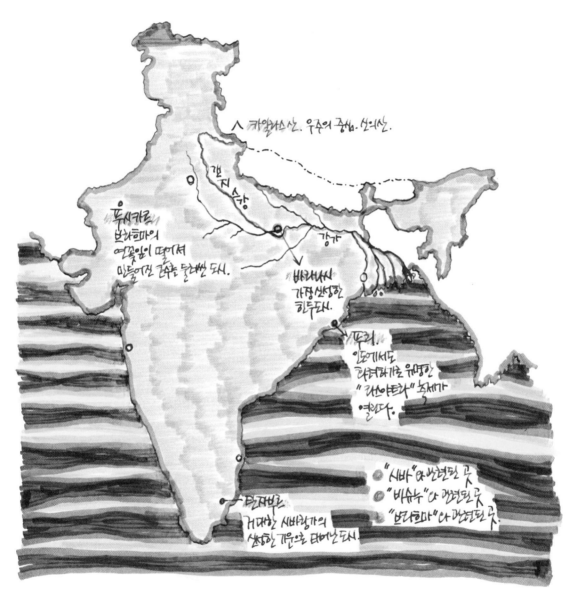

A 카일라스산. 우주의 중심. 신의산.

갠
지
스
강

푸시카르
브라흐마의
연꽃잎이 떨어져
만들어진 건강을 둘러싼 도시.

강가

바라나시
가장 신성한
힌두도시.

푸리
인도에서도
하려해기로 유명한
"라신야트라" 축제가
열린다.

● "시바"와 관련된 곳
● "비슈누"와 관련된 곳
"브라흐마"와 관련된 곳

탄자부르
거대한 시바링가의
신성한 기운으로 태어난 도시.

ⓒ박사

인도에서 신과 관련되지 않은 곳을 찾을 수 있을까? 인도에서 신을 믿지 않는 이를 찾는 것보다 훨씬 더 어려울 것이다. 그러므로 인도신화의 지도를 그린다는 것은 수천 겹의 인도지도를 그린다는 것에 다름 아니다. 인도에서 신화와 관련된 곳들을 짚어보고 싶은 욕망은, 인도의 신들을 알아보고 싶은 욕망과 같다. 땅의 모양새를 빌어 인도의 신을 이야기한다. 그 땅에서 직접 움직이고 숨쉬었던 신들의 족적을 짚어본다.

──── 셋이면서 하나인 신, 브라흐만
창조주 브라흐마, 유지주 비슈누, 파괴주 시바로 현현하다

신은 창조하고 보존하고 파괴한다. 힘은 하나이지만, 여러 방향으로 작용한다. 신의 이름은 하나이지만, 힘에 따라 또 여러 이름을 가지고 있기도 하다. 삼위는 일체가 된다. 창조를 맡은 브라흐마와 유지를 맡은 비슈누, 또 파괴를 맡은 시바는 각각의 신이기도 하지만 브라흐만이기도 하다. 인도의 온갖 곳에 그들은 자기의 이름을 남겼다. 그중에서도 특히 이 산에, 이 강가에, 이 도시들에.

갠지스 강

인도를 가로지르는 거대한 강을 일컫는 강가^{Ganga}라는 이름은 여신의 이름이기도 하다. 옛날 아요디아의 바기라타 왕이 천계의 깨끗하고 성스러운 물을 지상으로 흐르게 하기 위해 정성을 다해 기도했다. 왕의 조상들이 성자의 저주를 받아 지옥에 갔는데, 그 저주를 풀기 위해서는 천상의 강물이 지상으로 흘러야 했던 것. 바기라타 왕이 고행과 기도를 거듭하자 이에 감동한 브라흐마가 천계의 깨끗한 물, 강가를 인간세계에 내려보내주마 약속했다.

높은 하늘에서 물이 곧장 떨어져내릴 경우 인간의 땅에서 일어날 재앙의 크기는 어렵지 않게 상상할 수 있었다. 고심 끝에 땅과 하늘의 사이에서 시바가 강가의 물을 머리카락으로 받아서 지상으로 흐르게 하겠노라 나섰다. 하지만 강가는 자존심이 상했다. 있는 힘을 다해 시바의 머리 위로 쏟아지리라. 하지만 시바 또한 강가의 그러한 어깃장에 화가 났다. 그는 내려오는 강물을 자신의 머리카락 안에 가두어버렸다. 강가는 시바의 머리카락 속에 꼼짝 못하게 갇혔다. 강가에게 '시바의 머리칼'이라는 별명이 붙은 것은 이때부터였다.

애가 탄 바기라타 왕은 시바에게 풀어주기를 간청하였고 강가는 드디어 시바를 벗어났다. 그렇게 하여 강가는 강고트리, 리시케시, 하리드와르를 거쳐 알라하바드를 지나 야무나, 사라스바티 강과 합친 뒤 벵골만으로 흘러간다.

바라나시

우타르프라데시 주[州], 갠지스 강가에 있는 도시 바라나시[Varanasi]는 가장 신성한 힌두도시이다. 많은 학자들이 세계에서 제일 오래된 도시라 믿는 바라나시는 여러 영겁 이전에 시바가 건설했다고 한다. 인도에 전해 내려오는 대서사시 『마하바라타』에서도 이 도시의 이름이 언급되고 있다. 수많은 사원과 성소가 들어서 있는 바라나시는 사원의 도시, 인도의 종교 및 문화의 수도라 일컬어진다.

강가의 두 지류인 '바루나'와 '아시'의 이름이 합쳐져서 '바라나시'라는 이름이 되었다. 이곳은 매년 축복받은 강물을 찾아 수백만의 순례자들이 몰려온다. 그들은 이 강물을 한 모금만 마셔도 수년 동안의 나쁜 카르마가 사라지고, 목욕을 하면 일생 동안의 잘못된 행동이 씻겨나간다고 믿고 있다. 힌두교도들은 이 도시에서 사는 것 자체가 신을 섬기는 일이라고 믿는데, 이곳에서 이루어지는 행동은 모두 신성하며 이곳에서 하는 모든 말은 기도이기 때문이다.

그러므로 이곳에서 죽는 것이야말로 힌두교도들이 바라마지 않는 것이다. 그들은 이곳에서 죽을 경우 바로 해탈한다고 믿는다. 이 도시의 신성한 기운이 너무나 강렬하기 때문에, 이곳에서 죽는 것만으로도 과거의 카르마가 모두 씻겨나간다고 여기는 것이다.

탄자부르

타밀나두 주에 자리한 탄자부르^{Thanjavur}에는 시바를 모시는 장대한 브리하디슈바라 사원이 있다. 이 사원은 서기 1010년 준공 당시 지상에서 제일 높은 건축물이었다. 전해내려오는 이야기에 따르면 이 도시 전체가 사원에 모셔져 있는 거대한 시바 링가의 신성한 기운 덕에 생겨났다고 한다. 이곳의 링가 푸자^{Linga Puja}는 영험하기로 유명해 순례자들의 발길이 끊이지 않는데, 힌두력 2~3월에 열리는 마하시바라트리 축제 동안 최고조에 달한다고 한다.

푸리

오리사주의 푸리^{Puri}에서는 인도에서 화려하기로 가장 유명한 축제가 열린다. 라스 야트라 축제에는 크리슈나 화신의 일종인 자간나타와 그의 남자 형제 발라바드라, 그의 여자 형제 수바드라의 목조상이 행진을 한다. 12세기 후반에 건축된, 힌두교에서 가장 신성하고 유명한 성지 순례지 네 곳 중 한 곳으로 손꼽히는 자가나드 사원에서 출발한 행렬은 수천 명의 숭배자들에 의해 군디차 만디르로 이어진다.

푸시카르

라자스탄 주의 푸시카르^{Pushkar}는 타르 사막 어귀에 자리잡은 작은 도시다. 전해내려오는 신화에 따르면 사비트리의 저주로 인해 브라흐마를 위해 제사 지내는 사원은 전 세계에 오직 한 곳밖에 없다하는데, 그것이 바로 이곳에 있다. 태초에 브라흐마가 세상을 창조하기에 적당한 장소를 찾다가 시바의 제안을 받아들여 연꽃을 떨어뜨렸는데, 그 꽃잎이 떨어진 자리에 물이 솟아나 푸시카르 호수가 되었다고 한다. 사람들은 이 호수에 질병을 치료하는 신비로운 힘이 깃들어 있다고 믿는다. 이 신성한 도시에는 자동차가 들어올 수 없으며, 육류와 주류의 반입도 엄격히 금지된다. 매년 11월 보름이면 낙타축제인 카탁푸니마에 참여하기 위해 엄청난 사람들이 모여든다.

카일라스 산

히말라야의 카일라스^Kailash 산은 우주의 중심, 신의 산, 시바와 그의 아내 파르바티가 살고 있는 땅이다. 이 성스러운 산은 시바신이 사는 곳이기도 하고, 산 그 자체가 시바신의 링가이기도 하다. 힌두인들은 이 산을 우주의 중축^中軸인 수메루^Sumeru, 즉 수미산으로 믿어왔다. 이 산 아래에는 지상에서 가장 높은 곳에 있는 호수 마나사로바가 자리하고 있다. 마나사로바 호수는 성스러운 강 갠지스의 발원지이다.

—— 성스러운 신, 성스러운 땅

인도의 모든 땅은 성스럽다. 신의 숨결이 지금도 닿아 있기 때문이다. 신의 들숨과 날숨, 신의 시선은 지금도 땅과 사람들을 전율하게 한다. 신은 설명이 필요없다. 신은 형체가 필요없다. 심지어 가끔은, 이름이 필요없기도 하다. 그들은 어디에나 있으니까. 개떼처럼, 하지만 오롯이 유일하게. 그들의 숨결이 닿은 땅의 견고한 기억 속에서.

리시케시

우타르프라데시 주에 있는 리시케시^{Rishikesh}는 히말라야로 들어서는 입구다. 여름 동안 히말라야에서 머물며 수행하던 수행자들이 겨울이 되면 혹한을 피하기 위해 이 리시케시로 내려와 지내는 전통이 있는 도시로, 수많은 아쉬람들이 자리하고 있기도 하다. 리시케시가 서구인들에게 유명해진 것은 스승 마하리쉬 마헤쉬 요기를 따라 온 비틀즈가 바로 이 도시에서 수행을 했기 때문. 힌디어로 '성자의 도시'라는 뜻을 가진다.

마두라이

타밀나두 주에 자리잡은 마두라이^{Madurai}는 남인도의 도시 중에서 가장 오랜 역사를 지니고 있다. 고대부터 드라비다 문화의 중심지였던 이곳은 BC 5세기에서 AD 11세기까지 판디아 왕조의 수도지였고, 16세기 중반부터는 나야크 왕조의 수도지였다. 이 지역에서 가장 큰 영향력을 가지고 있는 신은 미낙시. 물고기눈을 하고 있는 이 여신은 원래 가슴이 세 개였다고 한다. 진정한 남편감을 만났을 때 그중 한 개가 사라질 것이라는 이야기를 들은 뒤 히말라야의 카일라스 산에 가서 시바를 만났는데, 신비롭게도 가운데 가슴이 사라졌다. 도시의 중심을 이루고 있는 장대한 쉬리 미낙시 사원^{Shree Meenakshi Temple}에는 여신 미낙시와 시바신의 다른 이름인 순다레슈와라가 모셔져 있다.

알라하바드

우타르프라데시 주에 있는 알라하바드^{Allahabad}는 강가, 야무나 강, 사라스바티 강이 합류하는 곳으로 유명하다. 야무나와 강가는 실제로 흐르는 강이고, 사라스바티는 상상의 강으로, 지하에서 나와 이곳에서 강가에 합류한다고 한다. 힌두교에서는

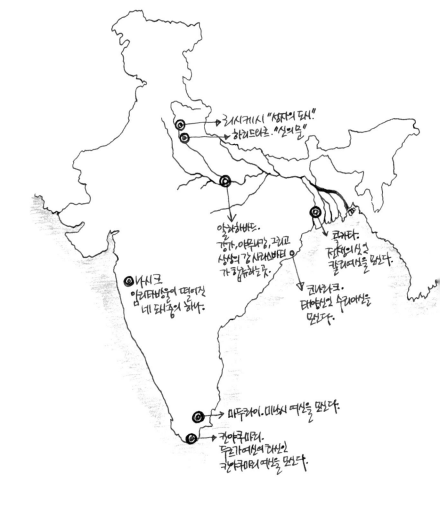

리시케시 "성자의 도시."
하리드와르. "신의 문"

알라하바드.
강가, 야무나강, 그리고
상상의 강 사라스바티
가 합류하는 곳.

콜카타.
전염병의 신 칼리여신을 떠받다.

나시크.
암리타방울이 떨어진
네 도시중의 하나.

코나라크.
태양신의 수리여신을
떠받다.

마두라이. 미낙시 여신을 떠받다.

칸야쿠마리.
두르가여신의 화신인
칸야쿠마리 여신을 떠받다.

강을 여신이라 여겼기에 이곳의 신성함은 이루 말할 수 없다. 또한 이곳은 비슈누의
두 번째 화신인 라마가 부인 시타와 동생 락슈만과 함께 수행한 곳으로, 옛 문헌에는
프라야그^prayag 로 기록되어 있다.

　　또 이곳은 12년마다 한 번씩 열리는 초대형 축제 '쿰브멜라'로 유명하다. 쿰브
멜라는 신과 악마가 신비한 영약 암리타가 든 항아리^kumbha 를 가운데 두고 다투다가
암리타 방울이 떨어졌다고 하는 네 도시, 즉 하리드와르, 웃자인, 나시크, 알라하바

드에서 3년 주기로 돌아가며 열리는 축제다.

하리드와르

우타르찰 주에 자리잡은 하리드와르^{Haridwar}는 '신의
문'이라는 뜻을 가진다. 강가의 상류로, 강고트리에서 시
작된 강이 산악지대를 벗어나 처음으로 평야지대와
만나는 곳이기도 하다. 히말라야를 순례하기 위
한 초입에 자리잡은 도시로, 오래전부터 힌두교
의 중요한 성지로 번창해왔다. 12년에 한 번씩
쿰브멜라가 열리는데, 알리하바드 다음으로 큰 비
중을 차지하고 있다.

칸야쿠마리

타밀나두 주에 자리잡은 칸야쿠마리
^{Kanyakumari}는 인도의 최남단으로 유명하다. 인도
양, 벵골만, 아라비아해가 칸야쿠마리를 중심
으로 만난다. '처녀'라는 뜻의 칸야^{kanya}와 '소
녀'라는 뜻의 쿠마리^{Kumari}가 만나 이루어진 이

칼리

름은 이곳 수호여신의 이름이기도 하다. 칸야쿠마리 여신은 시바신이 악마를 물리치
기 위해 창조한 신으로, 두르가의 화신으로 여겨진다. 삼면이 바다로 둘러싸여 있어
일출과 일몰이 유명하며, 인도의 성자 비베카난다가 3일 동안 명상에 잠겼던 바위섬
도 눈길을 끈다. 이곳에는 작은 만다팜이 있는데, 바르바티가 시바의 관심을 끌기 위
해 고행했던 장소라 한다.

두르가

가네샤

콜카타

서뱅골 주의 주도인 콜카타^{Kolkata}. 이름의 어원은 칼리가트 사원에서 나온다. 칼리가트가 영어식으로 바뀌어 알려진 이름이 캘커타. 2001년 1월에 전통명칭인 콜카타로 이름을 바꾸었으나, 아직도 캘커타라는 이름이 더 알려져 있다. 갠지스 강의 지류인 후글리 강 기슭에 있으며, 칼리 여신을 모신다. 영국 식민 이전에는 사람을 칼리여신에게 희생 제물로 바쳤다는 이야기도 전해내려오고 있다. 현재는 염소를 희생제물로 바친다.

코나라크

오리사 주의 코나라크^{Konarak}는 작은 해변 마을이지만 13세기에 지어진 수리아 신^{태양신}을 모신 거대한 사원이 있어 유명하다. 신전 전체가 수리아신이 타는 마차의 모양을 하고 있는 이 신전은 매우 많은 조각들로 뒤덮여 있으며, 아침, 점심, 저녁 때 태양빛이 집중되도록 지어졌다.

나시크

마하라슈트라 주에 자리한 나시크는 라마가 유배생활을 했던 곳으로 유명하다. 고다바리 강변의 이 도시는 중요한 종교성지로 매년 수천 명의 순례자들이 찾아오는 곳이기도 하다. 이곳에는 수많은 힌두교의 사원뿐 아니라 불교, 자이나교의 유명한 암굴사원도 자리하고 있다. 전설상의 암리타 방울이 떨어진 네 도시 중 하나로 12년마다 쿰브멜라가 열린다.

—— 비슈누의 아바타, 라마를 찾아서

모든 일은 하늘에서 시작한다. 어느 날, 신들이 대책회의를 열었다. 철저한 고행 결과 브라흐마에게 신이나 악마에게 절대 죽지 않는 힘을 얻은 악마 라바나가 자신의 왕국 랑카를 세우고 온갖 행패를 부렸기 때문에, 그를 없앨 방법을 찾아내야 했던 것이다. 그를 직접 죽일 수 있는 방법은 없는 것인가? 브라흐마는 한 번 부여한 은총은 다시 거둬들일 수 없지만, 방법이 아예 없지는 않다 했다. 그것은 바로 인간이나 동물의 힘으로 그를 죽이는 것.

그리하여 '화신'으로 유명한 비슈누가 나타난다. 라마야나는 인류가 위험에 빠질 때마다 온갖 화신으로 변해 위기에서 구해주었던 비슈누의 솜씨다.

코살라 왕국의 왕 다샤라타에게는 고민이 있었으니, 그것은 바로 왕위를 계승할 왕자가 없었던 것. 비슈누의 화신이 이 땅에 어차피 현현할 바에야 한 왕국의 고민도 해결해주면 좋지 않을까? 다샤라타 왕의 세 왕비는 거의 동시에 임신을 하는데, 첫째 왕비 카우살라의 몸에서 태어난 이가 바로 라마 찬드라^{Rama Chandra}, 비슈누의 화신이다. 둘째 왕비 카이케이는 바라트를, 셋째 왕비 수미트라는 쌍둥이인 락시만과 사트루그나를 낳는다.

코살라 왕국이 있던 우타르프라데시 주의 아요디아는 세상에서 제일 오래된 도시 중 하나이기도 하다. 지금도 곳곳에 옛 사원의 흔적이 남아 있다. 12월 6일 라마의 탄생일에는 지금도 수많은 순례자들이 모여들어 작은 도시를 가득 채운다.

라마는 어렸을 때부터 출중한 면모를 보였다. 모든 신화의 주인공이 그러하듯이, 용모며 학식이며 무술실력이며, 따라갈 이가 없었다. 그는 현재 네팔 남부에 있는 비데하 왕국의 수도 미틸라에 가서 공주 시타의 신랑감을 뽑는 무술대회에 참가한다. 파괴의 신 시바의 신성한 활을 자유롭게 다룰 수 있는 사람이 이기는 대회였다. 그 대회에서 가볍게 이긴 라마는 시타와 결혼하게 되는데, 이는 오래전에 신들이 준비해놓은 것이었다. 시타 또한 비슈누의 아내 락슈미의 화신이었기 때문이다. 이것을 인연으로 라마의 동생 락시만은 시타의 여동생 우르밀라와, 바라트는 시타의 친사촌인 만드비와, 사트루그나는 슈루트키르티와 결혼하여 두 왕국의 친분은 두터워진다.

행복한 나날들은 지나고, 드디어 라마가 왕위를 계승할 때가 왔다. 다샤라타 왕도 그를 후계자로 정함에 주저함이 없었고, 이는 모든 신하와 백성들이 환영하는 바

였다. 하지만 둘째왕비 카이케이는 생각이 달랐다. 그녀의 아들 바라트를 왕위에 올리고 싶었던 것이다. 그녀는 오래전 전투에서 그녀가 부상당한 왕을 위해 고군분투했을 때 그녀에게 했던 약속을 상기시키며 바라트를 후계자로 지정할 것과 라마를 14년간 숲으로 추방할 것을 요구했다. 다샤라타 왕은 충격을 받았지만 약속은 약속이었다.

이를 알게 된 라마는 아버지의 약속을 지켜주기 위해 스스럼없이 길을 나섰다. 그를 따라나선 이는 조촐하게 아내 시타와 락시만뿐이었다. 상심한 다샤라트 왕은 금방 죽고, 어머니의 계략 때문에 뜻밖에 왕위에 오르게 된 바라트는 라마에게 달려와 그가 왕이 되어야 함을 간곡하게 청하였다. 그러나 약속은 약속, 라마가 선왕의 약속을 위해 숲을 떠날 생각이 없음을 분명히 하자, 바라트는 라마의 신발을 받아와 왕좌 위에 올려둔다. 자신은 오직 라마 왕의 대리자임을 자처한 것이다.

라마가 들어갔던 단다카 숲은 현재의 마하라슈트라 주의 도시 나시크 안에 자리잡은 판차바티 지역으로 추정된다. 이곳에는 라마의 이름을 붙인 연못인 라마쿤트가 있고, 락시만 쿤트가 있고, 검은 돌로 만든 라마, 시타, 락시만 상이 모셔져 있는 칼라라마 사원이 있고, 시타가 라바나에게 납치당한 곳인 시타쿰파라는 조그만 굴이 있다.

라마가 태어난 이유는 무엇이던가? 악마 라바나를 처치하는 것이다. 본의는 아니었지만 단다카 숲으로의 귀양은 라마의 목적에 한 발 다가선 것이었다. 귀양생활을 하면서 이런저런 악마들을 퇴치하고 있던 라마에게 악마 라바나의 여동생 슈르파나카가 접근한다. 그녀는 라마에게 열렬히 구애했지만 이미 라마에게는 시타가 있었다. 사랑에 눈이 먼 슈르파나카는 시타를 없애려 했고, 라마는 그런 그녀의 귀와 코를 베어버렸다.

슈르파나카는 당장 오빠들을 찾아나섰다. 랑카 섬에 있던 라바나는 여동생의

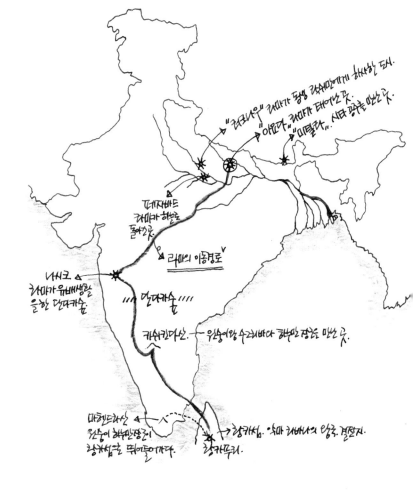

복수를 하기 위해 시타를 납치하고, 라마와 락시만은 시타를 구출하기 위해 랑카 섬으로 머나먼 길을 떠난다. 시타를 찾지 못해 계속 헤매던 라마 형제는 키쉬킨다 산에서 원숭이의 왕 수그리바와 장군 하누만을 만나게 된다. 이 또한 신들이 미리 오래전에 준비한 만남이었다. 이 원숭이들은 라바나를 물리치기 위해 오래전에 신들이 보낸 하늘나라의 악사들이었고, 하누만은 바람의 신 바유의 아들이었던 것.

결국 랑카 섬 근처까지 접근한 그들은 랑카 섬으로 건너갈 방법을 찾아야 했다.

하누만은 마헨드라 산의 정상에 올라서 뛰어올라 해협 건너 랑카 섬에 착지한다. 하누만이 시타가 갇혀 있는 곳에 숨어들어가는 사이, 라마는 거대한 원숭이군대의 도움으로 랑카로 가는 돌길을 만든다. 악마군과 원숭이 군 사이에 무시무시한 전투가 일어나고, 계획되었던 바대로 라바나는 라마와 원숭이들에게 죽음을 당하게 된다.

10일 동안 계속되었던 전투를 기려 인도 전역에서는 다세라 축제가 열리는데, 그중에서도 카르나타카 주의 마이소르에서 치러지는 축제가 거대하기로 유명하다. 9일 동안 라마의 일생을 연극화한 람릴라가 공연되고, 10일째에 악마 라바나와 그의 아들, 형제의 초상을 불에 태우며 라마의 승리를 기념한다.

그 와중에 14년이 지나, 라마 일행은 고향인 아요디아로 돌아가 왕위에 오른다. 그들이 하늘을 나는 전차를 타고 귀향하는 길을 밝혀주기 위해, 인도인들은 매년 디왈리 축제를 연다. 우리나라의 추석에 비견될 만큼 크고 성대한 축제다. 라마는 왕이 된 뒤 동생 락시만에게 도시를 하사하는데, 그곳이 바로 우타르프라데시 주에 있는 러크나우다.

그러나 이야기는 여기서 끝나지 않는다. 납치되어 있는 동안 시타와 악마 라바나 사이에 무슨 일이 있었을지도 모른다는 의혹이 지워지지 않는 것이다. 과연 시타가 가지고 있는 왕비로서의 자격은 아직도 유효한 것일까? 시타는 스스로 불길 속에 몸을 던지고, 불의 신 아그니가 그녀를 보호해주는 것을 보여줌으로써 자신의 정조를 증명하였으나 시타의 몸에 대한 소문은 가라앉지 않아 결국 숲으로 들어가게 된다. 마지막에는 자신의 어머니인 대지에게 자신을 삼켜달라 요청하여 시타는 사라지고, 라마도 페자바드에서 이 세상의 임무를 마치고 본령인 비슈누로 돌아간다.

나이 들어 지친 라마가 몸을 버렸던 사유르 강가의 바로 그 자리에는 그것을 기념하여 굽타르 가트가 만들어졌다. 페자바드는 가락국의 김수로 왕 부인이었던 인도 아유타국의 허황옥 공주의 고향으로 알려져 있다. 비슈누의 정기가 이러저러한 통로를 통해 우리 나라에도 미치고 있는 것일까?

─── 비슈누의 또 다른 아바타, 크리슈나를 찾아서

　　비슈누는 비슈누였을 때보다 크리슈나였을 때 더 많은 사랑을 받지 않았을까. 사악한 악마 왕 칸샤를 물리치기 위해 비슈누는 우타르프라데시 주에 있는 마투라에서 크리슈나로 태어나기로 마음먹었다. 비슈누는 검은 머리카락 하나와 흰 머리카락 하나를 뽑아 검은 머리카락으로는 크리슈나를 만들고, 흰 머리카락으로는 그의 형 발라라마를 만들었다. 그리하여 크리슈나는 크리슈나(검은, 구름처럼 어두운이라는 뜻을 가지고 있다)라는 이름을 얻었다.

　　크리슈나는 바수데바의 부인이자 칸샤의 누이인 데바키의 여덟 번째 아들로 태어나기로 예정되었다. 발라라마는 일곱째였다. 아버지를 내쫓고 왕이 되어 강력한 힘을 마음대로 휘두르며 신들의 세계까지 위협했던 칸샤는 이 사실을 알아채고, 바수데바와 데바키의 자식들을 태어나는 족족 모두 죽여버렸다.

　　발라라마와 크리슈나는 태어날 수 있을까? 신은 자신의 의지를 관철시켰다. 발라라마는 바수데바의 다른 부인인 로히니의 자궁 속으로 옮겨갔다. 크리슈나는? 출산이 임박한 데바키는 감옥에 갇혀 엄중한 감시를 받았으나, 아버지인 바수데바는 신의 보호하에 아이를 빼내어 야무나 강을 건너 고쿨라로 간다. 그곳에서 소를 기르는 목동인 난다와 야쇼다의 사이에서 갓 태어난 딸과 크리슈나를 무사히 바꿔치기 한다. 크리슈나가 태어난 곳에는 현재 스리 크리슈나 잠부미 사원이 서 있는데 그 안에 감옥처럼 생긴, 크리슈나가 태어난 방이 아직 남아 있다.

　　불쌍한 난다의 딸은 어떻게 되었을까? 신은 자비롭다. 칸샤는 바꿔치기된 줄도 모르고 아이를 바위에 던져 죽이려 하지만, 여자아이는 스스로 공중으로 몸을 솟구친 뒤 자신이 여신 요가니드라임을 밝힌다. "너를 죽일 그 아이는 이미 태어났도다" 한 마디를 남기고 여신이 번개같이 사라지자 악마 칸샤의 분노와 공포는 극에 달하게 된다.

악마 칸샤는 온 나라의 아기들을 모두 죽이라는 명령을 내린다. 하지만 크리슈나를 죽이지는 못했다. 당시 크리슈나는 마투라에서 약 10킬로미터 떨어진 마을 브린다반에 살고 있었는데, 형 발라라마도 크리슈나의 새로운 가정으로 합류하게 된다. 성자 나라다로부터 크리슈나가 어디서 살고 있는지 듣게 된 칸샤는 여악마 푸타나를 유모로 위장해 보냈지만, 크리슈나는 천연덕스럽게 그녀의 젖을 물고 쪽쪽 빨아대 결국은 죽음에 이르게 한다.

그뿐이랴, 크리슈나의 성장기는 다채로운 에피소드들로 가득 차 있다. 거대한 뱀 칼리야를 죽이고, 거인과 싸워 이기며, 괴물들을 없애고 칸샤의 음모에 의연하게 대처했다. 심지어 인드라신에 대항해 고바르단 언덕을 들어올리기도 했다. 양어머니 야소다는 크리슈나의 목을 들여다보았다가 그 안에 우주가 들어서 있는 것을 보고 이 아이가 범상치 않다는 것을 깨달았다. 짓궂은 장난꾸러기 아기였던 크리슈나는 악마와 괴물들을 상대하면서 건강하고 매력적인 청년으로 성장했다. 크리슈나를 죽이려던 칸샤가 역으로 크리슈나를 단련하는 역할을 맡았던 것이다.

청년 목동 크리슈나는 만인의 연인이었다. 누구도 그를 사랑하지 않을 수 없었다. 목동의 아내와 딸들은 그의 피리소리를 들으면 맥을 추지 못했다. 그녀들은 크리슈나와 라사-릴라(사랑의 춤)를 즐겨 추었다. 크리슈나의 연인으로는 라다가 가장 유명하다. 젊은 시절의 그는 고빈다 혹은 고팔라라고 불렸다. 그는 바람둥이였지만, 누구도 그를 싫어할 수는 없었다. 청년 크리슈나야말로 만인의 연인이라는 찬사를 받을 자격이 있었다.

결국 그를 죽이는 데 실패한 칸샤는 사신을 보내어 두 젊은이, 발라라마와 크리

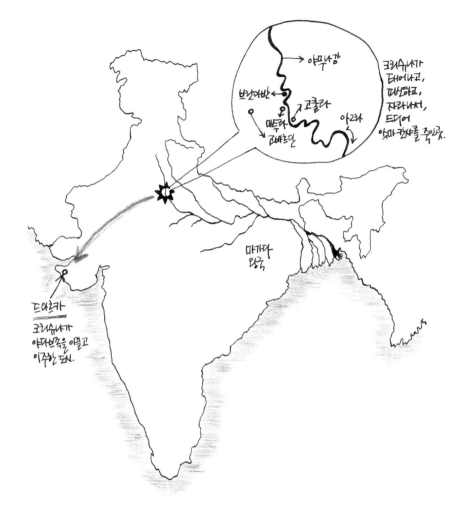

야무나강

브린다반

고쿨라

마투라 레바티말

아그라

크리슈나가 태어나고, 떠나하고, 자라나서, 드디어 악마캄샤를 죽인곳.

드와르카
크리슈나가 야다바족을 이끌고 이주한 곳시.

마가다 왕국

슈나를 마투라로 불러들였다. 두 형제도 정면승부를 받아들였다. 마투라로 가던 도 중, 발라라마는 야무나 강에서 목욕을 하면서 천 개의 머리를 가진 뱀으로 변했다. 그들은 천하무적이었다. 칸샤는 그들을 죽이기 위해서 사나운 코끼리를 보냈으나 두 형제에게는 가벼운 장난감 같았다. 손쉽게 칸샤의 부하들을 물리친 크리슈나는 왕좌 로 성큼성큼 걸어가 칸샤를 가볍게 들어올린 뒤 땅에 메다꽂았다. 발라라마는 칸샤

인도의 신, 다시 말해 인도의 땅

의 여덟 형제를 죽였다. 이로써, 크리슈나는 그 땅에 태어난 몫을 완수했다. 당시 칸샤를 죽인 야무나 강가에는 이후 비쉬람 가트가 세워져 크리슈나의 승리를 기리고 있다.

크리슈나는 자신의 아들에 의해 폐위되었던 칸샤의 아버지 우그라세나 왕에게 다시 왕관을 씌워주었고 땅에는 평화가 찾아왔다. 칸샤를 물리친 뒤 크리슈나의 아버지 바수데바는 이 씩씩한 형제를 성자 산디파니에게 보내 교육을 부탁했고, 씩씩할 뿐더러 영리하기도 한 형제는 모든 과정을 64일 만에 마치면서 총기를 더했다.

모든 일이 끝난 것은 아니었다. 그후 18년간, 그들은 마투라에 살면서 수많은 위협들을 물리쳐야 했다. 마가다 왕국 자라산다 왕의 딸이었던 칸샤의 두 부인이 아버지에게 남편의 복수를 호소하여, 마가다 왕국의 대군이 마투라를 습격하기도 했

다. 적을 모두 격퇴했으나 위험에 노출되어 있는 것은 여전했다. 크리슈나는 안전한 지역을 찾아 마투라의 야다브 족을 이끌고 해안으로 이주한다. 카티아와르의 서쪽 해안, 드바르카 지역이었다. 바다를 내려다보는 절벽이 있었다고 알려진 이곳은 현재의 구자라트 주 드와르카일 것이라고 추측하고 있다.

드바르카에서 그는 비다르바 왕국의 왕 비쉬마카의 딸 루크미니 공주와 결혼하고 후궁도 여럿 두면서 오랫동안 평화로운 시간을 보낸다. 그러나 90세쯤 되었을 때 크룩세트라 전쟁이 발발했다. 양측은 모두 크리슈나에게 도움을 청했다. 크리슈나는 자신의 군대를 택하던가, 아니면 아무런 무기도 없는 자신을 택하라고 요구했다. 아르주나는 크리슈나를 선택했고 그의 적이었던 두르요하나는 크리슈나의 군대를 선택했다. 크리슈나는 아르주나의 2륜전차를 모는 역할로 전쟁에 참전했다. 그러면서 아르주나에게 많은 가르침을 주게 되는데, 그 가르침은 『바가바드 기타』라는 경전의 형태로 현재에까지 전해지고 있다.

전쟁이 끝나고도 36년간 이 세상에서 살았던 크리슈나는 숲으로 들어가 깊은 명상에 잠긴다. 그때 자라라는 사냥꾼이 사슴으로 오해하고 크리슈나를 화살로 쏘았다. 화살은 발뒤꿈치에 맞았다. 그것이 죽음에 이르게 할 큰 상처는 아니었겠지만, 크리슈나는 본래의 비슈누 신의 모습으로 돌아가 하늘로 올라갔다 한다. 그 뒤, 드바르카 또한 바다 가운데 빠져 사라져버렸다. ℙ

대륙은
세계보다
크다 ..

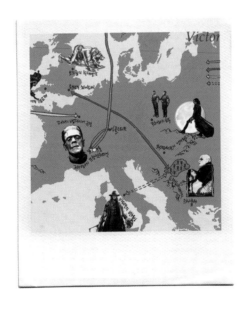

12 오리엔트 특급으로 유럽을 꿰뚫다

© 이명석

- **런던** | 2001년 런던의 대영박물관은 '아가사 크리스티와 고고학'이라는 특별전을 통해 오리엔트 특급을 복원 전시했다. 20세기 초반의 대륙횡단열차는 왕족과 귀족은 물론 수많은 예술가들과 지식인들에게 동양으로 떠나 고대의 유물을 발견하라고 재촉했다.

- **칼레** | 런던에서 온 페리 승객을 대륙으로 실어나르는 창구. 아가사 크리스티는 자서전을 통해 말한다. "프랑스, 스페인, 이탈리아를 여행할 때, 나는 종종 칼레 역에 있는 오리엔트 특급을 보곤, 거기에 올라타기를 간절히 원했다."

- **파리** | 유럽의 서쪽 수도인 파리는 오리엔트 특급의 핵심 출발지였다. 2004년의 영화판 〈80일간의 세계 일주〉에서 필리어스 포그는 뮌헨에서 기차를 타고 이스탄불에 도착하는데, 이 기차도 웨이건스 리츠회사의 오리엔트 특급이다.

- **살롱** | 칼레에서 온 코치가 파리에서 출발한 메인 기차와 합류한다. 오리엔트 특급이 완전한 모습을 갖추고 달리기 시작한다.

- **스트라스부르** | 독일식 지명이지만 현재는 프랑스에 속한 지역으로, 주변의 알사스-로렌 지방은 오랫동안 독일과 프랑스의 분쟁지였다. 두 번의 세계대전을 지나는 동안 오리엔트 특급의 행로도 여러 곡절을 겪었다.

- **짤스부르그** | 영화 〈사운드 오브 뮤직〉의 무대. 폰 트랩 대령 가족 정도라면 충분히 오리엔트 특급 여행을 즐길 만했을 것이다. 이곳을 지나 비엔나로 가는 '비엔나 왈츠' 열차노선도 있다.

- **린츠** | 모차르트의 교향곡 〈린츠〉의 고향. 오리엔트 특급의 방계노선인 프라하 행 열차가 이곳에서 갈라진다. 체코와의 국경을 넘어가는 수마바 산맥의 아름다운 풍광이 일품이다.

- **비엔나** | 합스부르크 왕조의 수도. 제1차 대전 직후의 베르사유 조약은 오리엔트 특급이 비엔나와 오스트리아를 통과하는 문제를 다루기도 했다.

- **부다페스트** | 영화 〈비포 선라이즈〉의 두 주인공은 부다페스트에서 파리로 가는 기차에서 만나 비엔나에서 하룻밤을 보내는 낭만적인 사랑을 나눈다.

- **흑해** | 최초의 오리엔트 특급은 부다페스트에서 루마니아로 넘어가, 다뉴브 강을 배로 건너고, 다시 불가리아의 콘스탄터에서 흑해의 페리를 통해 이스탄불로 연결되었다.

- **베오그라드** | 현재 세르비아-몬테네그로의 수도. 이스탄불에서 출발한 객차가 아테네에서 온 차량들과 만난다. 〈오리엔트 특급 살인〉에서 포와르가 1등석 객차의 화려한 무대로 들어서는 지점이다.

- **터키** | 1929년, 이스탄불에서 60마일 떨어진 지점에서 오리엔트 특급은 폭설 속에 10일 동안 조난당한다. 승객들은 터키 주민들에 의해 구조되는데, 이 사건이 〈오리엔트 특급 살인사건〉에 큰 영감을 준 것으로 보인다.

- **이스탄불** | 오리엔트 특급의 종점. 그러나 여행은 끝나지 않았다. 비잔틴 제국 천년의 수도는 유럽인들에게 동양의 신비로 빠져드는 관문의 역할을 한다. 특급의 종착역은 이스탄불의 유럽 쪽 선착장인 시르케지. 바그다드로 가려면 배로 바다를 건너 타우루스 특급을 타야 한다.

"의심할 여지없이, 내가 가장 좋아하는 열차. 나는 그 템포를 좋아한다…… 알레그로 콘 푸오코^Allegro con fuoco, 들썩이며 덜컥거리고, 칼레와 서구세계를 떠나기 위해 미친 듯 서두르며 누군가를 좌우로 내던진다."

– 아가사 크리스티, 〈와서, 네가 어떻게 살고 있는지 말해줘〉(1946)

"세계에서 가장 유명한 기차."오리엔트 특급^Orient Express에 내려진 이 작위에 이의를 다는 사람은 거의 없으리라. 내가 거기에, '레일 위의 특급호텔', '달리는 살롱', '귀족과 예술가와 스파이를 뒤섞는 국제열차'와 같은 몇 개의 이름을 덧붙인다고 해서 시비를 당할 염려도 없을 것이다. 오리엔트 특급은 유럽 13개 나라를 넘나드는 가장 국제적인 열차이자 동서를 꿰뚫는 대륙횡단열차의 대표로 한 세기가 넘게 명성을 이어왔다. 그리고 무엇보다 아가사 크리스티의 『오리엔트 특급 살인^Murder on the Orient-Express』에 묘사된 화려하고 사치스러운 기차여행의 대명사로 기억되고 있다.

─── 20세기의 영광을 품고 유럽을 꿰뚫다

먼저 유럽의 지도를 펼쳐보자. 서쪽의 런던에서부터 동쪽의 이스탄불까지 수십 개의 나라들이 퀼트 이불처럼 꿰매져 있다. 이 사이를 관통하는 '대륙횡단'의 교통수단을 가지는 것은 근대인의 꿈이었고, 1864년 조지 모티머 풀맨이 영국에서 기차를 발명하면서 그 꿈은 첫 기적을 울린다. 머지않아 영국과 프랑스를 페리로 연결하는 노선이 개발되고, 유럽 각국이 앞다투어 레일을 깔면서 넓기만 했던 대륙이 섬세한 핏줄로 팽팽하게 당겨진다. 그리고 벨기에 출신의 엔지니어 조르주 니켈마커스는 그 기차를 단순한 '이동수단'을 넘어선 '여행의 목적'으로 만들어버린다.

1872년 스물일곱 살의 나이에 미국을 여행한 니켈마커스는 광활한 미대륙을

연결하는 안락한 철도노선에 매료되었고, 유럽 각
국을 누빌 더욱 호화로운 침대열차를 만들고자
마음먹는다. 그로부터 11년 뒤인 1883년 10
월 4일, 최고급 설비와 시설을 갖춘 오리엔
트 특급이 파리를 출발하면서 그 꿈은 첫발
을 내딛게 된다. 특급의 최초 여정은 스트라
스부르, 비엔나, 부다페스트, 부카레스트를 지
나 루마니아의 다뉴브 강변인 지우르기^{Giurgi}까지 달

아가사 크리스티

려가는 것이었고, 여행자들은 여기에서 배를 이용해 강을 건
넌 뒤에 콘스탄타^{Constanta}까지 다른 열차로 달리고, 이어 흑해를 항해해 이스탄불에 도
착했다. 베오그라드를 거쳐 이스탄불까지 레일만을 달려가는 다이렉트 노선은 1889
년에 가능해졌다.

　　20세기는 오리엔트 특급에게 영광과 시련을 함께 전해주었다. 1919년에 스위
스와 이탈리아 국경의 심플론 터널을 통과해 밀라노, 베니스, 트리에스테를 잇는 심
플론 오리엔트 특급^{Simplon Orient Express} 노선이 생겨나면서 초기에 90시간까지 걸렸던 이스
탄불 행이 65시간 40분으로 단축되었다. 이후 1920년대와 30년대에 특급은 유럽 사
교계의 사람들이 좌석예약에 열을 올리는 최고의 전성기를 누린다. 그러나 두 번의
세계전쟁은 특급의 레일을 빼앗아 탱크와 시체들을 실어 날랐고, 달라진 국경선과
이데올로기의 대립으로 인해 특급은 이름과는 달리 먼 길을 돌아가야만 하는 일도
많았다. 비행기의 시대가 도래하면서 불과 4시간 만에 이스탄불에 갈 수 있게 된 상
황에 오리엔트 특급은 더 이상 과거의 영광을 이어가지 못하게 되었고, 1977년 5월
20일의 기념운전을 끝으로 낱낱이 나뉘어 전 세계 수집가들의 손에 넘어가게 된다.

　　오리엔트 특급이 단순히 '파리에서 이스탄불까지 달리는 기차'였다는 사실만

으로는, 오늘날까지 사람들의 마음속에 남아 있는 깊은 향수를 설명하지 못한다. 20세기 초반의 오리엔트 특급은 그야말로 그 시대 최고의 장식예술이 최첨단의 기술과 만나는 공간이었다. 2001년 런던의 대영박물관은 '아가사 크리스티와 고고학'이라는 주제의 특별전을 가지며 오리엔트 특급의 객차를 전시하였고, 나는 그 기차에 올라탈 행운을 얻었다. 당시의 특급은 오늘날의 특급호텔에 결코 뒤지지 않는 화려한 면모를 지니고 있었다. 완전히 독립적인 침실의 벽에는 아르데코의 장인이었던 르네 프로^{René Prou}의 장식문양이 새겨져 있고, 좁은 공간이지만 최상의 것을 갖추어놓은 욕실은 만지는 하나하나 세련된 품위가 넘쳐났다. 사흘간의 여행기간 동안 최고의 요리가 펼쳐지는 식당차에서는 유럽은 물론 미국과 전 세계에서 온 사교계의 인사들이 술과 연회로 여행의 기쁨을 만끽했다. 루마니아의 캐롤 왕은 침대차 3425의 단골 고객이었고, 기차 애호가였던 불가리아의 왕 보리스 3세는 직접 기관차를 운전하기도 했다. 〈007 위기일발^{From Russia with Love}〉에서부터 〈102마리 달마시안^{102 Dalmatians}〉까지 수많은 영화에서 오리엔트 특급이 등장하는 데는 그만한 이유가 있는 법이다.

그럼에도 우리가 오리엔트 특급을 기억하는 가장 중요한 이유는 아가사 크리스티와 그녀의 걸작 『오리엔트 특급 살인』 때문임을 부정할 수 없다. 1928년 첫 번째 남편과의 이혼 이후 지독한 실의에 빠진 크리스티는 서인도 여행을 계획하다 중동에서 바로 돌아온 해군 부부를 만난 뒤 바그다드로 진로를 바꾼다. 심플론 오리엔트 특급을 타고 이스탄불로 간 뒤 타우루스 특급으로 바그다드로 향한 이 여행은 그녀에게 동양과 고고학에 대한 열정을 불러일으켰고, 이후의 숱한 여행은 『메소포타미아 살인사건』, 『나일 살인사건』 등 여러 걸작들을 만들어내는 자양분이 되었다. 젊은 고고학자 맥스 맬로완과의 사랑과 결혼이라는 개인사의 결실까지 얻었으니, 오리엔트 특급은 그녀에겐 행운을 다발로 엮어둔 열차였다.

1, 2 • 오리엔트 특급 전성기 홍보 포스터

3, 4 • 〈오리엔트 특급 살인〉

5 • 〈007, 나를 사랑한 스파이〉

6 • 〈비포 선라이즈〉

과연 전성기의 오리엔트 특급은 어떠했을까? 1934년에 발표된 아가사 크리스티의 『오리엔트 특급 살인』의 승객 중 하나로 변장하는 것만큼 확실한 체험은 없을 것이다.

먼저 출발은 이스탄불이다. 당신이 만약 그 시절의 오리엔트 특급 고객이었다면, 열차회사인 바곤리^{Wagons-Lits}에서 운영하는 페라 팔라스^{Pera Palas} 호텔에 묵었을 가능성이 높다. 오리엔트 특급의 여정은 이스탄불-파리 구간을 열심히 달려도 사흘 밤을 보내야 하기 때문에, 기차회사는 고객들이 주요 도시에서 내려 관광을 즐길 수 있게 호텔업을 겸하고 있었다. 우리는 눈부신 제국의 수도 이스탄불을 충분히 즐긴 뒤, 호텔에서 저녁식사를 하고 출발시간인 저녁 9시에 맞춰 기차역으로 향하면 된다. 그때, 우리의 동승자인 명탐정 엘큘 포와르는 시리아에서 있었던 영국군 내부 사건을 해결한 뒤 런던으로 가기 위해 이스탄불의 토카틀리안 호텔에 도착해 있다.

오리엔트 특급의 출발역은 시르케지^{Sirkeci} 부두에 있는데, 이곳은 마르마라 해, 보스포러스 해, 골든 혼이 만나는 환상의 삼각지로 세계에서도 손꼽히는 아름다운 부두다. 시간이 있다면 미리 와서 페리로 주변 바다를 둘러본 뒤 야외카페에서 식사를 하는 것도 좋을 것 같다. 다만, 출발시간에 늦지 않게 주머니에 넣어둔 시계를 자주 확인하자. 없다면 소피아 성당 근처의 그랑-바자르에서 미리 사두는 게 좋다.

드디어 역에 도착, 침침한 조명 아래 금빛과 푸른빛이 섞인 오리엔트 특급 특유의 차체가 눈에 들어온다. 소설 속에서 포와르는 침대차 회사의 중역인 부크의 도움에도 불구하고 바

로 1등 칸에 타지 못한다. 갈색제복의 차장이 말한다. "오늘밤엔 세상 전체가 여행하기로 작정한 모양입니다." 다음날 저녁 베오그라드에 도착해 부크가 아테네-파리 구간의 침대차로 옮겨 타고 나서야 포와르는 비로소 1등석 침대차로 들어선다. 아가사는 소설의 무대가 될 화려한 살롱 객차를 한 템포 뜸을 들여 선을 보이고 있는 것이다.

기차 안은 국적과 인종과 계급과 직업의 전시장이라도 되는 양 다채로운 사람들로 가득 차 있다. 미국인 사업가, 스웨덴인 간호사, 프랑스계의 오스트리아 공작부인, 헝가리 백작 부부, 영국인 대령 등, 이들은 서로 출발한 곳도 다르고 목적지도 다르다. 그러나 폭설로 인해 기차가 유고슬라비아의 알 수 없는 곳에 멈춰선 뒤 놀라운 살인사건이 발견되자, 그들 모두가 향해 있는 한 곳으로 초점이 모아진다. 기차는 멈추어도 식사와 연회는 계속된다. 조난당해도 오리엔트 특급이라 다행인 것이다. 그 와중에 탐정 포와르는 전 세계에서 날아온 사람들을 하나하나 심문하며 비밀의 퍼즐을 맞추어간다.

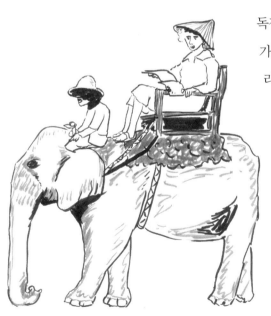

국제열차는 전 시대에는 귀족 남성이나 모험가들의 독점물이었던 장거리 여행의 관문을 상상력 가득한 예술가, 독립여행자, 여성들에게 활짝 열었다. 1931년 앗시리아에 머물고 있던 아가사 크리스티는 크리스마스를 딸과 함께 영국에서 보내기 위해 돌아가던 중, 기차로 그리스를 지나다 홍수로 인해 이틀 동안 꼼짝도 못하게 된다. 식량과 물은 떨어져가고 히터도 가동되지 않는 상황에서 미국 노부인, 헝가리의 관료 부부, 덴마크 선교사, 철도회사 중역과 함께 보낸 시간 동안, 그녀는 뒤섞인 인종과 개성들이 만들어내는 기묘한 협주곡의 가능성을 깨닫는다. 이때의 체험에 터키 근처에서 있었던 오리엔트 특급의 폭설 조난사건과 린드버그 유괴사건이라는 실화가 결합되어 『오리엔트 특급 살인』이 탄생한 것으로 보인다.

─── 현대의 오리엔트 특급은 어디에

이제 오리엔트 특급은 영화로운 한때의 꿈에 불과한가? 그 화려한 자태는 영화와 소설을 통해서만 볼 수 있을까? 미국의 사업가인 제임스 셔우드는 오리엔트 특급의 공식적인 운행이 끝난 해인 1977년 10월 소더비 경매에서 1920년대에 제작된 침대 차량 두 대를 사들이는 것을 시작으로 오리엔트 특급의 복원에 모든 힘을 기울였고, 1982년 런던-밀라노-베니스 구간의 베니스-심플론 오리엔트 특급^{Venice-Simplon Orient Express}의 운행을 시작했다. 1998년에는 이스탄불까지 노선을 연장해 전성기의 구간을 복구하고 있는 이 특급은 20세기 초반 최고급 기차의 자태를 그대로 재현하면서 2량의 식당차와 1량의 주류차^{Bar Car}에서 매일 저녁 그랜드 피아노의 연주와 만찬을 펼친다. 런던-베니스 구간이 250만 원을 호가하는 이 기차는 '현대의 오리엔트 특급'임에 분명하지만, '기차판 럭셔리 크루즈 여행'이라는 편이 더 맞을 것 같다. 더 이상 그 기차에서 모험심에 가득 찬 여행자를 찾기란 어려워 보인다. 기차 창밖으로 돈을 다발로 뿌리는 것도 모험이라면 모험이지만.

기차 애호가들에게도 잘 알려지지 않은 점은, 오리엔트 특급이 1977년 이후에도 꾸준히 그 노선을 달려왔다는 사실이다. 어느 해인가 파리 오스테를리츠 역에서 바르셀로나 행

침대차의 예약을 하지 못한 나는, 급히 노선을 바꾸어 파리 동역에서 출발하는 비엔나 행 야간기차에 올라탔다. 그런데 놀랍게도 그 기차의 이름이 바로 '오리엔트 특급'이었다. 실제로 오리엔트 특급이라는 이름을 단 여러 다른 노선과 회사의 서비스가 있어왔고, '진짜 오리엔트 특급'은 아가사 크리스티와 명탐정 포와르가 탔던 '심플론 오리엔트 특급'이라는 점을 부정하지는 않겠다. 그러나 약간의 상상력만 지니고 있다면, 유레일패스를 지닌 당신도 칼레에서 이스탄불까지 이어지는 오리엔트 특급의 체험을 재현할 수 있다. 〈비포 선라이즈〉의 두 사람이 만나는 곳도 부다페스트에서 파리로 향하는 오리엔트 특급의 돌아오는 노선의 기차 안에서였다. 𝓜

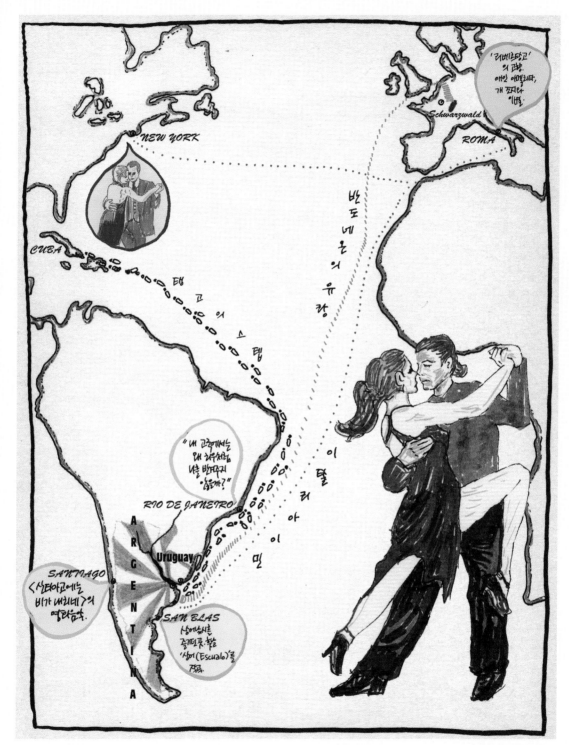

1987년 9월 뉴욕 센트럴 파크. 유쾌한 표정의 노^老 연주자가 영어와 스페인어를 섞어 인사를 한다. 이탈리아인들이 항의하자, 유창하게 이탈리아어까지 덧붙인다.

"내 이름은 아스토르 피아졸라^{Astor Piazzolla} 예요. 아르헨티나에서 태어나 뉴욕에서 자랐죠. 부모님은 이탈리아에서 왔고요. 여기 이상한 악기가 보입니까? 사람들이 종종 아코디언이라고 잘못 말하곤 하는데, 반도네온이라는 겁니다. 19세기 독일교회에서 종교음악을 연주하기 위해 만들었죠. 그 몇 년 뒤 부에노스아이레스의 사창가로 들고 왔고요. 다시 우리는 이 악기를 센트럴 파크로 가져 왔지요. 꽤나 재미있는 여행을 한 악기지요? 농담을 하자는 게 아니에요. 이게 바로 이 음악, 탱고가 자라온 길입니다."

아스토르 피아졸라. 그가 없었더라도 우리는 가끔 '탱고^{Tango}'라는 말을 들어왔을 것 같다. 〈여인의 향기〉에서 눈 먼 알 파치노가 보여주던 노련한 손놀림이든, 〈무한도전〉의 정준하가 댄스 스포츠 대회에서 떨어뜨리던 땀방울이든……. 브라질의 삼바나 쿠바의 살사처럼, 우리가 저 먼 바닷가에서 태어난 관능의 춤에 매료될 길은 적지 않았으리라. 그러나 피아졸라라는 존재를 지워버리고서는 도저히 상상할 수 없는 게 있다. 춤을 넘어선 탱고, 20세기의 가장 전율적이고 창조적인 음악이 된 탱고를.

—— **탱고는 플라타 강에서 태어났다**

아르헨티나의 수도 부에노스아이레스에서 고속도로를 타고 남쪽으로 몇 시간 달려가면 마르 델 플라타라는 바닷가가 나타난다. 부에노스아이레스의 주민들은 이곳을 '해피 시티'라고 부르며 주말의 휴양지로 이용한다. 자기 집 앞의 바다는 플라타^{Rio de la Plata} 강 하구의 토사로 인해 뿌옇지만, 이곳에는 눈부시도록 맑은 바다가 펼쳐지기 때문이다. 아스토르는 아직 이 도시의 역사가 수십 년밖에 안 되던 1921년, 이탈리아 남부 풀리아에서 온 친가와 토스카나 루카 출신인 외가 사이, 이탈리아 이민자 세계에서 태어났다.

탱고는 플라타 강에 속해 있다. 아버지는 우루과이의 밀롱가, 할아버지는 (쿠바의) 하바네라다.

아르헨티나를 대표하는 문인 보르헤스의 말처럼 탱고는 20세기 초반 플라타 강을 사이에 둔 우루과이의 몬테비데오와 아르헨티나의 부에노스아이레스, 특히 옛 항구인 보카 지역에서 무르익고 있었다. 그러나 아스토르의 귀에 도달하기까지는 수천 킬로미터의 바닷길을 돌아와야만 했다.

1925년 피아졸라 가족은 아메리칸 드림으로 들뜬 아버지를 따라 팬 아메리카 호를 타고 뉴욕으로 향한다. 맨해튼의 성 마크 광장을 중심으로 보낸 아스토르의 어린 시절은 영화 〈원스 어폰 어 타임 인 아메리카^{Once Upon a Time in America}〉나 〈코튼 클럽^{The Cotton Club}〉을 떠올리면 될 것 같다. 아스토르는 금주법 시대의 리틀 이탈리아에서 마피아 갱단의 똘마니로 '왼손잡이'라는 별명을 얻기도 했고, 체육관에서 주먹자랑을 하다 훗날 미들급 세계 챔피언이 된 〈성난 황소^{Raging Bull}〉 제이크 라 모타에게 혼쭐이 나기도 한다.

평생의 친구가 되는 반도네온을 처음 선물받은 곳 역시

1 • 〈여인의 향기〉 영화 포스터
2 • 아스토르 피아졸라

뉴욕이었다. 그러나 음악에 대한 관심은 뒷전이었던 것 같다. 아버지의 성화에 피아노와 반도네온 수업을 받기는 했지만, 어린 그에게 뉴욕은 매일 새로운 사건이 벌어지는 놀이터에 가까웠다. 꼬마 반도네온 연주자로 록펠러 센터에 갔다가 어떤 신사에게서 초상화 선물을 받은 뒤 나중에 그가 디에고 리베라라는 걸 알게 된 것도 그중 하나다. (영화 〈프리다〉에도 나오는 혁명벽화 파괴사건 때다.) 탱고 슈퍼스타인 카를로스 가르델의 통역 겸 반주자가 되어 영화에까지 출연하지만, 가르델이 카리브 해 순회에 그를 데려가려던 계획을 아버지가 막아버렸다. 바로 그 콜롬비아 여행에서 가르델이 비행기 사고로 죽는 극적인 사건이 그를 스쳐갔다.

그럼에도 아스토르 피아졸라가 '세계의 도가니^{Melting Pot,} 뉴욕에서 얻은 것은 리틀 이탈리아식의 영어 악센트만은 아니다. 그는 영화 〈코튼 클럽〉에 나오듯이 코트와 모자로 어른 흉내를 내며 할렘에 가 캡 캘러웨이와 듀크 엘링턴의 음악을 들으며 재즈에 대한 필생의 사랑을 싹틔웠다. 탱고 전래의 2/4박자를 깨뜨리는 3-3-2의 리듬 악센트 역시 집 근처 유대인 회당의 결혼식 음악에서 훔쳐온 것 같다고 회고한다.

1937년 피아졸라 가족은 남십자성 호를 타고 부에노스아이레스로 돌아온다. 뉴욕은 부를 가져다주지 못했지만, 그래도 이 가족에게 미국에 대한 꿈은 심어주었던 것 같다. 아버지는 미국식 모터사이클로 주민들의 시선을 모았고, 자신의 바이크에 외아들 '아스토르'의 이름을 붙이기도 했다. 아르헨티나의 탱고는 더욱 번창하고 있었고, 아스토르 역시 라디오를 통해 서서히 그 매력에 빠져들었다.

—— 부에노스아이레스의 청춘과 좌절

아스토르가 청년 시절을 보낸 시절의 부에노스아이레스는 한 편의 청춘영화와 같았다. 달콤하고 고독했다. 그는 평생 애증의 관계를 유지하게 되는 트로일로의 밴

드에 반도네온 주자로 끼어들게 되고, 갑작스레 데데와 사랑에 빠지고 결혼까지 달려갔다. 그리고 '발^{댄스}보다는 귀^{음악}를 위한 탱고'를 만들려는 실험은 매몰차게 거절당했다. 탱고의 고향 보카^{La Boca}는 또 다른 이름으로 우리에게 잘 알려져 있다. 바로 마라도나의 축구팀 보카 주니어스다. 피아졸라는 보카 주니어스의 클럽을 위한 카니발에 자신의 편곡을 선보이다. 춤추던 사람들이 차디차게 얼어붙는 걸 보았다. 그리고 고함소리가 들렸다. "여기가 콜론 극장이야?"

부에노스아이레스 한복판에 있는 콜론 극장은 그곳 사람들의 카네기 홀이랄까? 북반구의 계절을 뒤집은 이 남쪽 도시는 유럽 공연자들의 겨울 휴양지 역할을 했고, 특히 2차 대전의 흉흉한 분위기를 피해온 연주자들이 수준 높은 클래식 연주를 들려주기도 했다. (콜론 극장의 모습을 확인하려면, 탱고 다큐멘터리 〈부에노스아이레스 탱고 카페〉를 보면 된다.) 아스토르는 그곳에서 연주되는 바르토크나 스트라빈스키에 매료되었다. 그는 탱고를 떠나 클래식에 전념하기 시작했다.

유럽의 심장, 파리가 그를 불렀다. 클래식 음악에 대한 도전으로 파비엔세비츠키 상을 받은 아스토르는 그 특전으로 프랑스 정부의 장학금을 받게 된다. 그리고 발루가 36번지 아파트에서 60대 후반의 어머니 같은 스승, 나디아 블랑제와 운명적으로 만난다. 나디아는 요절한 여동생 릴리와 더불어 프랑스에서 가장 유명한 여성 음악인이다. 릴리가 일찍 작곡의 재능을 피워낸 반면, 나디아는 그 그림자 아래에서 묵묵히 음악교육자의 역할을 하며 가계를 이끌어왔다. 레너드 번스타인, 조지 거쉰 등 거장들이 모두 그녀의 고양이 타샤가 지켜보는 가운데 피아노를 배웠다.

아스토르가 내보인 음악에 그녀는 시큰둥해했다. "잘 썼군. 그런데 여기는 스트라빈스키, 여기는 바르토크, 여기는 라벨. 그런데 피아졸라는 어디 있나?" 그녀의 끈질긴 추궁에 아스토르는 자신이 캬바레에서 반도네온을 연주했다고 고백한다. 그의 연주에 비로소 나디아의 얼굴에 미소가 번졌다. "바보야. 이게 피아졸라잖아!"

NEW YORK

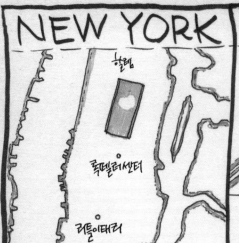

처음으로 반도네온을 만났고,
록펠러센터에서 디에고 리베라의
초상화를 얻었고, 할렘 〈코튼클럽〉에서
재즈의 세례를 받았다.

PARIS

절대적 스승 나디아 블랑제를 만나다. 일방통행로를
테마로 곡을 만들고 노틀담의 오르간을 몰래 연주.

BUENOS AIRES

RIO de la PLATA

"탱고는 플라타 강에 속해 있다...
아버지는 우루과이의 밀롱가,
할아버지는 〈쿠바의〉 하바네라다."
– 보르헤스

탱고는 옛 항구인 보카 지역에서 태어났다.
피아졸라는 낮에는 시내의 콜론 극장에서
고전 음악을 듣고
밤에는 클럽으로 달려가 반도네온에 빠졌다.
원색의 페인트로 물든 카미니토 거리는
관광객들을 위한 탱고 타운이 되어 있다.

파리에서 탱고를 깨달은 그는 〈쇼 파리〉, 〈브라운과 블루〉 같은 초기의 걸작들을 탄생시켰다. 교외에 늘어가던 일방통행로에 착안해 〈일방통행^{One Way}〉을 작곡하기도 했다. 그가 발터 벤야민의 아포리즘 '일방통행로'를 알았는지는 미지수다.

부에노스아이레스로 돌아간 아스토르는 8중주단 '옥텟'을 결성해 정통 탱고와 일대 격전을 벌인다. 말로만의 싸움이 아니었다. 그는 연주만이 아니라 독설과 주먹질을 통해 그들과 싸웠다. 치열한 싸움 속에 보석들이 태어났지만 고독했다.

〈우울한 부에노스아이레스〉를 연주한 뒤, 그는 유년의 도시 뉴욕으로 날아갔다. 평생을 건 재즈에 대한 구애는 이 시대에 본격적으로 이루어진다. 그러나 그의 '재즈-탱고'는 '재즈 마이너스 탱고'라는 혹평을 받기까지 한다. 인생에서 경제적으로 가장 힘들었던 시기를 이기기 위해, 그는 탱고 댄스단의 카리브 해 투어에 함께한다. 그리고 푸에르토리코에서 사랑하던 아버지의 부고를 듣고 뉴욕에 도착하자마자 방문을 닫고 울기 시작했다. 부인 데데는 말했다. "한숨소리는 끔찍했다. 그가 그렇게 우는 건 처음 봤다. 사실 우는 것 자체를 처음 보았다." 그러나 이어 반도네온의 소리가 들려왔다. 그 유명한 〈아디오스 노니노^{Adios Nonino}〉가 탄생하는 순간이었다.

——— 내 음악이 아르헨티나가 아니라 말할 수 없다

궁핍함의 끝에 처가의 도움으로 리오아투엘 호를 타고 돌아온 부에노스아이레스. 파란만장한 유랑을 잠시 멈춘 그는 비로소 '누에보 탱고'의 빛을 발하기 시작했다. 비난은 계속되었다. 그러나 당당했다. "당신은 내 음악이 탱고가 아니라고 말해도 좋지만 아르헨티나가 아니라고는 말할 수 없소." 그는 오히려 브라질의 리우 같은 바깥 세계에서 더 빠른 이해를 얻었다. 무엇보다 플라타 강 건너편 몬테비데오 젊은이들의 사랑은 극진했다. 그는 오페레타 〈부에노스아이레스의 마리아〉로 영역을 넓

혀갔고, 이를 통해 여가수 아멜리타와 사랑에 빠지게 되었다. 마침내 프리 피아졸라와 포스트 피아졸라를 가르는 〈광인을 위한 발라드^{Balada para un loco}〉가 태어났다.

맘보, 살사, 룸바, 보사노바, 하바네라……. 라틴의 여러 음악들처럼 탱고 역시 오랜 유랑의 길에서 아프리카와 유럽의 피를 섞어왔다. 그러나 아스토르 피아졸라는 다시 이 탱고 덩어리를 들고 고독한 여행을 떠났다. 뉴욕 할렘에서 재즈와 몸을 섞고, 파리에서 고전음악에 무릎 꿇고, 스트라빈스키와 같은 현대음악에 짝사랑의 편지를 보냈다. 언제나 다시 고국으로 돌아갔지만, 탱고 댄서들은 야유를 퍼부어댔고 택시기사는 승차를 거부했다. 파리, 뉴욕, 로마와 같은 도시들과 잠시 사랑에 빠지기도 했지만, 결코 영원한 안식처를 찾지 못했다. 그는 자신의 탱고 덩어리가 들어있던 반도네온을 메고 세계를 다니며, 그 주름주름 속에 끝없이 고향 플라타 강을 그려 넣었다. 그리고 〈리베르 탕고〉, 〈미켈란젤로 70〉, 〈부에노스아이레스의 마리아〉, 〈광인을 위한 발라드〉를 통해 그 스스로 세계가 되었다. ⓜ

"내 이름은 아스토르 피아졸라에요. 아르헨티나에서 태어나 뉴욕에서 자랐죠. 부모님은 이탈리아에서 왔고요. 여기 이상한 악기가 보입니까? 사람들이 종종 아코디언이라고 잘못 말하곤 하는데, 반도네온이라는 겁니다. 19세기 독일교회에서 종교음악을 연주하기 위해 만들었죠. 그 몇 년 뒤 부에노스아이레스의 사창가로 들고 왔고요. 다시 우리는 이 악기를 센트럴 파크로 가져왔지요. 꽤나 재미있는 여행을 한 악기지요? 농담을 하자는 게 아니에요. 이게 바로 이 음악, 탱고가 자라온 길입니다."

14 남극의 지도에서
얼음의 영웅을 읽다

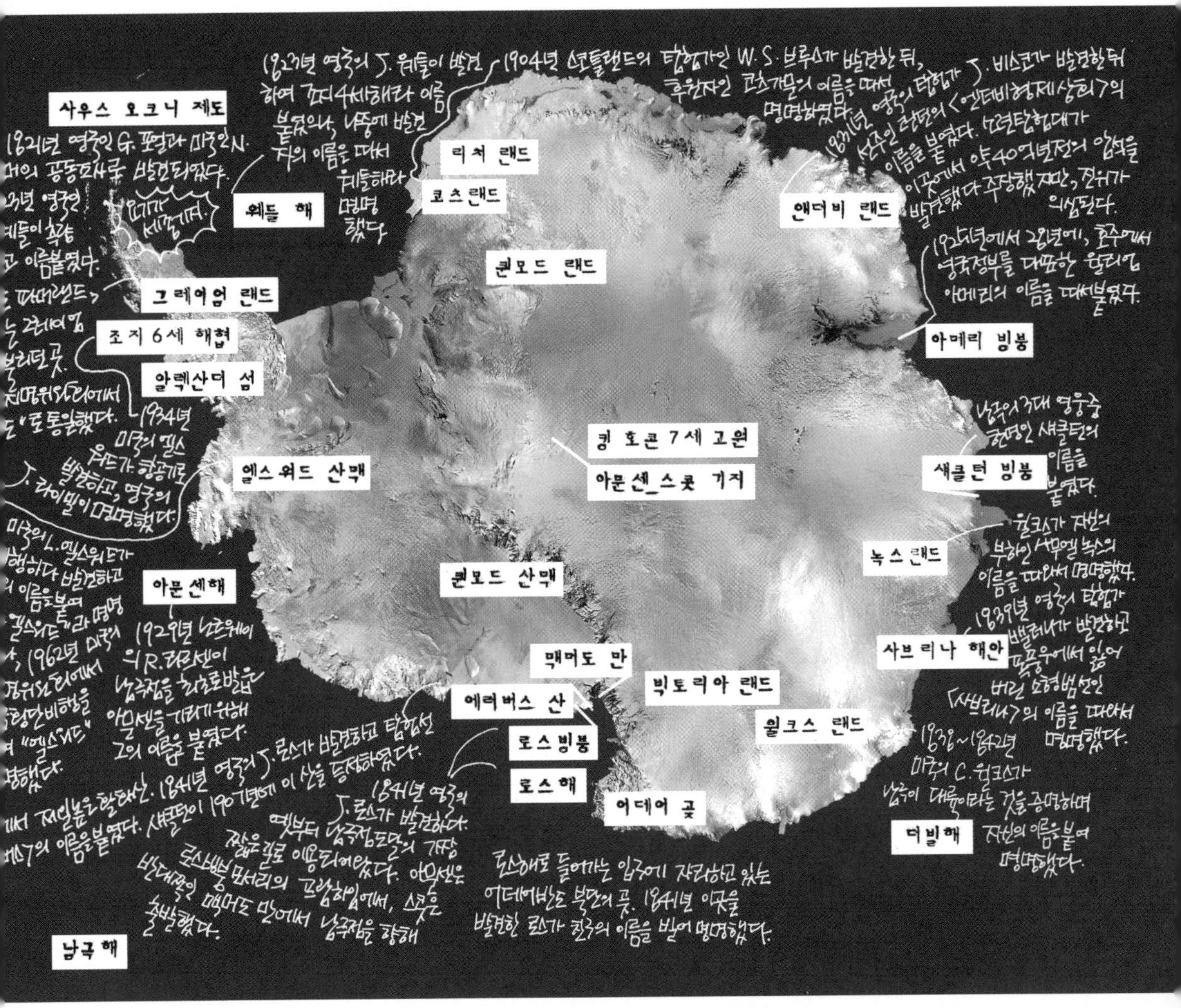
사우스 오크니 제도
1821년 영국인 G. 포웰과 미국인 N.
의 공동조사로 발견되었다.
요기가 세종기지.
웨들 해
1823년 영국의 J. 웨들이 발견하여 조지4세해라 이름 붙였으나, 나중에 발견자의 이름을 따서 웨들해라 명명했다
1904년 스코틀랜드의 탐험가인 W. S. 브루스가 발견한 뒤, 후원자인 코츠가문의 이름을 따서 명명하였다.
리처 랜드
코츠랜드
퀸모드 랜드
그레이엄 랜드
조지 6세 해협
알렉산더 섬
1934년 미국의 엘스워드가 항공기로 발견하고, 영국의 J. 라이밀이 명명했다.
엘스워드 산맥
아문센해
1929년 노르웨이의 R. 아문센이 남극점을 최초로 발견. 아문센을 기리기 위해 그의 이름을 붙였다.
퀸모드 산맥
킹 호콘 7세 고원
아문센_스콧 기지
J. 비스코가 발견한 뒤 1831년 영국의 탐험가 선주인 런던의 <엔더비형제상회>의 이름을 붙였다. 소련탐험대가 이곳에서 약 40억년전의 암석을 발견했다 주장했지만, 진위가 의심된다.
앤더비 랜드
1926년에서 29년에, 호주에서 영국정부를 대표한 윌리엄 아메리의 이름을 따서 붙였다.
아메리 빙붕
남극의 3대 영웅중 한명인 섀클턴의 이름을 붙였다.
섀클턴 빙붕
윌크스가 자신의 부하인 사무엘 녹스의 이름을 따와서 명명했다.
녹스 랜드
1839년 영국의 탐험가 밸러니가 발견하고 폭풍우에서 잃어버린 소형범선인 「사브리나」의 이름을 따와서 명명했다.
사브리나 해안
맥머도 만
빅토리아 랜드
에러버스 산
로스빙붕
로스해
윌크스 랜드
1838~1842년 미국의 C. 윌크스가 남극이 대륙이라는 것을 증명하며 자신의 이름을 붙여 명명했다.
1841년 영국의 J. 로스가 발견하고 탐험선 의 이름을 붙였다. 섀클턴이 1907년에 이 산을 등정하였다.
1841년 영국의 J. 로스가 발견하다. 옛부터 남극점도달의 가장 짧은 길로 이용되어왔다. 아문센은 로스빙붕 모서리의 프람하임에서, 스콧은 반대쪽인 맥머도 만에서 남극점을 향해 출발했다.
어데어 곶
로스해로 들어가는 입구에 자리하고 있는 어데어반도 북단의 곶. 1841년 이곳을 발견한 로스가 친구의 이름을 빌어 명명했다.
더빌해
남극해

©박사

사람들은 그 시절을 '남극영웅시대'라고 부른다. 영웅이 필요했던 20세기 초, 남극을 무대로 활약했던 영웅으로 우리는 아문센과 스콧, 그리고 새클턴의 이름을 떠올릴 수 있다. 상이한 성향과 세계관을 가지고 있던 그들은 남극의 혹독한 환경 속에서 감추지 못할 본질을 보여주었다. 우리가 여전히 세 남자의 이름을 이야기하고 그들의 삶을 읽는 것은 찬연히 흰 대지 위에서 날것으로 드러난 인간을 읽는 흔치 않은 경험 때문일 것이다.

—— 아문센, 일등을 거머쥐다

남극을 중심에 두고 겨루었던 영웅들의 투쟁을 단순히 '남극점 탈환'에 국한해본다면, 승리자는 단연 로알 아문센^{Roald Amundsen}이다. 1911년 12월 15일 오후 3시, 그는 남극점을 최초로 밟은 사람이 되었다. 자기애와 명예욕이 강했던 이 단련된 탐험가는 오랫동안 북극에 꿈을 두고 있었지만 피어리^{Robert Peary}가 최초로 북극점을 밟자 눈길을 남극으로 돌렸다. 어렸을 때부터 북극탐험을 염두에 두고 노르웨이의 산악지대와 빙하지대를 여행하며 눈밭에 적응해온 아문센은 1897년 드 게를라슈^{Adrien de Gerlache}가 지휘하는 벨지카^{Belgica}호를 타고 남극에서 겨울을 나면서 이 미지의 땅을 몸으로 익혔다. 눈과 추위에 익숙한 그는 1903년 작고 튼튼한 외돛 목선인 이외아^{Gjøa}호를 타고 최초로 북서항로를 횡단했고, 그 공로로 노르웨이의 영웅으로 단숨에 떠올랐다. 탐험 중에 만난 에스키모 가족들은 그에게 이글루 짓는 법, 극지방에서 살아남는 법을 가르쳐주었다. 명실상부하게, 그는 준비된 탐험가였다.

그러나 그가 염두에 두었던 북극점은 피어리가 정복해버렸다. 그는 짐짓 태연한 척했지만 마음속은 결코 태연할 수만은 없었다. 그가 남극을 향하게 된 것은 북극에는 남은 미지의 땅이 없었기 때문이었다. 이미 여러 힘 관계들이 얽혀 있던 남극에

1, 2 • 새클턴
3 • 아문센
4 • 스콧
5 • 스콧의 탐험대

는 아문센이 발 디딜 틈이 없어보였지만, 그는 북극해를 연구하겠다고 많은 사람들에게 받은 지원을 등에 업고 재빨리 기습적으로 남극으로 발길을 돌렸다.

　　그는 출항 이후까지도 그가 남극으로 향할 것임을 비밀에 붙였다. 그는 탐험을 위해 유명한 탐험가 난센Fridtjof Nansen에게 프람Fram 호를 물려받았는데, 그 누구보다도 난센에게 남극을 목표로 하고 있음을 털어놓을 수 없었다. 난센이 남극점 정복을 내심 마음에 두고 있음을 알고 있었기 때문이었다. 아문센이 남극을 향한다면, 난센은 그를 경쟁자로 인식할지도 몰랐다. 또 그는 영국국왕에게도 지지를 받았고, 호콘 7세 국왕의 지원도 받았지만 그것은 그가 북극을 향하고 있다는 전제하에서였을 뿐이었다. 당시 남극탐험에 대한 도덕적인 우선권은 영국이 가지고 있다고 자연스럽게 여겨졌다. 영국과 좋은 관계에 있던 노르웨이의 국왕으로서는 아문센의 선택이 탐탁할 리 없었다.

결국, 아문센의 결정은 '급습'이었다. 그는 선상책임자이자 명령권대행인인 토르발 닐센과 형 레온에게만 염두에 둔 목표를 얘기했고, 그의 탐험대에 참가한 모든 사람들에게는 '절대적 복종'을 미리 요구했다. 이미 출발한 상태에서 탐험대에게 목표를 발표하고, 그곳에서 노르웨이 국왕과 언론, 난센에게 편지를 발송했다. 도덕적으로 많은 비난을 받고, 비열하다 손가락질을 받았지만 개의치 않았다. 그는 자신이 남극점을 밟기만 한다면 모든 비난이 잠잠해질 것을 알고 있었다. 그리고 누구보다 먼저 남극점을 밟는 데 성공했고, 이후의 상황은 짐작한 대로였다.

── 스콧, 역사상 가장 유명한 2등이 되다

아문센의 경쟁자는 로버트 팔콘 스콧^{Robert Falcon Scott}이었다. 그는 영국해군이었고, 착실하게 남극탐험을 준비하고 있었지만 경험은 아문센에 비해 턱없이 부족했다. 그는 남극탐험대장이 되는 그 순간까지도 눈을 본 적이 한 번도 없었다. 1902년 1월 18일 디스커버리 호를 타고 남극대륙에 도착했을 때 그는 눈을 처음 보았다. 이곳에서 겨울을 나면서, 그는 대원들과 축구를 하고 아마추어 연극을 공연했다. 당시 동행했던 어니스트 섀클턴^{Ernest Henry Shackleton}도 《사우스 폴 타임스^{Southpole Times}》라는 잡지를 내며 어둡고 긴 겨울을 보냈다. 그들은 남극점을 밟지는 못했지만 남극에서 620킬로미터 떨어진 지점까지 접근할 수 있었다. 이곳에서 2년을 보내고 해군전함사령관으로 승진한 스콧은 바로 이 시기를 거치면서 남극점을 평생의 목

표로 삼기로 결심했다.

스콧은 결국 남극점 정복에도 실패하고 끝끝내 기지로 돌아오지도 못한 채 눈밭 속에서 생을 마감했지만, 영국인들에게는 영웅이 되었으며 역사상 가장 유명한 2등이 되었다. 낭만주의자였던 스콧은 남극의 기지 케이프 에번스^{Cape Evans}에서도 다양한 주제로 토론을 벌이며 학자들과 지식을 나누곤 했다. 그는 그것을 '남극대학'이라 불렀는데, 논의주제는 비행의 미래, 일본의 예술, 어류 기생충학 등 아주 넓은 분야를 아우르고 있었다. 뿐이랴. 음악을 듣고, 시를 쓰고, 수채화를 그리고, 서로의 책을 돌려 읽으면서 꼼꼼한 후기를 적는 등 그들은 원정을 기다리는 시간을 알뜰하게 썼다. 그들이 살아 돌아왔다면 지구상의 지성의 평균치는 조금 더 높아졌을지도 모른다.

그들의 죽음에 결정적 역할을 했을, 16킬로그램에 달하는 비어드모어^{Beardmore} 빙하의 지질견본을 버리지 못한 것도 그의 인문주의적이고 낭만주의적인 성향 때문이었다. 체계적인 준비가 부족해 부하들을 죽음으로 몰아넣은 지도자였다는 혹독한 평가도 없지 않지만, 용기와 애국심을 지닌 남극연구의 새 장을 연 인물로 평가되고 있기도 하다.

─── **새클턴, 진정한 영웅으로 우뚝 서다**

스콧과 함께 디스커버리 호에 승선해 남극의 겨울을 함께 났던 어니스트 새클턴이 남극점을 목표로 둔 이유 중 하나는 훼손된 명예를 지키기 위해서였다. 남극점을 향해 가다가 탈진하여 목숨이 위험해진 새클턴은 스콧에 의해 영국으로 돌려보내졌는데, 이후 스콧은 자신의 책 『디스커버리 호의 항해^{The Voyage of Discovery}』에서 그 사건을 언급하면서 새클턴을 나약한 인물로 묘사하였다. 새클턴은 그후의 행보를 통해 스콧의 말이 사실이 아님을 몸으로 증명했다.

새클턴은 "적은 급료와 살을 에는 듯한 추위, 긴 어둠의 시간, 계속되는 위험이 따르는 탐험에 동참할 사나이들을 찾습니다. 안전한 귀환 역시 보장할 수 없습니다" 라는 불친절한 광고문을 보고 찾아온 4백 명의 사람들 중 선발한 15명과 함께 1907 년 님로드^{Nimrod}호를 타고 출발했다. 2년 뒤, 새클턴이 가지고 온 성과는 남극점 175 킬로미터 전까지 접근한 것이었다. 그는 남극을 완전히 정복하지는 못했지만 남자극^{南磁極} 을 발견하고 에러버스 화산을 조사하는 등의 성과를 이루어냈고, 영국과 전 세계 를 흥분의 도가니로 몰아넣었다. 그는 영웅이 되었다.

하지만 진정으로 그가 영웅의 면모를 보여준 것은 이후의 탐험에서였다. 1914 년 인듀어런스^{Endurance}호를 타고 사우스조지아 섬을 출발하였는데, 배가 웨들 해의 얼음에 갇혀 남극해 속으로 가라앉아버리는 사고가 발생한다. 새클턴은 즉시 목표 를 '남극대륙횡단'에서 '28명 전 대원 무사귀환'으로 수정하고, 무인도인 엘리펀트 섬에 남겨진 동료들을 구출하기 위해 구명보트로 1,280킬로미터에 달하는 드레이크 해협을 통과하고 해발 3천 미터의 산을 넘어 사우스조지아 섬에 간신히 도착하여 구조를 요청한다. 그의 목표는 성공했다. 단 한 명의 희생자도 없이 전원을 구출한 것이다.

동료애가 목숨줄과도 같은 척박한 땅에서, 이 세 명의 탐험가는 극도로 다른 모 습을 보여주었다. 새클턴이 동료애를 십분 발휘하여 목숨을 걸고 동료들을 구해낸 반면 아문센은 그의 동료들을 버림으로써 잔혹한 일면을 드러냈다. 일등이 되어야 한다는 강박관념으로 너무 일찍 출발한 아문센은 날씨의 혹독함에 밀려 다시 기지로 복귀하기로 결정하면서 가장 힘센 개들이 끄는 썰매를 타고 먼저 달려가버리고 만 다. 가라앉는 배의 선장이 선원들을 버리듯, 남은 동료들을 버리고 만 것이다. 다행 히 한 명도 죽지는 않았지만 이 사건은 아문센과 다른 탐험대원들 간에 결정적인 장벽을 쌓고 말았다. 아문센은 그 사건에 대해 비난을 쏟아낸 동료 요한센을 내쳐 사건을 해결했다 생각했지만 그 기억은 모두의 뇌리 속에 깊게 각인되었다.

스콧은 아무도 버리지 않고 동료들과 함께 죽었지만, 섀클턴과 비교하면 이 또한 대장으로서는 무책임하다 할 수 있다. 동료들을 생각했다면 좀더 철저하게 준비하고 지질표본보다 그들의 생존가능성에 더 관심을 기울여야 했다. "그는 경솔함과 성급한 계획으로 동료들을 죽음으로 몰아넣은 장본인이었습니다"라는 오츠 대위 어머니의 말은, 아들을 잃은 경황없음으로만 치부할 수 없는 냉철하고 정확한 지적이다.

── 남극, 수많은 탐험가들의 방명록

남극을 배경으로 한 위대한 이야기의 주인공을 대표하기에 이 세 사람의 업적은 손색이 없지만, 남극의 지명에는 이들 말고도 무수히 많은 사람들의 이름이 새겨져 있다. 목숨을 걸고 이 흰 땅에 발을 디뎠던 사람들의 흔적은 '지명'의 형태로 남아 있다. 그들은 문패처럼 자신의 이름을 걸고, 이미 죽은 지 오래된 지금도 남극 위에서 어깨를 걸고 있다. 남극의 지도는 그 자체로 남극을 다녀간 사람들의 방명록이다. 그들의 명료한 이름들이, 미지의 땅을 향해 불타오르던 위대한 인간의 시대를 떠올리게 한다. ℗

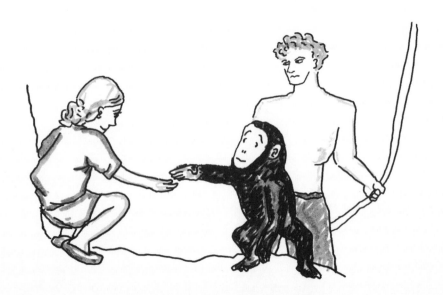

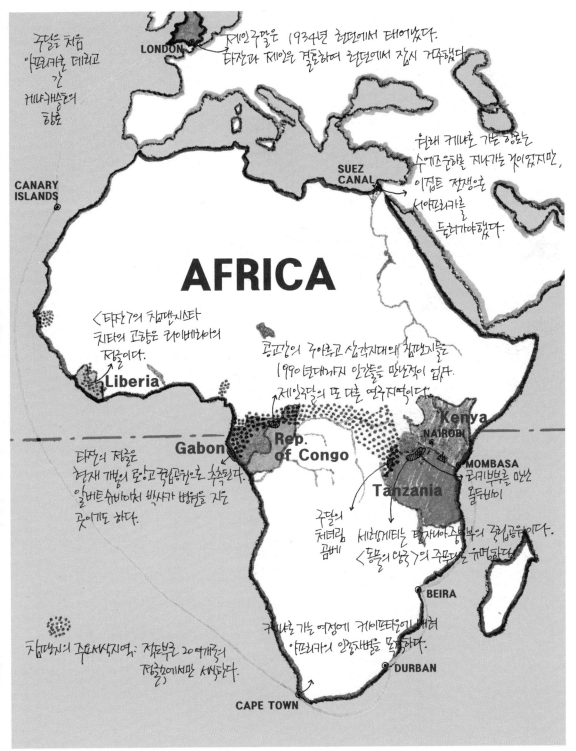

주덜은 처음
아프리카로 데리고
간
케냐캐슬러
항호

LONDON

제인주덜은 1934년 런던에서 태어났다.
타잔과 제인을 결혼하여 런던에서 잠시 거주했다.

CANARY
ISLANDS

SUEZ
CANAL

원래 케냐로 가는 항로는
수에즈운하를 지나가는 것이었지만,
이집트 전쟁으로
서아프리카를
둘러가야했다.

AFRICA

<타잔>의 침팬지스타
치타의 고향은 라이베리아이
저물이다.

콩고의 주아로고 삼각지대의 침팬지들은
1990년대까지 인간들을 만난적이 없다.
제인주덜의 또 다른 연구지역이다.

Liberia

Kenya

NAIROBI

타잔의 저물은
현재 개발의 도망고 국립공원으로 추측된다.
알버트슈바이처 박사가 병원을 지은
곳이기도 하다.

Gabon

Rep.
of Congo

MOMBASA

루시부르를 마슨
올두바이

Tanzania

주덜의
체터림
곰비

세렝게티는 탄자니아중북부의 국립공원이다.
<동물의 앙국>의 주푸대를 규면하다

BEIRA

침팬지의 주요서식지역: 적도부근 20여개의
저물숲에서만 서식한다.

케냐로 가는 여정에 케이프타운의 배려
아프리카적 인종재봉을 목격하다.

DURBAN

CAPE TOWN

© 이명석

"제인이 아니라 내가 타잔의 배우자였다면 훨씬 좋았을텐데."

– 제인 구달

　　1980년대를 풍미했던 숱한 록 스타들 중 토토라는 그룹이 있다. 최고의 세션맨 출신들로 구성되었던 만큼 연주는 정말 팽팽했고, 실력파 꽃미남 기타리스트 스티브 루카서나 절세의 드러머 제프 포카로의 카리스마도 대단했다. 그들이 다 늙어 한국을 방문했을 때, 향수에 젖어 콘서트 장을 찾은 무리 중에 나도 끼어 있었다. 마침 대통령 선거일이라 스산한 마음으로 체육관 안에 들어섰던 기억이 난다.

　　배불뚝이 아저씨가 된 로커들은 나이를 잊은 채 열창을 거듭했고, 그에 보답하느라 나 역시 발을 구르며 펄쩍펄쩍 뛰었다. 그러나 어느 노래의 서주가 흐르자, 나는 멈춰선 채 눈을 감았다. 멀리 몽롱한 북소리와 함께 정글의 태양이 떠올랐다. '아프리카' — 먼 소년 시절부터 그 노래는 나를 재촉하곤 했다. 이 바보야, 왜 거기 책상 앞에서 꾸물대고 있니? 숙제 따윈 집어던지고 당장 달려가버려. 킬리만자로가, 세렝게티가 너를 부르잖아. 마지막 가사가 메아리쳐왔다. '소년아, 서두르렴. 그녀가 너를 기다리고 있어. Hurry boy, she's waiting there for you.'

　　아프리카에서 나를 기다리고 있는 여인은 누구일까? 먼지 한 톨마다, 빗방울 한 방울마다 모험이 묻어 있을 것 같은 그 땅에 이어진 이름 중에 내가 아는 이는……엄마를 잃은 뒤 밀렵꾼에 맞서 검은 대륙을 지키던 『정글 대제』의 사자 레오, 온갖 동물들의 말을 알아들어 그들을 치료해주었던 두리틀 박사, 가죽 팬티 하나 걸친 채 밧줄을 타고 정글을 날아다니던 타잔…… 아, 어쩌면 타잔의 여자 친구인 제인이 나를 기다리고 있다는 걸까? 아니다. 언제나 겁에 질려 꺅꺅 소리만 지르는 여자를 만나러 저 먼 아프리카로 달려가고 싶지는 않다. 그 순간 떠올랐다. "제인은 맞아." 또 다른 제인이 있었다. 그녀는 정글 속에서 거대한 그림자를 만나도 어설픈 비명 따윈 지르지 않을 것이다. 인간 족속들보다는 듬직한 고릴라나 날씬한 뱀과 함께 있는 게 훨씬 자연스러우니까.

——— 침팬지 인형과 함께 꿈꾼 아프리카

인류학자 제인 구달은 1934년 런던에서 태어났다. 대영제국의 수도인 이 도시의 북쪽, 벼룩시장으로 유명한 캄덴 타운^{Camden Town} 역 근처에는 런던 동물원이 있다. 1828년에 문을 연 이곳은 단순한 구경거리가 아니라, 과학을 주목적으로 한 동물원 중에는 세계에서 가장 오래된 곳이라고 한다. 물론 그곳 동물들이 과학연구를 위해 자발적으로 우리 안으로 들어간 건 아니다. 쿡 선장과 찰스 다윈의 후예들이 숱한 탐험과 정복의 과정을 통해 세계 곳곳의 진기한 동물들을 잡아와 보내주었다. 동물원의 유명한 거주자 중에는 1865년 당시 발견된 것 중 가장 큰 코끼리였던 점보^{Jumbo}가 있다. 스와힐리어로 '안녕'을 뜻하는 'Jambo'에서 이름을 따왔는데, 이후에 점보 제트기를 비롯해 '커다란'을 뜻하는 일반명사가 되기도 했다.

제인 구달이 태어난 이듬해, 런던 동물원에서 처음으로 침팬지 새끼가 태어났다. 이름은 아프리카 냄새 가득한 주빌리^{Jubilee}. 동물원은 그 침팬지를 기념해 인형을 만들었고, 제인의 아버지는 그 중 하나를 딸에게 선물로 가져다준다. 제인은 그전으로도 그 뒤로도 예쁜 공주인형 같은 것들엔 전혀 관심이 없었다고 한다. 그러나 주빌

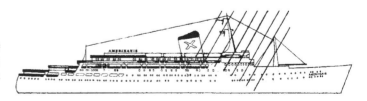

구달을 처음 아프리카로 데리고 간 케냐 캐슬호는 1951~67년까지 운행한 뒤 팔려 아메리카니(Americani)라는 크루즈로 개명했다.

리에게만은 홀딱 빠져버렸고, 우리 식으로 말하자면 '물고 빨고 놓지 않았다'. 제인에게 처음 아프리카를 가르쳐준 이 인형은 70년 넘게 그녀와 함께했고, 아직도 그녀의 방에 다정한 모습으로 앉아 있다고 한다.

주빌리를 껴안은 제인의 손에 『타잔』, 『두리틀 박사 아프리카를 가다』, 『정글북』과 같은 책들이 들려 있었던 것은 당연해 보인다. 그 중에서도 그녀를 가장 매료시켰던 것은 미국의 모험 판타지 소설가 에드거 라이스 버로가 쓴 『타잔』이었다. 소설 속 주인공 타잔은 원래 영국인의 아이로 아프리카 서해안, 현재의 가봉 지역에 표류한 뒤에 가상의 영장류 망가니^{Mangani}의 품안에서 자라난다. 코끼리, 기린, 침팬지 등 온갖 동물들(주로 서구인의 눈에 순해 보이는 초식동물들)이 그의 친구가 되었고, 타잔은 정글의 평화를 위협하는 맹수와 밀렵꾼으로부터 야생의 낙원을 지키는 수호자가 된다.

타잔에게 문명세계를 가르쳐주게 되는 여주인공 제인 포터는 미국 볼티모어 출신으로, 타잔이 부모를 잃은 지 20년 뒤에 비슷한 경로로 표류하여 아프리카 정글로 들어오게 된다. 제인 구달은 자신과 같은 이름을 지닌 이 여주인공이 너무나 마음에 들지 않았다. 걸핏하면 위험에 빠져 비명이나 지르며 "타잔, 도와줘요!"라 외치는 여자는 딱 질색이었던 거다. 구달은 이렇게 투덜댔다. "제인이 아니라 내가 타잔의 배우자였다면 훨씬 좋았을텐데."

우리 대부분은 아마 소설보다는 영화나 TV 시리즈를 통해 타잔을 만나왔을 것 같다. 1930~40년대 할리우드에서 만들어진 타잔 시리즈는 소설 속에는 없는, 진짜 토종 아프리카 출신인 스타를 탄생시켰다. 타잔의 둘도 없는 친구인 침팬지 치타다. 치타는 1932년 아프리카 리베리아의 야생에서 잡힌 뒤 뉴욕의 동물상인에게 팔려간 뒤 세계에서 가장 유명한 동물스타로 맹활약하게 되는데, 1967년의 뮤지컬 영화 〈두리틀 박사〉의 침팬지 치-치 역할을 끝으로 은퇴했다. 제인 구달보다 두 살 많은 이

원로 무비스타는 아직도 살아 자신의 명성을 즐기고 있으며, 대필작가를 통해 쓴 자서전을 2008년 10월에 출간하기도 했다.

스무 살을 조금 넘긴 1956년의 어느 날 구달에게 한 통의 편지가 날아온다. 편지지에 붙은 우표부터 가슴을 두근거리게 했다. 하나에는 코끼리 한 마리, 다른 하나에는 기린 두 마리가 그려져 있었다. 학창시절 가장 가까웠던 친구 클로가 보내온 편지였다. 케냐에 농장을 산 부모님을 따라 아프리카로 간 클로는 학창시절 내내 아프리카에 갈 거라며 노래 부르던 구달에게 그 소식을 알리지 않을 수 없었던 것이다.

여기에서 나는 아프리카에서 나를 기다리고 있을지 모르는 또 다른 여인을 떠올린다. 덴마크 출신의 작가 카렌 블릭센^{Karen Blixen}은 1914년 스웨덴 귀족인 남편을 따라 아프리카 케냐로 가서 커피농장을 일군다. "여기 마침내 편의시설이라곤 한 줌도 주어지지 않은 땅에 누군가 도달했다. 꿈에서나 찾을 수 있던 새로운 종류의 자유가 여기 있다." 그러나 황량한 대지에 커피 묘목을 자리 잡게 하고 원주민인 키쿠유 족과 어울려 살아가려던 그녀의 꿈은 쉽게 이루어지지 않았다. 남편은 다툼 끝에 전쟁에 나가고, 모험 사냥꾼과 만나 새로운 사랑에 빠지지만 비행기 사고로 그를 잃는다. 결국 그녀는 아프리카를 떠나게 된다. 그리고 1937년 자신의 사연을 『아웃 오브 아프리카』라는 소설로 펴낸다.

제인 구달이 카렌의 실패담을 읽었는지는 알 수 없다. 설사 읽었더라도 클로의 편지가 전하는 흥분을 이겨내지는 못했으리라. 클로는 말했다. "한번 와보지 않겠니?" 당연히 가야지. 구달은 케냐로 갈 여행경비를 마련하기 위해 웨이트리스 일을 시작했다.

세계에서 제일 나이 많은 유인원 치타

이듬해 구달은 여객선 '케냐 캐슬' 호를 타고 아프리카로 떠난다. 원래의 항로는 홍해를 거쳐 아프리카 동쪽 해안을 따라 케냐의 몸바사^Mombasa로 갈 예정이었다. 그러나 출항 일주일 전 이집트 전쟁으로 수에즈 운하가 닫혀버렸다. 배는 아프리카 서쪽 해안을 따라 희망봉을 돌아 몸바사로 가는 우회로를 택했다. 배삯은 좀 더 들었지만 그녀는 타잔의 해안선을 훑어볼 수 있게 되었다는 사실을 행운으로 여겼던 것 같다. 몸바사에서 이틀에 걸쳐 기차를 타고 나이로비로 도착한 뒤에 클로의 가족을 만나, 다시 그들의 자동차를 타고 화이트 하이랜드로 알려진 키낭옵의 농장에 도착하는 것으로 긴 여행은 끝났다. 이제 아프리카에서의 '생활' 이 시작된다.

별다른 학력도 경력도 없는 어린 처녀였지만, 비서 일을 배워둔 것은 큰 도움이 되었다. 구달은 나이로비에 있는 영국회사의 지사에서 일자리를 얻었다. 일은 지루했지만 아프리카에 머무를 돈을 벌며, 조만간 동물들의 세계 속으로 들어갈 준비를 해나갈 수 있었다. 그런 마음을 감추지 않은 탓에 누군가 말해주었다. "동물이라고? 그럼 루이스 리키^Louis Leakey를 만나야지."

구달은 그 이름을 좇아 마사이족만이 간간이 보일 뿐인 광대한 세렝게티 평원을 지나갔다. 생물학자며 인류학자인 루이스 리키와 그의 아내 메리는 탕가니카^Tanganyika의 올두바이 계곡에서 선사시대 유적을 발굴하고 있었다. (그들은 뒤에 그곳에서 오스트랄로 로부스투스라는 학명, 혹은 크고 강한 턱 때문에 '호두까기 인간' 이라고 불리는 유인원의 화석을 찾아냈다. 가장 중요한 선사시대 문명의 발굴 장소 중 하나인 올두바이는 아서 클라크의 〈2001: 스페이스 오디세이〉 시리즈의 첫 번째 선돌이 자리한 곳으로 나오는 등 여러 SF 작품들에서 등장한다.) 부부는 이 맹랑한 처녀에게 혹독한 야생을 이겨낼 인내력과 아프리카의 야생동물에 대한 진실한 마음을 알아낸다. 평원을 가로질러가는 소매와 톰슨 가젤을 사랑스럽게 쳐다보는 그녀의 눈동자, 검은 코뿔소나 젊은 사자를 만난 모험담을 모닥불 앞에서 신나게 털어놓는 그녀의 입…… 쉰 살이 넘은 학자에게는 너무나 부러운 젊음이었다.

리키 박사는 구달에게 가끔씩 말하곤 했다. '인간을 알기 위해서는 고릴라, 오랑우탄 같은 대형 영장류에 대해 연구해야 하지. 특히 침팬지는 아프리카에만 살고 있는데, 서부 해안에서 탄자니아까지 적도 삼림지대에 걸쳐 분포하고 있다네. 얼마 전 탕가니카 호 동쪽 호숫가에서 침팬지를 봤다고 그러던데……' 구달은 참다못해 말했다. "제발 침팬지 이야기는 그만해주세요. 그것이야말로 정말 내가 하고 싶은 일이거든요." 박사는 눈을 반짝였다. "자네가 그렇게 말해주길 정말로 기다렸네."

『타잔』의 이야기가 정말로 눈앞에 펼쳐졌다. 1960년 구달은 탕가니카 호수의 곰베^{Gombe Stream Chimpanzee Reserve}에 있는 침팬지들의 정글로 들어갔다. 침팬지들 속에 서서히 다가가 영장류의 생태를 들여다보게 된 구달은 인류가 얼마나 자신들의 편견으로 동물세계를 파악했는지 알게 된다. 인류가 스스로를 유일하게 '도구를 쓰는 동물^{Homo Faber}'이라고 뻐긴 것과는 달리 침팬지들은 흰개미를 먹기 위해 나무로 낚시질을 하고 있었다. 자기들의 분명한 사회를 만들어 생활하고 있었으며, 무려 4년에 걸친

타잔과 제인 구달의 순결한 아프리카

전쟁을 벌이기도 했다. 영장류에 대한 정의, 아니 인류에 대한 정의 자체가 바뀌어야 했다.

이후 구달은 동물에 대한 인간들의 편견을 깨기 위한 긴 여정에 나선다. 세계를 다니며 강연을 하고, 아프리카에 연구소를 만들어 침팬지를 비롯한 여러 동물의 비밀에 다가가기 위해 애썼다. 영화 〈블랙 호크 다운〉 등에서 볼 수 있듯이 아프리카 곳곳은 지금도 내란과 전쟁의 소용돌이 속에 고통받고 있다. 구달의 연구팀은 게릴라들의 납치로 목숨을 위협받고, 학살당하는 인근 주민들을 눈물겹게 바라보기도 했다. 인간과 동물의 공존에 대한 이유를 설명하러 다니던 그녀는 인간과 인간의 공존부터 위협받는 상황에 괴로워한다.

그럼에도 위대한 제인은 타잔에게 도와달라고 하지 않았다. 그녀 스스로 인류와 동물의 평화와 행복을 가로막는 장애들을 걷어버리기 위해 앞장섰고, 뜻이 있는 자들은 함께하라고 했다. 영국의 엘리자베스 여왕은 그녀에게 작위를 수여했고, 《내셔널 지오그래픽 소사이어티》는 위대한 연구자와 탐험가에게 주는 허바드 상을 주었고, 탄자니아 정부는 외국인 최초로 '킬리만자로 상'을 달아주기에 이르렀다.

── 사라져가는 타잔의 정글과 안타까운 제인의 목소리

구달에게 아프리카는 지구상에서 마지막으로 남은 진정한 동물들의 세계다. 그러나 멸종되는 동물들을 구하고자 바쁘게 올라탄 비행기 창밖의 아프리카는 점점 사막으로 변해가고 있다. 그의 처녀림인 곰베의 나무들은 땔감용으로 잘려나갔고, 숲은 볼썽사나운 무차별의 경작지로 바뀌어갔다. 세렝게티는 관광지로 보존되고 있지만, 국립공원 바깥에서는 침팬지들을 비롯한 야생동물들이 급속도로 사라져가고 있다.

아침 해가 뜨자 타잔은 망고 열매를 하나 씹어먹은 뒤, 언제나처럼 정글 위를 달린다. 그러나 지난 밤 굉음과 함께 숲이 사라진 줄을 몰랐다. 그는 자신의 공중 조깅코스에 따라 무심코 몸을 던졌다 줄이 끊어져 떨어져버린다. 아-아-아- 소리를 지르지만 찾아오는 동물은 없다. 관광객들만이 다가가 디지털카메라 셔터를 눌러댈 뿐이다. 아프리카의 제인은 지금도 나를 부르고 있다. 그렇지만 막연한 낭만이 아니라, 또렷한 책임감을 지니고 오라고 한다.

(제인 구달의 정글에 가까이 가기 위해서는 그녀의 연구소가 이끄는 동아프리카 투어에 함께하는 방법도 있다. 제인 구달 재단이 운영하는 '침팬지 에덴'이라는 5성급 부티크 호텔도 있다. http://www.janegoodall.org) ⓜ

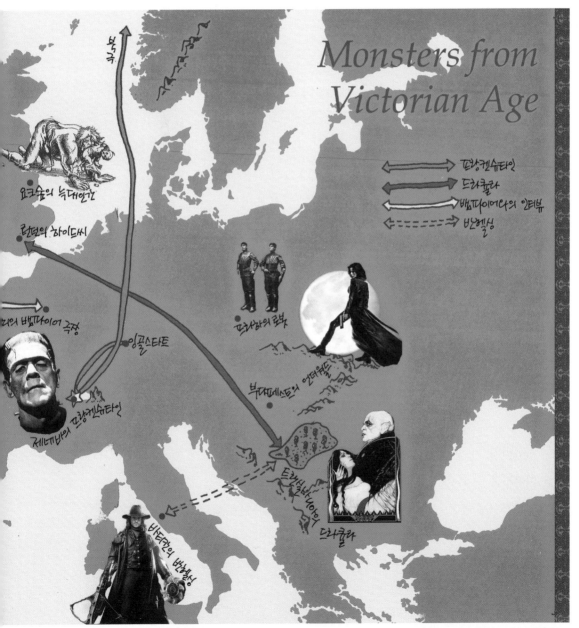

Monsters from
Victorian Age

요크숲의 늑대인간

런던의 하이드씨

빠르성겐슈타인
드라큘라
뱀파이어다의 인터뷰
반헬싱

~~~어 뱀파이어 극장

잉골스타트

역사하의 로봇

부다페스트의 언덕위로

세네비바의 빠르성겐슈타인

트란실바이아의

비터카간의 반헬싱

드라큘라

© 이명석

제네바에서였지. 정말로 기릴 만한 어두운 낮이었어. 정오인데 닭은 둥지로 가서 잠들고, 우리는 한밤인 것처럼 촛불을 켜놓아야 했지.

– 바이런

유럽인들은 1816년을 두고 이렇게 부른다— '여름이 없던 해' 혹은 '1800 그리고 얼어죽을'. 최근 몇 세기 간의 기록으로는 가장 추웠던 해다. 중부 유럽에서는 5월까지 서리가 끊이지 않아 곡물들이 열매를 맺지 못했고, 굶주림과 추위와 폭동으로 20만 명 이상이 죽었다. 그 전해 인도네시아의 탐보라 화산이 폭발하면서 지구 대기에 거대한 장막이 생겼는데, 그 후유증으로 북반구 전체가 얼어붙게 된 것이다.

지구는 이렇게 얼어버릴 거야. 하데스의 얼음 입김이 뭇 생명들을 앗아가겠지. 누구든 종말론적인 세계관에 빠져들 수밖에 없던 그해 여름. 유럽을 대표하는 바람둥이 시인 바이런은 스위스의 제네바 호수 근처의 빌라에 머무르고 있었다. 바깥 산책은 꿈도 꾸지 못할 날씨 속에 적적한 시간을 보내고 있었음에 분명한데, 다행히 쌀쌀한 여름비를 피해 그를 방문한 친구들이 있었다. 바로 시인 셸리와 그의 약혼자 메리였다.

이 젊고 매력적인 커플은 바이런의 하인들이 차려주는 식사와 차로 몸을 녹였다. 어쩌면 술도 몇 잔씩 돌아갔는지 모른다. 어쨌든 그 어두운 몽환의 분위기 속에서 그들은 독일의 유령 전설을 모은 『판타스마고리아나^{Fantasmagoriana}』에 대해 수다를 떨기 시작했다. 이어 과학이 가져다줄 온갖 기괴한 발명품이라든지 갖가지 초자연현상에 대한 터무니없는 이야기도 오고갔다. 남이 지어낸 이야기에 만족하고 있을 작자들이 아니었다. 이윽고 그들은 내기를 벌이게 된다. 각자가 상상할 수 있는 가장 무서운 이야기를 쓴 뒤에 겨뤄보자며.

문학사의 순위대로라면 바이런과 셸리가 우열을 다투었을 성싶지만, 가장 훌륭한 창조물들은 그들 옆에 서 있던 두 조연에 의해 만들어졌다. 셸리의 열아홉 살 된 연인 메리는 『프랑켄슈타인-현대의 프로메테우스 』라는 SF 문학의 선구적 캐릭터를, 바이런의 주치의였던 존 폴리도리는 낭만적인 흡혈귀 전설의 대표자 『더 뱀파이어 』를 창조했다. 지난 2백 년 동안 수많은 자손들을 퍼뜨리며 우리를 공포에 떨게 한 괴물들의 시대가 시작되었다.

───── **여름이 없던 해에 태어난 괴물들**

　　빅토리아 여왕이 통치한 19세기의 영국인들은 과학의 발전과 산업혁명으로 눈부신 번영의 시대를 누렸다. 그러나 허겁지겁 생겨난 공장들은 귀족의 손에서 풀려난 시민들을 노예와 다를 바 없는 착취에 시달리게 했고, 성공을 위해 대도시에 몰려든 사람들은 예전에는 경험하지 못했던 끔찍한 범죄들과 맞닥뜨려야 했다. 이성의 빛이 환하게 타오를수록 사람들은 음침한 상상과 은둔의 괴물들에 매료되었고, 소설은 이 어두운 쾌락을 탐욕스럽게 집어삼켰다. SF, 호러, 서스펜스, 미스터리…… 오늘날 지구의 엔터테인먼트를 지배하고 있는 온갖 장르들이 터져나오기 시작했다.

　　메리 셸리는 몽블랑 산 아래 제네바에서 태어난 총명한 남자 빅토르 프랑켄슈타인에게 지도의 첫발자국을 걸어가게 한다. 여름이 없던 해, 유럽을 대표하는 예민한 지성들이 모여 어둠의 존재를 불러내려 애쓰던 그곳이다.

　　제네바의 영민한 청년 빅토르는 고향의 가족을 떠나 남부 독일의 잉골스타트에서 현대과학을 배운다. 그는 여기에서 중세의 연금술적인 상상력과 현대과학의 위력을 더해, 여러 시체조각들을 모아 새로운 생명체를 만들어낸다. 그러나 의도와는 달리 피조물은 추악한 괴물로 태어났고, 그는 신이 아담을 버렸듯이 그 아이를 내버리고 도망가버린다.

괴물은 아버지를 찾아 외로운 여정을 이어가야 한다. 제네바로 가 빅토르의 동생을 죽여버리고, 몽블랑 산의 메르 드 글라스^{Mer de Glace}에서 그의 창조주를 만나 자신의 외로움을 호소한다. 혼자 있기는 싫어. 나의 신부를 만들어줘. 이 계획조차 실패로 돌아가자 괴물은 빅토르가 사랑하는 사람들을 갈기갈기 찢어죽이고, 인간의 족적이 닿지 않는 세계로 떠난다. 알프스보다 더 추운 곳, 어떤 인간도 찾아올 수 없는 완전한 고독의 장소, 북극으로 향한다.

── 창조의 신성과 불멸의 한계에 도전하는 인간들

메리 셸리의 프랑켄슈타인이 '창조'라는 신성에 도전했다면, 존 폴리도리의 뱀파이어는 '불멸'을 통해 인간의 한계를 넘어서려고 한다. 그가 창조해낸 뱀파이어는 냉정하면서도 로맨틱한 바람둥이 미남자, 다름아닌 그의 고용주 바이런을 모델로 한 인물이다. 인간을 악으로 이끄는 괴물이 최고의 매력을 지녔다는 이 기묘한 착상은 수많은 작품을 통해 재탄생해오고 있다. 이러한 뱀파이어 전설 중에서 가장 강력한 카리스마를 지닌 캐릭터는 역시 브람 스토커의 『드라큘라^{Dracula}』(1897)이리라.

런던의 부동산 조사원 조너선 하커는 업무상의 일로 트란실바니아^{Transylvania}의 드라큘라 백작을 방문한다. 트란실바니아는 현재 루마니아의 북서부에 해당하는 지역으로, 협곡과 산맥으로 둘러싸인 고원지대다. 이 지역은 오랫동안 동쪽의 몽골이나 남쪽의 투르크 등 유럽을 집어삼키려는 외부 세력과 맞서 싸우고 그 지배하에서 참혹한 희생을 치루어야 했는데, 그런 고생에도 불구하고 서유럽인들에게는 이교도의 악마적 습성이 깃든 지역이라는 악명에 시달려야만 했다. 때문에 오랫동안 유럽인들에게 잔인한 전설을 들려주는 신비의 창고 역할을 했고, 19세기 산업혁명의 불빛으로부터 멀리 떨어진 은둔의 숲으로 남아, 에밀리 제러드의 『숲 너머의 땅^{The Land Beyond the}

Forest』등 여러 편의 빅토리아 소설의 음침한 무대로 등장했다.

잔혹한 전설의 중심에는 역시 1462년 오스만 투르크와의 전쟁에서 붙잡은 포로들을 가혹한 고문으로 괴롭힌 피의 영주, 블라디슬라브가 있다. 희생양의 사지를 말에게 묶은 뒤 항문에서 입까지 창을 통과시켰다든지, 그렇게 꼬치가 된 시체들을 즐비하게 늘어놓고 피를 마시며 영생을 얻으려 했다는 전설은 '드라큘라' 라는 이름을 흡혈과 식인의 대명사로 만들었다. 블라디슬라브의 후계로 보이는 브람 스토커의 드라큘라 백작은 카르파시안 산맥Carpathian Mountains 인근, 보르고 협곡Borgo Pass을 통과해야만 들어갈 수 있는 요새와 같은 고성에 살고 있다. 그는 하커를 따라 런던으로 와 그의 약혼녀 미나를 유혹하려 들고, 런던과 트란실바니아를 오고 가며 빛과 어둠의 격전을 벌인다.

앤 라이스의『뱀파이어와의 인터뷰Interview with the Vampire』(1976)와 같은 후세의 작품들도 고딕시대를 배경으로 매력적인 흡혈귀의 전설을 이어간다. 영화에서 톰 크루즈

1 • 뱀파이어
2 • 늑대 인간
3 • 런던의 늑대 인간

와 브래드 피트의 매력적인 외모로 표현된 레스타트와 루이스의 이야기는 1791년 프랑스 식민지인 미국 루이지애나의 농장을 배경으로 하고 있다. 뱀파이어는 영원히 젊음을 유지하며 생명을 이어가는 특성 때문에 한 곳에 오래 머무르면 그 정체를 들키고 만다. 이들 아름다운 뱀파이어들은 불타버린 농장을 뒤로 하고, 배를 타고 자신의 피가 흘러들어온 본류로 거슬러올라간다. 그들의 본거지는 파리의 뱀파이어 극장이다.

늑대인간^{Werewolf}은 비록 그 미모에서는 흡혈귀들과 맞설 수 없지만, 그래도 그 초인적인 능력이라면 충분히 맞짱을 뜰만한 고딕 괴물이다. 보통 때는 평범한 인간의 모습을 하고 있다가 보름달이 뜨면 야수로 변하는 반인반수의 전설은 유럽은 물론 브라질, 터키 등 세계 전역에서 찾을 수 있다. (〈When A Child Is Born〉이라는 주제가로 유명한 영화 〈나자리노〉는 저주에 걸린 소년이 사랑에 빠지면 보름달이 뜰 때마다 늑대로 변한다는 전설을 담은 아르헨티나 영화다.) 이들은 빅토리아식 고딕 상상력에서 증식하며 막강한 자손들을 만들어냈다. 프레데릭 메리어트의 『유령선』(1839) 등의 소설에서 서서히 형체를 잡아가던 늑대인간 캐릭터는 20세기의 고딕 호러에서 좀더 확실한 모습으로 등장한다.

영화 〈런던의 늑대인간^{An American Werewolf in London}〉(1981)과 그 후속작 〈파리의 늑대인간〉(1997)의 주인공들은 모두 신대륙의 젊은이들로, 모두 어떤 기회를 통해 구대륙인 유럽을 방문해 지난 세기의 어두운 몽환으로 걸어들어가게 된다. 전작에서는 영국 요크 지방의 황무지를 여행하던 미국 대학생이 이상한 동물에게 공격당한 뒤 런던의 병원에 실려와 자신이 늑대인간이 되었다는 사실을 알게 된다. 후속작에서는 대륙으로 넘어와 에펠탑과 같은 파리의 명소에서 날뛰는 늑대인간들을 만날 수 있다.

─── 신비의 안개 속을 걸어나오는 이성

　뱀파이어나 늑대인간과 같은 초자연적인 미스터리 세계의 반대편에는 모든 놀라운 사건들을 이성의 힘으로 명쾌하게 해결하는 추리소설이 있다. 그러나 코난 도일과 같은 빅토리아 말기의 추리 개척자들은 과학과 합리성에 기대고 있는 이 소설들도 대중을 사로잡기 위해서는 먼저 어두운 공포 속으로 걸어들어가지 않으면 안 된다는 사실을 잘 알고 있었다. 셜록 홈즈의 이름을 널리 알린 『바스커빌 가의 개^{The} _{Hound of the Baskervilles}』는 늑대인간과는 조금 다른 형태로 인간의 가장 가까운 친구인 개에 대한 두려움을 만들어낸다. 작가 코난 도일은 영국 남서부 황무지인 다트무어^{Dartmoor}를 무대로 삼아, 그곳에 예로부터 전해 내려오던 유령 개와 거대한 검은 개의 전설을 끌고 와 독자들을 무시무시한 공포 속으로 몰아넣은 뒤 극적인 추리로 카타르시스를 체험하게 한다.

　인간들은 잠시 괴물들에게서 승리를 얻어낼지는 몰라도, 완전한 박멸은 이루지 못한다. 괴물들은 어떤 식으로든 번식하고 재생한다. 20세기의 창작자들은 그 전 세기인 고딕의 괴물들을 이리저리 교배하며 온갖 변종들을 만들어냈다. 그리고 자신들의 세기가 끝날 즈음에는 그들을 한자리에 모아 거대한 괴물들의 세계를 만드는 데 재미를 붙이게 된다. 문제는 그 제멋대로의 괴물들을 어떻게 한자리에 잡아 오느냐 하는 건데, 전설적인 흡혈귀 사냥꾼 반 헬싱 가문만큼 이 역할을 제대로 수행할 자들은 없는 것 같다. 반 헬싱의 혈족은 브람 스토커의 『드라큘라』에 나오는 아브라함 반 헬싱으로부터 시작되

반 헬싱

빅토리아 시대 괴물들의 서식지

183

는데, 후세의 창작자들은 그 가문의 인물들을 새로운 슈퍼 영웅으로 만들어냈다. 만화팬이라면 히라노 게타의 〈헬싱〉을 먼저 떠올리겠지만, 좀더 대중적인 캐릭터는 영화 〈반 헬싱^{Van Helsing}〉에 나오는 가브리엘 반 헬싱일 것이다.

브람 스토커 판의 아브라함이라는 이름을 가브리엘로 대체한 영화판 〈반 헬싱〉의 지도는 1887년의 트란실바니아를 중심으로 펼쳐진다. 4백 년만의 부활을 꿈꾸는 드라큘라 백작은 프랑켄슈타인 박사를 불러들여 시체를 조합한 강력한 피조물을 만들도록 하는데, 백작이 악의 목적을 위해 괴물을 사용하려 하자 박사가 거부하게 된다. 이때 악마를 소탕하려는 마을주민들이 쳐들어오는 바람에 일대 소동이 벌어진다. 원래 교황청 산하의 조직에서 일하고 있던 가브리엘 반 헬싱은 지킬 박사/하이드를 데려오라는 명령을 수행하다가 실수로 그를 죽인 뒤 살인자라는 오명을 덮어쓰고 있는 상황에서 드라큘라 백작의 음모에 맞서야 한다. 가브리엘은 트란실바니아로 가서 안나 발레리우스(루마니아 집시부족의 공주)와 손잡고, 늑대인간을 이용해 드라큘라를 처단하기 위해 나서며 여러 어려움을 겪는다. 과연 어떻게 그는 미궁과 같은 드라큘라의 세계로 들어갈까? 오래된 트란실바니아의 지도가 그 문이 되어준다.

앨런 무어의 시리즈 만화이며, 숀 코너리 주연의 영화로 좀더 널리 알려진 『젠틀맨 리그』의 세계로 들어가면 더욱 다채로운 영웅과 괴물들을 만날 수 있다. 지킬 박사, 외다리 실버(스티븐슨의 『보물섬』), 아르센 뤼팽, 맥 더 나이프(브레히트의 『사천의 선인』 출신이며 재즈곡 제목으로 더 유명한), 네모 선장(쥘 베른의 『해저 2만리』), 심지어 도리언 그레이(오스카 와일드가 탄생시킨 나르시스트)까지……. 영화 〈언더월드〉 시리즈는 뱀파이어와 늑대인간 부족이 오랜 역사를 두고 대결해 왔다는 설정에 기반해 있는데, 그 첫 무대는 트란실바니아에서 그리 멀지 않은 헝가리의 부다페스트다.

공포의 괴물은 멀고 먼 동쪽 숲이나 얼어붙은 황무지를 찾아가야만 만날 수 있는 것은 아니다. 번화한 대도시의 한복판, 그리고 우리 자신의 마음속에서도 가공할

힘을 가진 악마는 태어날 수 있다. 로버트 루이스 스티븐슨의 『지킬 박사와 하이드 씨^{Dr. Jekyll And Mr. Hyde}』는 건실한 법률가의 내면에 억눌려 있던 악한 자아가 런던의 밤거리로 뛰쳐나와 범죄를 저지르는 장면을 그리고 있다. 세기말의 거장 H. G. 웰스의 『투명인간^{The Invisible Man}』 역시 과학의 도움으로 초자연적인 힘을 얻으려다 파멸해가는 인간을 그리고 있다. 이 소설이 시작되는 무대는 런던에서 그리 멀지 않은 웨스트 서섹스의 이핑^{Iping} 마을이다.

프랑켄슈타인이 열어젖힌 괴물의 시대는 체코의 카렐 차페크가 〈R U R.^{Rossum's Universal Robots}〉이라는 연극에서 만들어낸 반란의 기계 '로봇^{Robot}'에 이르러 새로운 단계로 넘어선다. 프라하 유대지구의 골렘 전설에서 태어난 이 반항적인 기계인간은 이후 기계문명시대를 지배할 또다른 괴물들의 원천이 된다. 로보캅, 터미네이터, 아이언맨…… 그러나 이 첨단문명의 시대에도 빅토리아의 복고풍 괴물들은 여전히 그 끈질긴 생명을 이어가고 있다. ⚬

17 젊은 체 게바라가 사랑한 남미

여정

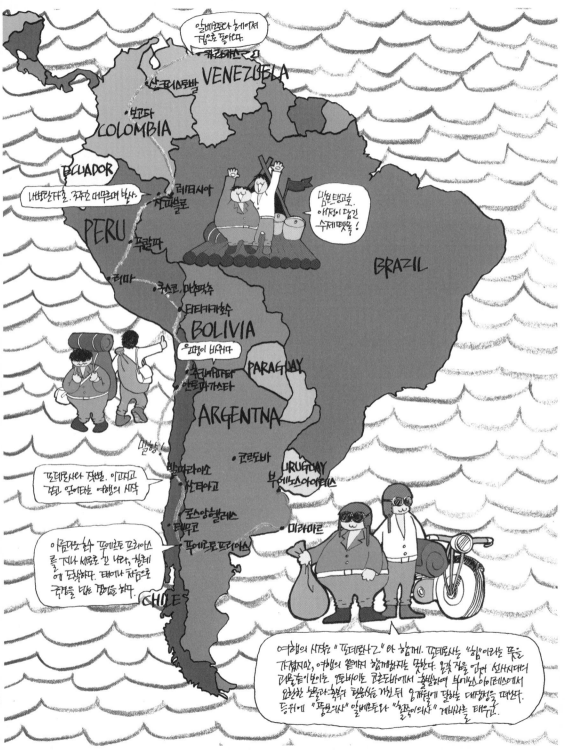

체 게바라^{Che Guevara}를 혁명가로 만든 것은 누구인가? 피델 카스트로^{Fidel Castro}인가? 틀린 말은 아니다. 체 게바라는 멕시코에서 피델을 만나기 전부터 이미 공산주의자였냐고 묻는 지인에게 "그렇지 않다"며 피델의 영향력을 인정했다. 피델 카스트로는 시에라 마에스트라^{Sierra Maestra}에서 그에게 읽을거리들을 권하고 활발하게 논쟁하며 그가 공산주의자가 되는 데 결정적인 영향을 끼쳤다. 하지만 그 이전에 남미를 여행하면서 보고 들은 게 없었다면 체는 혁명가가 되지 않았을 것이다. 그 척박한 대륙을 여행하면서 사람들이 착취당하며 고통받는 것을 자기 눈으로 직접 본 경험이 없었다면, 과연 피델의 영향력이 그에게 물처럼 스며들 수 있었을까. 그런 의미에서, 체 게바라를 혁명가로 만든 것은 정작 그의 두 다리와 두 눈일 것이다.

체 게바라는 여행을 좋아했다. 그는 이미 남미 5개국을 8개월이 넘게 떠돌았던 운명의 여행 이전에도 다양한 여행경험이 있었다. 모터 달린 자전거를 타고 5천 킬로미터를 달리거나 화물선에 간호사로 취직하여 라틴아메리카 전역을 항해하며 많은 것들을 흡수했다. 그가 열린 눈으로 편견없이 세상을 볼 수 있도록 가르친 것은 그의 부모였지만, 자신이 보고들은 것을 스펀지처럼 빨아들여 열렬하게 품은 것은 그 자신이었다. 그는 여행을 통해 남미의 혈관 속을 떠돌아다녔다.

1951년 12월에 출발한 남미 일주여행은 그의 꼼꼼한 기록 덕분에 꽤 자세히 사람들에게 알려졌다. 그 기록을 기반으로 만들어진 월터 살레스 감독의 영화, 〈모터사이클 다이어리〉는 남미의 멋진 풍광과 잘생긴 청년시절의 체 게바라를 사람들에게 선물해주었다. 낡은 5백cc 노턴 오토바이 '라 포데로사^{La Poderosa}2'에 온갖 짐을 잔뜩 싣고 기운차게 떠나는 두 젊은이의 모습은 이념과는 상관없이 에너지로 가득 차 있다.

영화 〈모터사이클 다이어리〉

"이것은 대담한 행동에 대해 부풀린 이야기도 아니며, 그저 냉소적인 이야기 따위도 아니다. 적어도 그런 짓을 말할 생각은 아니다. 그것은 일치된 열망과 비슷한 꿈을 갖고 한동안 나란히 달린 두 인생의 한 도막이다"라는, 여행에 대한 그 스스로의 겸손한 평가에도 불구하고 그 과정에서 만난 모든 것들은 젊은 체 게바라의 생각뿐 아니라 세포 하나하나까지 바꿔놓았다. 체 게바라는 목격자였고, 자신이 목격한 것으로 자신을 채웠다.

그가 '남미통일'을 목표로 가지게 된 것은 바로 이 여행을 통해서였다. "이 여행은, 아메리카가 불안정한 가공의 민족으로 나누어져 있다는 것이 완전히 허구라는 믿음을 확인해주었을 뿐이다. 우리는 멕시코에서부터 저멀리 마젤란 해협까지 민족지학적으로 뚜렷한 유사성을 지닌 하나의 메스티소 인종일 뿐이다"라는 그의 깨달음은 이후 그가 나갈 방향을 뚜렷하게 보여준다. 그러나 그는 통일이라는 껍질에 집착하지 않았다. 그에게 더 우선시되었던 것은 해방이었고, 자신의 모국도 아닌 과테말라, 쿠바, 콩고,

볼리비아를 찾아가 목숨 걸고 싸웠던 이유도 바로 그 때문이었다. 그의 개념 속에는 이미 모든 나라는 하나였다. 해방의 과정은, 그 모든 나라들이 실질적으로 하나가 되는 날을 위한 당연한 순서이다.

"외국인이 쿠바를 위해 싸우러 왔다고 전혀 이상하게 생각할 필요없다……고백하건대 난 쿠바는 물론 내가 방문한 어떤 나라에서도 내가 외국인이라고 느껴본 적이 없다. 나는 좀 모험적인 삶을 살았다. 난 내가 과테말라에서는 과테말라인 같았고, 멕시코에서는 멕시코인, 페루에서는 페루인 같았다. 지금 내가 쿠바에서는 쿠바인처럼 느끼고 아르헨티나에서는 당연히 아르헨티나인처럼 느끼듯이. 이곳은 물론 어느 곳에서나 그것은 내 인간성의 토대이다. 나는 예르바 마테 차와 로스트미트를 잊을 수 없다"는 그의 말은 그를 이루고 있는 저변이 무엇인지 명료하게 보여준다. 이러한 체 게바라의 신념에는 젊은 시절의 여행이 강력한 영향을 미쳤다. 그는 여행 중에 많은 사람들을 만나고, 그들과 같은 피가 흐른다는 것을 몸으로 체험했던 것이다.

── 여행이 준 강렬한 선물

그해 겨울, 같이 여행을 떠나기 위해 체 게바라와 그의 친구 알베르토 그라나다는 체의 기말시험이 끝날 때까지 오래 별러야 했다. 그동안 다양한 여행지가 물망에 올랐다. 유럽이 그 첫번째였다. 그리스, 이탈리아, 프랑스, 스페인…… 아니면 이집트는 어떨까. 하지만 결국 남미로 결정된 건, 남미가 그들에게 가장 의미있는 대륙이었기 때문이었다. 아르헨티나를 기운

1 · 체 게바라
2 · 젊은 체 게바라

차게 출발한 그들에게 정해진 일정은 없었다. 코르도바를 출발한 그들은 부에노스아이레스를 떠나며 본격적인 일정에 올랐다. 체의 여자친구가 살던 미라마르에 며칠씩 묵는 등 여유로웠던 그들의 여행은 험한 길에서 노쇠한 오토바이 때문에 몇 번이나 팽개쳐지면서 점점 비장해지기 시작했다. 여행 중에 체의 고질병인 천식이 재발하여 치료차 어쩔 수 없이 체류하기도 하는 등 쉽지 않은 여행이었다.

결국 여행을 버거워했던 '라 포데로사2'와는 막 봄이 오는 3월에 칠레에서 작별하고, 팍팍하기 그지없는 도보여행이 시작되었다. 하지만 그들은 포기하지 않았고, 히치하이킹과 밀항을 거쳐 결국 체 게바라의 인생을 바꾸어놓은 곳인 추키카마타^{Chuquicamata} 구리광산에 도착하게 되었다. 그는 그곳에서 현실에 새롭게 눈떴다.

그곳에서 만난 공산주의자 부부는 이념이 아닌 그들 삶의 모습으로 체 게바라의 인생에 영향을 미쳤다. 여행 중에 만난 원주민 인디오들의 비인간적인 삶도 그에게는 놀라운 것이었다. 전 세계 구리 생산량의 20퍼센트를 차지했던 거대한 광산인 추키카마타는 노동자들에게는 지옥이었다. 붕괴하는 광산, 진폐증으로 고통받는 사람들. 끔찍한 날씨에 노출된 채 일하다 희생되는 사람들은 일회용 소모품처럼 버려졌다. "나는 추키카마타 광산의 한 관리자가 그 지역 묘지에 묻힌 만 명이 넘는 노동자들의 유족들에게 지불된 보상금이 얼마나 되냐는 내 질문에 답을 회피한 채 의미심장하게 어깨를 으쓱하던 모습을 기억한다."

추키카마타의 척박한 현실을 보고 강렬한 충격을 받은 것은 사실이지만, 그가 오직 그 경험으로만 혁명가로 새로 태어났

혁명 중, 동지들과 함께

다고 보는 것은 무리가 있을 것이다. 보름 후인 4월에 만나게 된 마추픽추^{Machu Picchu}의 고대 잉카 유적은 그에게 사람들의 저력을 깨닫게 했다. 그는 그곳에서 남미의 뿌리를 발견했다. 모든 여행이 그렇듯이 다채로운 경험들은 모여서 한 마디로 표현할 수 없는, 하지만 뚜렷한 인상을 이룬다. 남미의 입체적인 인상은 체 게바라의 음영이 두드러진 강렬한 얼굴의 표면 밑에 거대한 지도를 이루었다.

그들은 단순히 수동적으로 여행의 인상을 받아들이는 데만 그치지 않고, 스스로 산파블로 나환자촌에서 봉사활동을 하며 사람들에게도 강렬한 인상을 주었다. 전염도 두려워하지 않고 몸을 사리지 않는 체 게바라와 그의 친구는 나환자촌에서 많은 친구들을 만들 수 있었다. 친구들은 그들이 떠날 수 있도록 식량으로 가득 찬 뗏목을 선물해 주었고, 그들은 그곳에서의 추억과 즐거운 환송 파티의 감동을 간직한 채 나머지 여행을 할 수 있게 된다. 체 게바라가 또다시 여행을 떠날 수 있었던 것은, 그 여행이 여행에 그치지 않고 삶으로 이어질 수 있었던 것은 그들이 여

"나는 내 꿈꾸는 영혼을 만족시키고 싶어 어쩔줄 몰랐고, 의과대학과 병원, 시험이는 절절머리가 났다..... 아메리카 대륙을 무작정 돌아다닌 여행은 내가 깨달은 것보다 훨씬 날 많이 변화시켰다."

생일 - 1928년 6월 14일.

행 중에 만난 친구들의 힘이기도 했다.

체의 아버지는 젊은 아들의 여행을 한 마디로 표현했다. "에르네스토와 그의 친구 알베르토는 신대륙 정복자들의 길을 따라갔다. 후자가 정복에 목말라했던 반면 두 사람은 그들과는 전혀 다른 목적을 가지고 길을 떠났다는 차이점이 있기는 하지만 말이다." 그러한 그들의 여정이 신대륙 정복자들의 길과 어떻게 달랐는지는, 그의 여행일기들에 진솔하게 남아 있다. 일기 쓰는 혁명가 체 게바라 덕분에 우리는 남미를 꿈꾸듯 떠돌아다닐 수 있다. 그의 투명한 안구 너머로 바라보는 남미는, 아름답고 쓰라리다. ℙ

18 캐리비안의 해적과 숨겨진 보물들

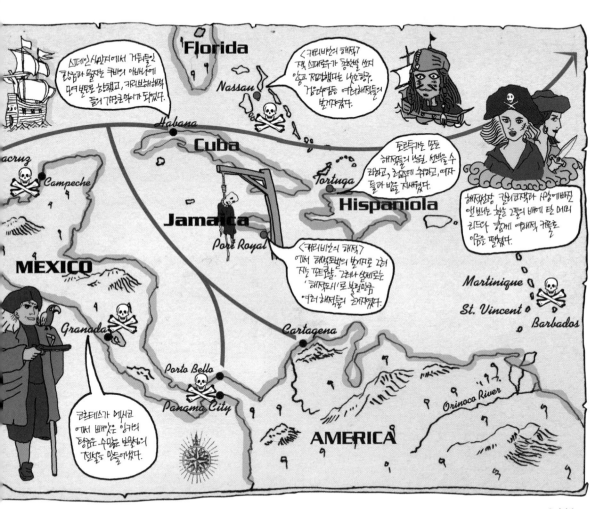

© 이명석

"망자의 관 위에는 열다섯 사람. 얼씨구 좋다. 럼주를 마시자." 초등학교 3, 4학년 정도의 여름방학 때였던 것 같다. TV 애니메이션 〈보물섬〉을 보며 가슴 가득 바닷바람을 채운 나와 시장통의 아이들은 누가 먼저랄 것도 없이 해적놀이에 빠졌다.

기름집 외아들은 아버지의 검은 양말을 두건 삼아 머리에 묶었다. 장판집 막내는 굵은 고무줄로 책받침을 둥글게 말아 망원경을 만들었다. 포목집 형제는 이불보를 같이 덮어쓰고, 머리 둘 달린 유령 흉내를 냈다. 서로 애꾸눈을 하겠다고 싸우다 눈두덩이 터진 어물전 녀석은 안대를 까맣게 칠하고 소원을 이루었다. 그렇게 제각각 치장하고 한바탕 칼싸움을 했지만 뭔가 부족했다. 그래! 보물은 어디에 있는 거야?

우리는 곧바로 보물섬을 찾아갈 차비를 차렸다. 출항 날짜를 정하고, 각자의 집에 굴러다니는 장난감 총과 칼을 싸그리 긁어모았다. 누룽지와 라면 같은 식량을 마련하는 일도 오래 걸리지 않았다. 우리가 살던 데가 어디였나? 시장이다. 뒤지면 뭐든지 나오게 되어 있다. 다만 가장 필요한 그것만은 어느 누구도 가져오지 못했다. 보물지도.

나는 지나간 달력을 찢어 방바닥에 펼쳤다. 온 정신을 집중해 TV에서 본 보물섬의 지도를 기억해냈다. 섬의 모양은 삐뚤빼뚤 제멋대로였지만, 나침반 표시를 한 뒤에 앵무새 언덕, 해골의 늪 같은 글자를 적어넣으니 신비한 힘이 뿜어져 나오는 듯했다. 지도가 거의 완성되어 허리를 펴자 누군가 의미심장한 목소리로 물었다.

"보물은? 보물은 어디 묻혀 있어?"

선장 노릇을 하려고 애쓰던 선술집 왈패였다.

나는 짐짓 딴전을 피웠다. 우리는 시장통의 아이들이다. 거래의 방법을 안다.

"글쎄. 그게 어디더라?"

나는 선장의 자리를 녀석에게 양보하고, 일등 항해사 자리를 따냈다. 보물을 찾으면 선장과 같이 두 배 몫을 받기로 했다.

이제 바다로 가면 된다. 그런데 어떻게 가지? 우리 중에 바다를 본 녀석은 외갓집이 포항 앞바다에서 횟집을 하는 이발소 꼬마밖에 없었다. 버스를 타고 가야 되나? 차비는? 애들끼리 몰려다니면 경찰 아저씨가 뭐라 그럴 건데. 역시 우리의 일등 항해사가 해결책을 찾아냈다. 걱정할 것 하나도 없다. 시장 어귀에서 5분만 걸어가면 강둑이 나온다. 거기가 어디냐? 미꾸라지 뽀글거리는 샛강도 아니다. 위대하신 낙동강 본류다.

다음날 새벽, 우리는 각자의 준비물을 들고 강둑에서 만나기로 했다. 모두 알지? 지난 봄, 트럭에 치어 죽은 철물점 누렁이를 묻은 버드나무 밑이다. 아저씨들이 누렁이를 다시 파내서 산으로 울러메고 간 게 아니라면 말이지만. 먼저 강가에서 만나 갈대로 보트를 만드는 거야. 그걸 타고 강을 따라 가다가 부산에 도착해서 큰 배를 뺏어 타면 되는 거야. 왜 겁나? 울 거면 빠져. 우리는 해적이야.

아무도 나타나지 않았다. 전날 9시 뉴스에 전염병이 돈다는 소식이 들렸다. 헤어지기 직전에 누군가 지난 여름 강에 빠져 죽은 영식이 형 이야기를 꺼냈다. 일주일 앞으로 다가온 개학 때문에 방학숙제 걱정을 하던 녀석도 있었다.

혼자서 30분가량을 기다리던 나는 귀퉁이가 깨진 고무 다라이를 주워 타고 부러진 낚싯대로 얕은 강바닥을 밀며 강 가운데로 갔다. 비가 오지 않아 물위로 솟아난 섬에는 갈대가 내 키보다 높게 자라고 있었다. 나는 갈대를 엮어 작은 둥지를 만들었다. 지난밤 한숨도 자지 못했다는 생각이 들었다. 갈대 사이를 뚫고 들어오는 햇살 속에서 나는 잠이 들었다. 뱃고동 소리가 울리면 일어나리라.

스무 해가 훨씬 지나도록 나는 잠에서 깨어나지 못했다. 긴 최면 속에서 밥을 먹고, 학교를 가고, 서울로 올라가, 어른 흉내를 내고 있었다. 까맣게 의식 저편으로 멀어진 해적의 꿈이 아직 내 안에서 쌕쌕 작은 숨을 몰아쉬고 있었다는 사실조차 몰

랐다. 그런데 누군가 잠을 깨웠다. "이 바보야, 빨리 일어나. 배가 떠나잖아." 알록
달록한 두건에 보석이 달린 곱슬 수염, 장난기 가득한 눈을 한 해적 선장, 잭 스패로
우^{Jack Sparrow}였다.

영화 〈캐리비안의 해적^{Pirates of the Caribbean}〉 시리즈는 내 상상 속에 흐릿한 양피지 지
도, 풍랑 속에 들썩이는 갑판, 외다리 실버와 말 많은 앵무새로만 남아 있던 해적의
바다를 또렷이 눈앞으로 데려다주었다. 아름다운 열대의 야자수와 럼주를 마시고 흥
청거리는 선원들과 행운 혹은 악운이 아니면 찾아갈 수 없는 비밀의 섬 역시 배신하
지 않고 거기에 있었다. 그래, 두 번 실수는 없다. 이제는 진짜 해적과 보물섬의 지도
를 그리자.

─── 해적 여왕과 잔인한 형제들의 바다

〈캐리비안의 해적〉의 주요 무대는 17~18세기 해적들이 전성기를 구가했던 중
앙아메리카의 대서양 쪽 바다, 카리브 해다. 하지만 이 왁자지껄한 판타지는 단지 카

리브 해 출신만이 아닌, 실제와 환상 속에 존재하는 온갖 바다의 해적들을 끌어들이고 있다. 〈캐리비안의 해적〉들을 제대로 이해하기 위해서는 조금 더 넓은 바다들을 거쳐 가야 한다.

인류가 바다를 탐험해온 모든 시대에 바다의 도적들은 존재했다. 〈캐리비안의 해적〉에는 그들 선배 해적들에 대한 오마주가 적지 않게 등장한다. 나이로 따지자면 티아 달마^Tia Dalma가 가장 선배다. 물론 영화 속에서 그녀는 정글로 뒤덮인 강(남아메리카의 아마존이나 오리노코, 혹은 아프리카의 콩고 강 중 하나가 아닐까 생각된다)에서 살아가는 주술사이다. 바다로부터 도망갔지만 물에서는 완전히 떠날 수 없는 수수께끼의 존재랄까? 하지만 암호는 의외로 간단하다. 그녀의 성과 이름을 뒤집어보자 ─ 달마시아^Dalmatia. 현재의 발칸반도 위쪽에 해당하는 지역으로, 그 해안은 로마시대 해적들의 주요 활동무대로 일리야^Illyria라는 해적왕국의 본거지였다. 그 왕국에는 테우타^Queen Teuta라는 해적여왕이 전설의 이름을 남기고 있는데, 티아 달마가 그녀의 피를 이어받았는지도 모른다.

잭 스패로우의 맞상대로 나오는 저주받은 해적 바르보싸^Barbossa는 다음 시대 해적의 대명사를 떠올리게 한다. 오스만 투르크의 형제 해적 바르바로싸^Barbarosa는 스페인에서 쫓겨난 아랍인들을 대변하며 가톨릭 국가에 대한 맹렬한 적개심을 품고 아프리카 북서부 해안을 중심으로 난폭한 해적질을 했다. 알제리^Algier를 본거지로 한 이들은 북아프리카의 노예 사냥꾼들이기도 했는데, 훈련된 노예들이 젓는 갤리선을 타고 신속하게 배를 습격했다.

3편에서 주윤발이 맡은 해적 사오 펑^Sao Feng; 手風은 중국 해적 청 포 차이^Cheung Po Tsai를 모델로 했다. 이름처럼 바람을 지배하는 초자연적인 해적단으로 등장하는데, 본거지는 싱가포르다. 지금은 너무 정갈해 침도 못 뱉는 도시이지만, 동남아 해적단의 오랜 본거지로 악명을 떨쳐왔다.

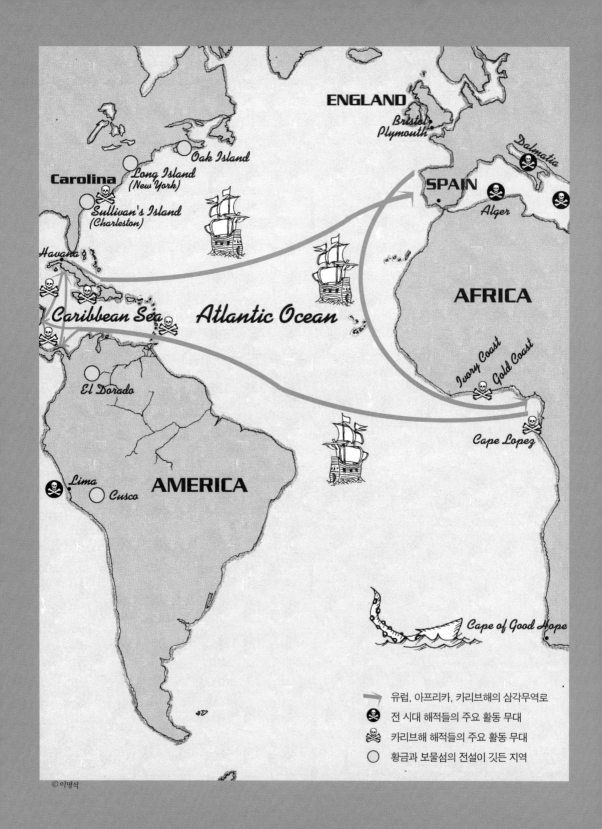

─── 왜 카리브 해인가

　이제 본격적으로 카리브 해를 탐험해보자. 작은 섬들이 촘촘하게 구슬처럼 띠를 이루는 이 지역은 오늘날의 쿠바, 자마이카, 바하마 등이 자리잡고 있는 바다다. 미국의 앞바다이면서 심심찮게 딴지를 거는 '성격 있는' 형제들의 동네인데, 그들이 3백 년 전 이 바다를 지배했던 합법·비합법의 해적들의 후손이라는 사실을 상기하면 새삼스러울 것도 없다.

　카리브 해 해적의 혈통을 이해하기 위해서는 먼저 유럽과 아프리카와 아메리카를 잇는 거대한 삼각형의 항해로를 알아야 한다. 1492년 콜럼버스가 카리브 해에 들어서 '황금의 인도'를 발견했다고 스페인 왕에게 고한 뒤에, 현재의 멕시코를 비롯한 중앙아메리카는 스페인의 식민지로 활기차게 개발되었다. 스페인이 식민지에서 빼앗은 보물과 물자들은 베라크루스^{멕시코}, 푸에르토 카발로스, 포르토벨로^{Portobello, 파나마} 등의 항구에서 출발해 쿠바의 아바나에 집결한 뒤에 스페인까지 7천 킬로미터를 항해해야 했다. 이게 첫 번째 그물질의 포인트다.

　뒤늦게 식민지 개척에 뛰어든 프랑스인들은 남의 땅을 뺏기보다 땅과 땅 사이를 오고 가며 새로운 이윤을 얻을 방법을 찾아냈다. 그들은 먼저 유럽에서 생산된 공산품을 들고 아프리카로 가서 노예와 바꾸었다. 이번엔 노예들을 싣고 아메리카 식민지에 내다팔았다. 마지막으로 그 대가로 챙긴 보석, 사탕수수, 커피를 싣고 유럽으로 돌아가면 이른바 '삼각무역'이 완성된다. 삼각무역의 마지막 꼭지점을 맺기 위해 유럽으로 향하던 배들은 태풍, 암초, 좁은 섬들이 장애물을 만들어놓은 위태한 항로를 지나야 하는데, 여기에 두 번째 포인트가 있다.

　그렇다면 누가 그물을 던지는가? 스페인, 포르투갈 등 식민지로 먼저 내달린 나라들에 비해 한걸음 뒤처진 채 남의 단물을 구경만 해야 했던 영국과 프랑스는 손가락만 빨고 있을 수는 없었다. 이들 나라는 사략선^{privateer}이라는 국가 공인의 해적활동을 용인해, 적대국의 상선을 약탈할 권리를 보장해주었다. 대신 빼앗은 물건의 일부를 국왕에게 갖다바쳐야 했다. 경찰에게서 허가증을 얻은 조폭이랄까? 아무튼 국왕과 바다가 허락한 이 일확천금의 기회는 가난한 항구도시의 젊은이들의 피를 끓게 하기에 충분했다. 거기에 '코르테스의 황금'이 나타나 흑마법의 주술로 이들을 악마의 바다로 끌어들였다.

스페인 귀족 집안 자제인 에르난 코르테스는 쿠바 총독의 비서로 있다가, 1519년 멕시코의 아즈텍왕국을 찾아가는 탐험대의 대장이 된다. 코르테스는 아름다운 호수 위의 도시 테노치티틀란을 점령했고, 마지막 황제 몬테수마를 처치하고 스스로를 멕시코의 신이라 칭했다. 신은 신이지만 본토의 또 다른 신에게는 충성의 표시를 해야 했나보다. 코르테스는 승전보와 함께 스페인에 세 척의 카라벨을 보냈는데, 이를 프랑스 최초의 사략선 선장 장 드 플뢰가 습격했다. 들리는 바에 따르면 5만 8천 개의 금괴와 엄청난 분량의 보석이 해적들의 손아귀에 들어왔다고 한다. 이 소문은 수많은 유럽인들에게 해적의 꿈을 부추기고 온갖 전설을 만들어냈다. 〈캐리비안의 해적〉에 나오는 악마의 황금동전 역시 원소유주는 코르테스이다.

대 선장 프란시스 드레이크 역시 빠뜨릴 수 없다. 스페인의 무적함대를 격퇴해 영국의 영웅으로 남아 있는 드레이크이지만, 스페인 지역에는 악랄한 해적을 넘어 악귀의 대명사로 일컬어진다. 어린애들의 울음을 그치게 할 때 그의 이름을 제일 먼저 끄집어냈다고 한다. 사략선 시대의 대표적인

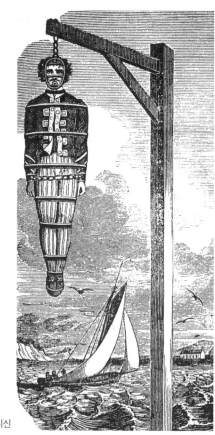

해적들에 대한 경고의 표시로 매달린 해적의 시신

인물인 그는 1570년경부터 카리브 해에서 스페인 선박을 습격하고, 육지로 올라가 스페인 점령지들을 약탈하는 일을 서슴지 않았다. 1577년에는 세계일주를 감행하는데 쿡 선장의 평화노선과는 극을 이룰 정도로 잔혹한 해적여행이었다. 특히 파나마 앞바다에서 스페인의 보물선을 습격, 현재 화폐단위로 5천 7백만 달러나 되는 금은보화를 영국 여왕에게 갖다바쳐 기사작위를 받았다.

드레이크 이후 영국은 국제적인 해적본부로 악명을 이어왔는데, 국가의 허가를 받았다고는 하지만 약탈과 폭력을 일삼는 해적의 행동을 좌시하고만 있을 수는 없었다. 무적함대를 물리치고 바다의 지배권을 어느 정도 확보한 후에 영국은 사략선의 활동을 금지시킨다. "이제 됐다. 집으로 돌아가라." 날벼락이다. 배운 게 바다 도적질인데, 손에 쥔 것도 개뿔도 없는데, 어떻게 집으로 돌아가나? 그렇다고 여기 눌러앉아 사탕수수나 베고 커피콩이나 따라고? 냅둬, 살던 대로 살래. 드디어 이들은 '진짜 해적'이 되어, 카리브 해의 곳곳에 자신들만의 세계를 만들어간다.

─── 해적들의 삼각지대 – 토르투가, 포트 로얄, 낫소

이제 슬슬 잭 스패로우를 만나러 가볼까? 먼저 우리와 외교관계가 있는 영국해군의 거점에서 시작해보자. 자마이카 섬의 남쪽, 현재의 수도인 킹스턴 근처에 있던 항구도시, 포트 로얄Port Royal. 영화 속에서 작은 배를 타고 몰래 다가가는 잭 스패로우를 위협하기라도 하듯, 암초 위에 교수형 당한 해적들의 시체가 매달려 있던 항구다. 이 도시는 해적시대에 실존했던 곳으로, 영화 속에서는 해적소탕작전을 벌이는 영국군의 요새로 그려진다. 하지만 실제로는 토르투가와 더불어 해적들의 소굴로 악명을 떨친 곳이다.

자마이카 섬은 1494년 콜럼버스에 의해 발견되어 그 집안의 사유지로 존재했다. 1654년 영국의 크롬웰은 스페인령의 큰 섬 히스파니올라를 빼앗기 위해 함대를 파견하는데, 결국 본 작전에는 실패하고 이듬해 자마이카를 점령하는 것으로 만족한다. 영국은 아프리카의 노예들을 데리고 와 자마이카를 세계 최대의 사탕수수 생산지로 만들었는데, 동시에 포트 로얄을 중심으로 스페인의 배와 마을을 약탈하는 사략선 활동을 벌인다.

우리는 여기에서 해적 황금시대의 초기를 빛낸 헨리 모건^{Henry Morgan}이라는 이름을 만난다. 웨일스 출신의 이 사나이는 자마이카 주변의 바다에 그물을 던지는 것만으로 만족하지 않았다. 멕시코의 아름다운 마을 캄페체^{Campece}를 약탈하고 프론테라^{Frontera}, 빌라헤르모사^{Villahermosa} 등에도 발을 미친다. 한때 스페인 군에게 배를 빼앗기기도 하지만, 곧바로 두 척의 스페인 배를 빼앗아 니카라과까지 진격해간다. 풍요로운 도시 그라나다까지 그의 수중에 들어왔다.

5백 척의 배를 수용할 수 있었던 천혜의 항구 포트 로얄은 '해적 왕' 헨리 모건의 본거지로 확고한 전투태세를 갖추어간다. 헨리 모건은 포르토벨로 등 스페인의 식민도시를 성공적으로 공격한 뒤에도 만족을 몰랐다. 가장 획기적인 원정은 36척의 배를 이끌고 정글과 고산지대를 뚫고 태평양의 파나마까지 찾아간 일이다. 모건은 다른 해적들에 비해 신사적인 평판을 받고 있었는데, 그 번화한 도시를 싸그리 태워버린 사건은 영국본토에서도 큰 논란이 되었다. 정치적으로도 스페인과 화친을 주장하는 세력이 점점 주도권을 잡고 있는 상황에 런던에 도착한 헨리 모건, 그에겐 교수대가 기다리고 있었을까? 다행히 그를 어여삐 여긴 찰스 2세가 기사작위를 내려주었다.

1681년 해적금지법이 내려지면서 국가적인 해적활동은 종지부를 찍는다. 포트 로얄은 이제 해적들을 소탕하는 영국해군의 본거지가 되었고, 해적들은 자신들을 배반한 항구에 대해 애증의 공격을 가하기도 했다. 〈캐리비안의 해적〉에 그려지는 포트 로얄은 바로 이 시대의 모습을 모델로 하고 있는 것이다. 그러나 이 피의 항구는 결국 해적의 것도, 제독의 것도 되지 못했다. 1692년의 초대형 지진과 해일은 보스턴만큼이나 북적이던 이 무역항의 2/3를 바다 속으로 삼켜버렸다. 사라진 해안선과 마을에 대한 고고학적 복원 프로젝트가 진행 중인데, 혹시라도 해적들이 숨겨둔 보물이 있을지 근처에서 어슬렁거리는 족속들도 적지 않아 보인다.

사라진 항구를 그리워하지 말고, 새로운 낙원을 찾자. 〈캐리비안의 해적〉들이 소리만 들어도 입을 쩍 벌리는 곳. 젖과 꿀이 아니라, 술과 여자가 흐르는 땅. 토르투가^{Tortuga}는 어디 있을까? 이름처럼 거북이 모양인 이 섬은 히스파니올라 섬^{아이티＋도미니카} 북서쪽에 자리잡고 있는데, 포트 로얄과는 달리 지금도 구글 어스를 통해 확인할 수 있다.

당시 토르투가는 프랑스 계의 이주민과 스페인 군 사이의 다툼으로 묘한 중립 지역으로 남아 있었다. 또한 산으로 둘러싸인 북쪽의 철벽 아래, 천연 항구인 로셔 항^{fort de Rocher}이 남쪽으로 자리잡고 있어 해적들의 근거지로 삼기에 더할 나위 없이 훌륭한 입지를 제공했다. 1640년경부터 해적들의 소굴로 떠올랐는데, 프랑스 주도로 1,650명의 매춘부를 수입해 들여오면서 카리브 해의 라스베가스로 발전하게 된다.

훔쳐온 보석을 물 쓰듯 쓰고 술에 빠져 창녀와 놀아나는 것이 전부는 아니었다. 바다는 절대 호락호락하지 않고, 해적선 역시 정기적인 관리가 필요했다. 1년에 한번 정도는 배 밑바닥을 수리하고, 선체를 파고들어 기생하는 조개와 해초들도 제거해야 했다. '플라잉 더치맨^{Flying Dutchman}'의 선원들처럼 가재와 조개와 해초더미에 침식당해버리면 곤란하니까. 해적들은 토르투가를 선박보수와 새로운 인력수급의 장소로 활용했다. 우리 역시 해적이 되기 위해서는 이 섬에 찾아가 인력센터에 등록하는 게 가장 빠른 방법일 것 같다.

〈캐리비안의 해적〉 속에는 해적 선장 잭 스패로우에 대한 과장된 전설들이 갈매기처럼 흩어져 있다. 엘리자베스는 치졸하고 겁 많은 그를 보고 소리지른다. "사람들이 당신에 대해 말하는 건 뭐죠? 총 한 방 쏘지 않고 낫소^{Nassau}를 차지하고……" 여기의 낫소가 카리브 해 해적 삼각형의 마지막 꼭지점이다.

뉴프로비던스^{New Prividence} 섬, 현재 바하마 제도 중앙에 있는 도시 낫소는 1704년 영국에 의해 버려진 뒤 프랑스와 스페인의 공격을 받았는데, 1714년 해적 헨리 제닝스가 거점으로 삼으며 해적들의 본거지로 탈바꿈한다. 이곳 역시 주요한 무역 루트에 가까웠고, 얕은 해안은 대형 전투선의 접근을 막기에 용이했고, 천연 자원도 풍부했다. 검은 수염^{Black Beard}, 찰스 반^{Charles Vane}, 잭 래컴^{Jack Rackham} 등이 애용했는데, 1718년 우즈 로저스^{Woodes Rogers} 주지사가 도착하면서 해적들은 또 하나의 낙원을 잃어버려야 했다.

물에 잠긴 포트 로얄, 쓸쓸해진 토르투가와 달리 낫소는 가장 반짝거리는 모습으로 남아 있다. 어쩌면 비겁하게도 카리브 해를 대표하는 휴양지로 탈바꿈했는데, 〈007 카지노 로얄〉 등에서 그 모습을 확인할 수 있다. 국내 스포츠 브랜드로 '낫소'가 있는데, 스포츠 휴양지인 이 도시의 이름에 '더 낫다' 라는 한국식 발음을 겹친 것으로 보인다.

── 해적과 여해적의 지도

조니 뎁이 빚어낸 21세기의 해적 아이콘, 잭 스패로우 속에는 갖가지 해적들의 이미지가 복잡하게 뒤섞여 있다. 커피 산지로도 유명한 카리브 해의 여러 원두를 교묘하게 조합한 블렌드라고나 할까? 그를 통째로 입안에 넣고 우물거리며 과연 어떤 해적의 원두가 들어가 있는지 구별해볼까? 바탕에 깔린 바디^{body}의 감^感은 검은 수염의 외모, 그 위로 풍기는 달콤한 향기는 잭 래컴의 재간 혹은 비겁함, 혀 주위를 도는 신 맛은 윌리엄 키드^{William Kidd}의 불운, 가운데를 꿰뚫으며 마지막에 가슴에 꽂히는 쓴 맛은 롱 존 실버의 쓸쓸한 반항기라고나 할까? 그 하나하나를 뽑아내면 각각의 매력적인 지도가 드러난다.

해적사에서 가장 악명을 떨치고 있는 존재라면 '검은 수염' 에드워드 티크^{Edward Teach}를 꼽지 않을 수 없을 것이다. 티크는 『보물섬』의 지미 소년처럼 영국 브리스톨 항구에서 태어나 조국과 욕망이 원했던 대로 해군에 입대해 스페인과의 해전에 뛰어들었다. 그의 잔혹한 야성이 열대의 태양 아래 부글부글 끓기 시작하기까지는 그리 오랜 시간이 걸리지 않았다. 그리고 먼 이국의 바다에서 자신을 내친 국가에 대한 배신감이 거기에 기름을 퍼부었다. 1717년 세인트 빈센트 근처에서 프랑스 배를 빼앗아 40문의 대포로 무장한 검은 수염의 해적선 이름은 '앤 여왕의 복수^{Queen Anne's Revenge,}였다.

그는 별명처럼 긴 머리와 검은 수염을 치렁치렁 땋았는데, 조니 뎁처럼 이국적인 매력을 풍기기 위한 코디네이션이라기보다는 자신에 대한 신비적인 이미지를 만들기 위해서였던 것 같다. 그는 배를 습격할 때 머리 속에 감추어둔 심지에 불을 붙여 그 연기로 상대방에게 초자연적인 공포를 품게 했다. 허리띠에 여섯 자루 이상의 권총을 차고 다녔고, 자기에게 걸리면 뼈도 추리지 못한다는 악명을 계획적으로 만들어 간 것 같다.

소설과 영화에서는 언제나 해적과 정규군 사이의 맹렬한 포격과 육박전이 그려진다. 하지만 이는 그리 흔한 일은 아니었

전성기의 포트 로얄

캐리비안의 해적과 숨겨진 보물들

다고 한다. 아무리 해적들이라고 해도 자신들의 신체에 손해를 입히는 짓은 피하고 싶었을 것이고, 상대 배의 약탈품을 보존하기 위해서도 평화로운 굴복을 받아내는 게 훨씬 좋았다. 그래서 저마다 터무니없는 소문을 만들고, 보기만 해도 공포를 느낄 만한 허세를 피웠다. 검은 수염은 영국 전함인 스카보로 호^{HMS Scarborough}를 궁지에 몰아넣는 대성공을 거두고도 배를 도망가게 놔두었다. 그의 잔혹한 파괴적 본성이 잠시 주춤했던 걸까? "죽은 자는 말이 없잖아." 그의 계획대로 패잔병들은 검은 수염에 대한 엄청난 소문을 퍼뜨려주었다. 학창시절을 떠올려보라. 얼굴에 반창고를 붙이고 줄행랑을 쳐온 녀석들은 언제나 자신들이 골목길에서 최홍만 같은 괴물하고 싸웠다고 말한다.

검은 수염의 잔혹함이 항상 정답일 수는 없었다. 유럽제국은 해적에 대적하기 위해 함대의 숫자를 늘렸고 무역선들까지 튼튼하게 무장하면서 정면대결에서 해적들의 승산은 점점 떨어지게 된다. 그래서 정상적인 방법보다는 갖은 허풍과 속임수를 동원하며 보다 쉬운 먹이들을 노려야 했다. 해골이 그려진 깃발로 죽음의 사신처럼 보이도록 하는 것도 꽤나 그럴 듯한 이미지 전략이었다.

칼리코 잭 래컴^{Calico Jack Rackam}은 해적깃발을 대중화한 주역이다. 하지만, 그보다는 두 명의 맹렬한 여자해적을 거느린 선장, 그리고 그녀들과 대조적으로 비겁하고 나약한 해적으로 기억하는 사람들이 훨씬 많다.

영화 〈캐리비안의 해적〉에는 총독의 딸이었다 어둠의 바다로 뛰어든 여해적 엘리자베스가 등장한다. 현대의 할리우드가 만들어낸 환상일까? 영화 속에서 간간이 드러나듯이 실제 카리브의 해적들은 여자들이 배에 올라타는 것 자체를 금지시켰다. 하지만 말린다고 그만두면 해적이 아니게? 그 시대 카리브해에는 영화에서보다 훨씬 강렬한 카리스마를 지닌 여해적이 존재했다. 그것도 듀엣으로.

바하마의 주지사 우즈 로저스는 해적 퇴치에 지대한 공로를 세운 인물인데,

스티븐슨의 『보물섬』 지도와 삽화

1718년에는 해적사면령을 발표한다. 지친 해적들을 회유하기 위해서이기도 했지만, 그들을 다시 고용한다면 또다른 해적들과 싸우기에도 무척이나 용이할 것이기 때문이었다. 이때 비겁한 잭 래컴은 사면을 받기 위해 1719년 낫소 항에 들어온다. 그런데 거기에서 남편을 따라 서인도제도에 와 있던 아일랜드 출신의 앤 보니라는 여자를 만나 사랑에 빠지고 만다. 둘은 곧 애까지 가져 쿠바로 도망갔는데, 화난 앤의 남편이 주지사에게 그녀의 처벌을 요구한다. 주지사는 래컴에게 전 남편으로부터 앤을 구입하라는 타협책을 내놓고, 이 칠칠맞은 두 남자는 합의에 이른다. 그러나 앤이 가만있지 않았다. 내가 염소냐, 사고팔게? 그녀는 래컴의 귀를 잡아끌고 바다로 도망가 본격적인 해적질에 나선다.

래컴과 앤의 해적선은 몇 달 동안 주변의 어선과 작은 상선을 약탈하며 근근이 입에 풀칠을 했다. 해적의 규칙대로 붙잡힌 선원 중의 일부를 해적으로 받아들이기도 했다. 혼자뿐인 여해적 생활로 적지 않게 외로움을 느꼈을 앤은 그중 하나와 이상하게 마음이 잘 맞는 걸 알게 된다. 누구보다 친한 친구가 된 두 사람. 앤이 그 친구가 남장을 한 여자라는 사실을 알게 되기까지는 그리 오랜 시간이 걸리지 않았다. 메리 리드는 선장의 미망인인 어머니에게서 남자아이처럼 키워졌고, 남자인 척하며 수병이 되어 인도로 향하는 네덜란드 배를 탔다가 래컴의 해적선에 공격을 받았던 것이다. 앤과 메리의 여해적 생활은 다정했지만 그리 길게 가지 못했다. 래컴의 배가 정규 해군의 공격을 받은 것이다. 선장을 비롯한 모든 남자들은 재빨리 투항해버렸지만, 들고양이 같은 두 여자는 끝까지 저항하며 싸웠다고 한다.

두 사람은 1720년에 체포를 당해 재판을 받는다. 다른 해적들은 즉시 교수형을 당하는데 이들은 마침 임신 중이어서 판결을 유예받게 된다. 아이의 아버지가 누구인지는 밝혀지지 않았다. 흥미로운 것은 메리는 감옥에서 산욕으로 죽었지만, 앤은 죽었다든지 처형당했다든지 하는 기록이 전혀 남아 있지 않다는 사실이다. 때문에 실력자인 아버지의 도움으로 탈출에 성공했다는 풍문도 나돌게 된다. 정말 탈출해 뱃속에 있던 아이가 태어났다면 정말로 굉장한 해적이 되지 않았을까? 〈캐리비안의 해적〉에는 안나 마리아^{Anna Maria}라는 여해적이 나오는데, 앤 보니와 메리 리드의 이름을 합쳐 스페인 식으로 옮겨놓은 것 같다.

제국 사이의 휴전, 지진으로 인한 근거지의 붕괴, 줄어드는 먹잇감 등으로 해적들의 나날은 점점 곤궁해졌다. 해적들은 소탕선을 피해 카리브 해 바깥으로 넓게 펼쳐졌다. 오늘날 미국 땅인 사우스캐롤라이나의 찰스턴^{Charleston}은 해적들을 받아들인 극소수의 항구 중 하나. 검은 수염은 이곳을 통해 강을 거슬러올라 내륙에 여러 거점을 마련했다. 노스캐롤라이나의 바스 타운^{Bath Town}은 검은 수염이 말년에 기거했다가 전투 중에 죽은 곳이다. 오늘날에도 '검은 수염의 집'이라며 그를 기념하는 장소가 남아 있다.

또 다른 해적들은 대서양을 넘어 아프리카의 아이보리 코스트 지역에서 노예 상선을 공격했고, 그도 여의치 않자 희망봉을 돌아 마다가스카르 섬을 마지막 낙원으로 삼았다. 쾌적한 날씨, 독립된 거처, 더불어 친절한 지역민, 특히 여자들이 그들을 반겼고, 어떤 해적들은 아예 그곳을 왕처럼 통치하기도 했다.

사실상 해적들은 그 시대의 조폭이나 사악한 거머리 떼에 불과했는지도 모른다. 하지만 수백 년이라는 시간의 바다를 지나면서, 그들은 점점 로맨틱한 이미지를 얻어갔다. 국가의 지배를 벗어나 개인의 능력만으로 성공을 쟁취한다는 개인주의와 아나키즘, 그러면서 투표에 의해 의사를 결정하고 얻은 재산을 역할에 따라 분배하는 민주주의와 자본주의의 룰도 발견할 수 있다. 그렇지만 그 모두를 합친 것 이상으로 해적들을 이상화하게 만드는 환상이 있다. 야자수 그늘 아래 앵무새도, 후크의 갈고리 손도, 실버의 나무다리도 액세서리에 불과하다. 그러나 단 한 가지, 보물섬만은 빠뜨릴 수 없다.

—— 황금의 보물섬은 과연 어디에

바다의 시대에 유럽인들을 열대의 바다로 불러모은 황금의 전설은 하나둘이 아니다. 코르테스가 빼앗아낸 금은보화도 있고, 첩첩산중 어딘가에 있는 잉카의 황금도 있다. 그 모두가 악마의 숨결로 수많은 목숨들을 빨아들여 왔다. 열 개의 절벽 너머에 있는 수십 척 폭포, 살아서는 돌아올 수 없는 지하 유적, 사막 한가운데 있는 비밀의 동굴, 혹은 너무나 평범한 교회당 무덤 아래…… 모든 환상은 지도를 지니고 있다. 해적 윌리엄 키드는 여기에 '보물섬'의 지도를 더했다.

키드는 해적의 역사를 통해 가장 독특한 명성을 얻었다. '일곱 바다를 항해한 사람 중 가장 불행했던 남자'라는 평가가 잘 말해준다. 뉴욕 항을 거점으로 했던 그의 활약이 전혀 가치 없었던 것은 아니다. 하지만 곳곳에서 그는 남들은 평생 한 번 당할까 말까 한 불운을 수시로 만나야 했다. 그의 말년은 가장 극적이다. 히스파니올라를 항해 중이던 키드는 자신을 붙잡으려던 자를 겨우 따돌리고 뉴욕으로 돌아갔다. 동업자인 리처드 쿠테 주지사로부터 보호받으며 은퇴하려고 했던 것 같다. 뉴저지와 롱 아일랜드를 잠시 지난 뒤 보스턴에 입항한 키드. 그런데 자신을 환대하리라 여겼던 주지사는 바로 그를 체포해 런던으로 보내버린다. 당연히 사형. 풀리는 일이 없었던 키드는 교수형도 매끄럽지 못했다. 처음 맺던 로프는 몸무게를 지탱하지 못해 풀려버렸다. 바지에 갈긴 오줌이 부끄러웠을지 모르지만, 결국엔 처형당하는 데 성공했으니 그나마 다행이랄까.

이렇게 재수 없는 해적을 그리워하는 이유는 뭘까? 하나는 그 아둔한 순수성 때문이다. 그러나 다른 하나가 훨씬 중요하다.

"자네도 키드와 그 부하들이 대서양 연안 어디엔가 돈을 묻었다는 소문은 들어보았을테지…… 만약 키드가 자신의 약탈품을 숨겨두었다가 다시 파냈다면, 소문은 전혀 변하지 않은 채 오늘날까지 퍼지지 못했을 거야."

에드가 앨런 포의 〈황금벌레 $^{The Gold Bug}$〉에서 찰스턴에 살던 주인공은 근처 설리반스 아일랜드 $^{Sullivan's Island}$로 가서 윌리엄 렉랜드라는 기인을 만난다. 그리고 정말로 기발한 보물지도를 보게 된다. 양피지에 그린 해골모양을 닮은 황금벌레의 암호를 해독한 그들은 해적 키드가 숨겨둔 1천 4백만 달러 값어치의 보물을 찾아낸다.

"은화는 한닢도 없었다. 모두 다양한 종류의 고대 금화였다. 프랑스, 스페인, 독일 금화와 영국의 기니 금화 조금, 그리고 한 번도 보지 못한 것들도 있었다. …… 다이아몬드가 있었는데, 몇몇은 너무나 아름다웠고 모두 합해 110개. 조그마한 것은 하나도 없었다. 눈에 띄게 번쩍이는 루비가 18개, 아주 아름다운 에머랄드가 310개, 사파이어 21개와 오팔 하나가 있었다. …… 2백여 개의 커다란 반지와 귀고리, 금줄이 30개로 기억되고…… 황금향로 5개…… 보물의 무게는 150킬로그램을 넘었다. 그리고 이 계산에는 값어치가 높은 197개의 시계를 포함시키지 않았다."

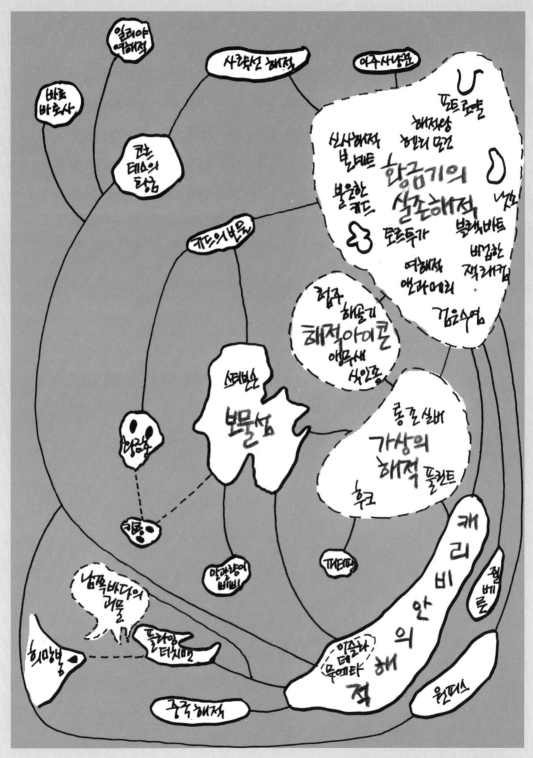

상상과 현실을 넘나들며 연결되는 해적의 바다지도

소설 속에서는 이렇게 그려지지만, 진짜 보물섬을 찾은 사람은 없었다. 그래서 수많은 풍문들이 사람들을 끌어들였다. 키드의 본거지였던 뉴욕의 롱 아일랜드를 비롯한 그의 마지막 항해의 경로는 모두 의심의 대상이 되었다. 검은 수염 역시 '악마와 나만 찾을 수 있는 곳'에 보물을 숨겨놓았다고 하는데, 그가 마지막을 보낸 사우스 캐롤라이나 강 속의 여러 섬들도 헛된 삽질의 명소가 되었다. 그 중에서도 가장 많은 사람들을 끌어들인 섬은 훨씬 북쪽으로 가야 한다.

캐나다의 오크 아일랜드는 가히 모든 보물에 대한 전설을 집대성해놓은 박물관 같은 곳이다. 이곳 해안에서 여러 보물섬의 전설에서 말하는 것과 매우 비슷한 지하갱이 발견되면서 이 풍문은 시작되었는데, 검은 수염과 키드는 물론, 아메리칸 전쟁 시기의 영국군, 스페인 함대, 잉카의 보물, 심지어 성배와 영국 철학자 프란시스 베이컨이 실제로는 셰익스피어의 희곡을 모두 썼다는 증거를 감추었다는 설까지 있다.

키드의 전설은 루이스 스티븐슨의 『보물섬』에도 결정적인 영감을 불러일으켰다. 여기에 나오는 보물섬은 가상의 해적 플린트^{Flint}가 보물을 숨겨둔 해골 섬이다. 〈황금벌레〉에서도 그랬지만, 미지의 섬들은 항상 죽음 근처의 이미지를 담고 있다. 〈킹콩〉의 섬은 인도네시아 수마트라 근처이지만, 역시 이름은 해골 섬이다. 〈캐리비안의 해적〉에 나오는 이슬라 데 무에르타^{Isla de Muerta; 죽음의 섬}도 해골모양으로 생겼다. '이미 알고 있지 않은 사람은 찾아갈 수 없는 섬'으로 잭 스패로우가 가지고 있는 신기한 나침반으로만 찾아갈 수 있다. 섬에는 코르테스가 아즈텍에서 강탈한 882개의 황금동전이 돌 상자 안에 들어 있다고. 그러나 함부로 보물에 손을 대서는 안 된다. 피를 흘려 얻어낸 황금에는 코르테스의 탐욕을 벌하는 저주가 깃들어 있다. 상자에서 동전 하나라도 꺼내는 영혼은 '영원'이라는 형벌을 받는다. 희미한 보물지도를 들고 그 바다를 찾아 떠도는 영혼들은 이미 벌을 받고 있는지도 모른다.

─── 플라잉 더치맨과 삐삐와 후크 선장의 남쪽 바다지도

불확실한 길을 따라 안개와 암초와 풍랑에 시달리며 미지의 바다로 나아가던 뱃사람들에게 온갖 미신과 속설은 선창의 고양이처럼 당연한 지참물이었다. 보물선을 약탈해 일확천금을 얻고 토르투가에서 환락의 밤을 보내다가도, 일순간에 선상 반란이나 전투선의 공격으로 불귀의 객이 될 수 있는 해적들에게 저주의 주문은 더 크게 들려왔으리라. 〈캐리비안의 해적〉에 나오는 유령선 '플라잉 더치맨'이 대표적이다. 원래 북유럽의 중세민담에는 악마와 영혼을 건 주사위 게임을 했다가 진 선장 때문에 영원히 항구로 들어가지 못하고 바다를 떠돌아다녀야 하는 유령선의 전설이 있다. 여기에 17세기 네덜란드에서 자바 섬까지 도무지 믿을 수 없는 속도로 항해해 간, 그래서 악마와 계약을 맺었다는 추측에 휩싸인 베르나드 포케^{Bernard Fokke} 선장의 이야기가 덧붙여져 더치맨^{네덜란드인}의 캐릭터가 만들어진다.

전설은 대체로, 암스테르담을 떠나 70년간 항해를 한 선박이 아프리카 남단 희망봉의 항구에 들어가려고 하지만 혹독한 날씨와 저주로 인해 영원히 항구에 들어가지 못하고 '심판의 날^{Judgement Day}'까지 바다를 떠돌아다닌다는 이야기다. 방랑하는 유령선의 괴담은 시인 하인리히 하이네, 작곡자 바그너, 소설가 워싱턴 어빙 등에 의해 다양하게 변형되고, 저주의 바다 역시 스코틀랜드나 노르웨이 해변 등 여러 곳으로 바뀐다. 잭 스패로우가 더치맨을 만나는 장소 역시 불확실하지만, 카리브 해에서 좀 더 남쪽으로 간 대서양 어느 곳인 듯하다.

〈캐리비안의 해적〉 버전의 더치맨에는 특별히 문어와 일체화한 데비 존스^{Davy Jones}라는 선장이 나온다. 보통의 더치맨 전설과는 조금 다르게, 그는 어느 여인과의 사랑에 실패한 뒤 스스로의 심장을 상자 안에 집어넣고 사랑과 고통도 느끼지 않은 채 영혼을 잃어가는 선원들과 함께 바다를 떠도는 존재로 그려진다. 우리의 〈별주부

전)처럼 바다의 전설과 연결된 존재들은 장기^{臟器}의 착탈^{着脫}이 자유로운가 보다. 데비 존스는 원래 해적들이 '바다의 악마'를 일컫는 별명이었는데, 선원들이 바다에 빠져 죽으면 '데비 존스의 라커^{Davy Jones' Locker; 바다 밑바닥}로 간다'고 한다.

다른 더치맨의 전설처럼 데비 존스는 뭍으로 올라가지 못하는데, 영화에는 그와 얽힌 두 개의 섬이 나온다. 하나는 잭 스패로우가 그를 피해 들어갔다가 식인종에게 쫓기는 펠레고스토^{Pelegosto} 섬. 또 하나는 데비 존스가 자신의 심장을 넣은 상자^{Dead Man's Chest}를 묻어둔 십자가 섬^{Isla Cruces}. 가상의 지명이지만 둘 다 도미니카(현재 아이티와 함께 히스파니올라 섬을 나눠 가지고 있다)에서 촬영되었다니, 토르투가에서 멀지 않은 바다로 여겨진다.

남쪽 바다를 지날 때는 항상 조심해야 한다. 그러나 다른 반가운 얼굴을 만날 수도 있다.

스웨덴의 말괄량이 소녀 『삐삐 롱스타킹』의 아버지가 선장이라는 사실이 기억 나는지? 롱스타킹 선장은 딸을 위해 남쪽 바다에 '뚱뚱하고 하얀 추장'이 있는 쿠레 쿠레두트^{Kurrekurredutt}라는 섬나라를 만들어놓았다. 삐삐는 비록 스웨덴의 집과 친구들 — 토니, 아니카 — 이 너무 마음에 들어 섬 나라로 이사 갈 거절하지만, 가끔 홉 토드^{Hoptoad} 호를 타고 해적놀이를 하며 섬으로 여행가기도 한다. 섬에서 그녀는 삐삐로 타 공주^{Princess Pippilotta}가 된다.

『보물섬』의 롱 존 실버와 함께 최고의 지명도 자리를 다투는 가상의 해적이 있다. 『피터 팬』의 후크 선장. 다리가 잘린 실버와 갈고리 손을 지닌 후크, 어쩐지 동병상련의 신세다. 뭔가 좀더 인연이 연결되어 있지 않을까? 『피터 팬』의 작가인 J. M. 배리는 『보물섬』의 작가인 스티븐슨과 학창시절의 친구. 배리는 『피터 팬』 시리즈를 통해 『보물섬』의 해적세계를 빌려온다. 실버는 바비큐, 혹은 '바다 요리사^{Sea}

^{Cook,} 라는 별명을 지니고 있었는데, 후크는 이 '바다 요리사를 두려움에 떨게 하는 유일한 인물'이라고 소개된다. 또한 검은 수염의 갑판장이었다는 경력으로 실존 해적 세계와도 연결된다. 심지어 피터 팬이 바비큐 ― 실버 ― 를 죽였다는 이야기도 있는데, 이 무책임한 만년 소년은 '기억이 나지 않습니다'라고 한다.

상상 속의 바다지도에는 온갖 해적과 보물섬과 유령선 들이 뒤엉켜 있다. 그 위에 나만의 보물섬 지도를 몰래 그려넣는다고 해도 누가 탓할까? 못 가지면 뺏는 게 해적의 본성이다. ⓜ

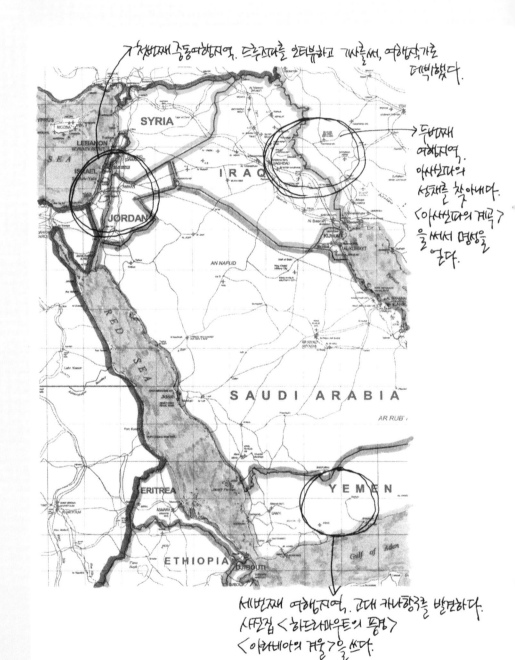

첫번째 중동여행지역. 다루저더를 오타부하고 기사를써, 여행작가로
데뷔했다.

두번째
여행지역.
아써피카의
성채를 찾아내다.
〈아써씬파의 계곡〉
을 써서 명성을
얻다.

세번째 여행지역. 고대 카나향로를 발견하다.
사진집〈하드래마우트의 풍경〉
〈아라비아의 겨울〉을 쓰다.

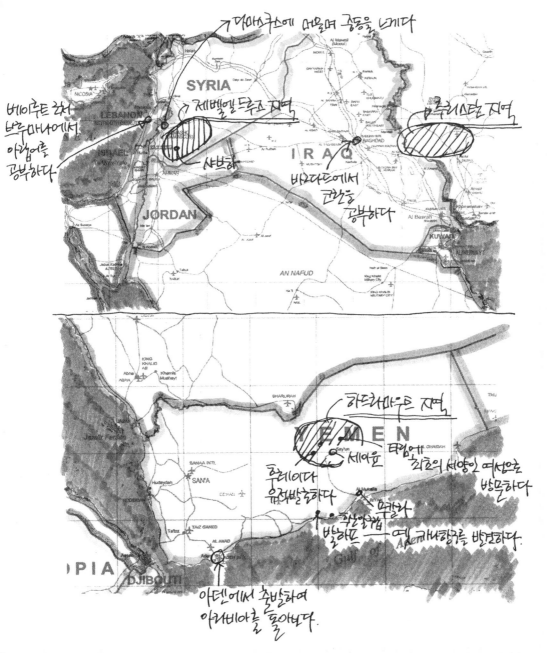

다마스쿠스에 머물며 공포를 느끼다

제벨알드루즈 지역

쿠르디스탄 지역

베이루트 거쳐 브루마사에서 아랍어를 공부하다

샤바하

바그다드에서 코란을 공부하다

하드라마우트 지역

세이윤

타림에 최초의 서양인 여성으로 방문하다

후레이다 유적발굴하다

무칼라

칼란시압 발하드 — 예 고대항로를 발견하다

아덴에서 출발하여 아라비아를 돌아보다.

©박사

1920년, 30년대의 중동은 미지의 땅이었다. 인류의 오랜 역사의 흔적을 품고 있으리라 짐작되었지만, 제대로 위치가 밝혀지지 않은 것들이 태반이었다. 유럽의 탐험가들은 지도 위에 손수 그려넣을 표식을 꿈꾸며 중동을 향해 떠났다. 그들은 스스로 문명의 더듬이를 자처했다.

공백으로 남겨져 있던 중동의 지도가 다채로운 색깔로 채워지게 된 과정에 프레야 스타크^{Freya Stark}의 공로를 짚지 않을 수 없으리라. 키 153센티미터의 작은 몸집에 허약체질이었던 그녀는 강인한 정신력과 친화력으로 중동 곳곳을 누비며 '중동여행자'에서 '중동전문가'로 거듭났다. 그녀의 여행기는 생동감 있는 묘사로 당시의 중동에 대한 관심과 만나 화학작용을 일으켰고, 그녀가 찬사를 불러일으키는 문필가로 인정받는 데 큰 몫을 했다.

프레야 스타크는 어린시절부터 자유분방한 부모를 따라 이곳저곳으로 옮겨가며 사는 생활에 익숙해져 있었다. 풍요롭지 못한 생활은 그녀가 여행 중의 척박한 환경을 견디는 데 도움이 되었고, 기회를 절대로 놓치지 않는 생명력을 갖게 해주었다. 그녀는 장수를 누리고 1993년, 1백 세 되는 해에 이 세상과 작별을 고했다. 여든아홉 살까지도 히말라야 산맥을 노새를 타고 다니며 누비던 그였다.

중동뿐 아니라 터키, 미국, 인도, 이집트 등 다양한 나라들을 여행했지만, 그녀가 사람들에게 인정받게 된 데에는 몇 회에 걸친 중동여행과 그 성과들의 역할이 컸다. 이슬람 비밀결사조직을 파헤치고 국립측량지도를 보완하는 자료들을 수집한 그녀의 열정적인 여행은 결국 2차 세계대전시 영국정보부에서 활동하면서 중동에서 단단히 한

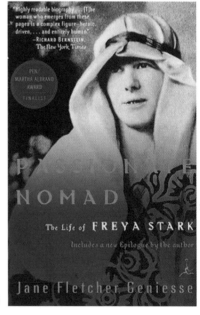

프레야 스타크 전기 『열정의 유목민』 표지

못하는 데 기반이 되어주었다.

───── 드루즈족의 심장부를 관통하여 여행작가로서 이름을 알리기 시작하다

첫 번째 중동여행은 그녀가 서른넷이었던 해 겨울, 1927년 12월이었다. 궁핍한 생활 가운데서도 오랫동안 아랍어 공부를 했던 그녀는 여비는 충분치 않았지만 누구보다도 '준비된 여행자'였다. 레바논의 베이루트에서 멀지 않은 작은 마을인 브루마나에서 아랍어를 공부하며 현지의 분위기를 마음껏 맡은 그녀는 이듬해 봄 다마스쿠스^{Damascus}로 건너가 이 오래된 도시를 샅샅이 구경했다.

여러 종교적 · 민족적 · 정치적 분파들 간의 반목을 가까이서 본 프레야는 그중에서도 시아파^{Shi`ah}와 수니파^{Sunni} 모두에게 배척당하는 독립심 강한 드루즈파^{Druze}에 흥미를 갖게 되었다. 그녀는 드루즈파가 격리되어 있는 위험한 산악거주지에 가보고 싶어했다. 당시 시리아를 지배하던 프랑스가 계엄령을 내려 출입을 막고 있을 뿐 아니라 그들 스스로도 배타적이고 적대적인 드루즈파의 심장부에 들어가는 것은 누가 보아도 무모한 일이었다. 프레야는 오래된 친구 베네티아 부디컴과 제벨엘드루즈, 즉 '드루즈 사람들이 사는 산'을 뚫고 지나가자는 위험천만한 계획을 세웠고, 5월 초 당나귀를 타고 드루즈파가 사는 곳을 향해 출발했다.

프레야 일행은 제벨엘드루즈의 한 가운데, 드루즈인들이 사는 마을에 도착하고 난 얼마 뒤에 프랑스 헌병대에게 체포되었다. 샤브하 주둔지에서의 정중한 심문은 유창한 프랑스어로 대답하는 프레야의 기지로 화기애애한 분위기가 되었다. 영국과 프랑스가 신경전을 벌이는 지역이니만큼 국제분쟁의 빌미가 될 위험은 짙게 도사리고 있었다. 그러나 전화위복, 오히려 프랑스군은 그녀들을 위험하지 않다고 판단하여 모든 드루즈파를 통틀어 높은 지위에 있는 족장 셰이크 아흐메드를 소개해주기까지 했다. 프레야 일행은 무사히 드루즈파의 사람들과 접촉하며 많은 얘기를 들을 수 있었고, 수다의 형태를 띤 인터뷰는 돌아와 한 편의 글로 정리되어 잡지에 실리게 되었다. 여행작가로서, 주목받는 문필가로서의 삶이 시작된 것이다.

—— **아사신파의 성채를 찾아내다**

두 번째 여행은 1929년 10월 말, 바그다드에 도착하면서 시작되었다. 지난 여행에서 아사신파^{Assassins}에 관심을 갖게 된 프레야는 돌아와 관련된 자료들을 찾아 공부를 했지만, 아사신파에 대해 알려진 것은 많지 않았다. '암살^{assassination}'이라는 단어의 어원이 될 만큼 중동과 유럽을 공포에 떨게 했던 이 사악한 종파는 결국 1273년 마지막 한 사람이 살해당하면서 역사 속에서 막을 내렸다. 알라무트^{Alamut}의 비밀계곡에 요새의 잔재가 남아 있다는 것을 알게 된 프레야는 1930년, 그곳을 향해 떠났다.

열흘 동안이나 바위투성이 절벽을 기어올라간 프레야는 결국 성채의 흔적을 찾았다. 알라무트에 자리잡은 요새, '카시르칸'을 방문한 사람은 사실 프레야가 처음은 아니었다. 그렇지만 프레야는 누구보다 꼼꼼히 측량하고 두루 살펴보았고, 자신이 본 것을 생생하게 써내었다. 이 요새에 얽힌 아사신파의 이야기는 흥미로운 것이었다. 그뿐 아니라 프레야는 이곳을 찾아가면서 여섯 개의 산을 새로 지도에 그려넣고 두 개 이상의 마을을 그려넣는 등, 당시의 지도를 채우고 오류를 바로잡았다.

프레야가 아사신파의 요새를 성실히 관찰하고 측량해낸 것도 굉장한 성과였지만, 프레야 개인의 입장에서 본다면 친절하고 온정적인 중동사람들과의 만남은 보물과 같은 것이었다. 그들은 여비가 단 2파운드밖에 되지 않는 그녀를 먹여주고 재워주고 온갖 이야기를 해주었다. 한 부유한 의사는 그녀에게 노새몰이꾼까지 빌려주기도 했다.

『아라비안 나이트』 원고

    그 다음해인 1931년 6월 다시 바그다드를 찾은 프레야의 목표는 지난번 여행 때 가지 못했던 라미아세르 성을 찾아보는 것이었다. 이곳은 다른 아사신파 성채가 항복한 뒤에도 오래도록 저항한 두 성채 중 하나였다. 라미아세르 성이야말로 프레야가 처음 발견한 곳이었다. 이번에도 정부의 지도를 보충하거나 오류를 잡는 등 많은 성과를 이루었지만, 말라리아에 걸려 죽을 뻔하기도 했다.

    그러나 의지의 프레야는 말라리아에서 어느 정도 회복되자 넘쳐오르는 호기심을 누르지 못했고, 결국 '아마도 페르시아에서 가장 미지의 지역'인 루리스탄^{Luristan}을 탐험한 최초의 유럽 여성이 되었다. 이 과정에서도 경찰에 붙잡히는 등의 우여곡절이 있었지만 그렇게 해서 만들어진 지도는 가치있는 것이었다. 그녀는 이때의 여행을『아사신파의 계곡^{The Valley of the Assassins}』이라는 책으로 써냈고, 이 책 덕분에 국립지리
학회에서 상을 받는 등 대중적인 찬사와 인정이 줄을 이었다.

─── 고대 카나 항구를 찾아내다

프레야가 그 다음 여행지로 선택한 곳은 예멘이었다. 1934년 11월, 프레야는
홍해를 내려와 아덴 항에 도착했다. 이미 유명인사가 된 뒤였기 때문에 그녀를 맞이
하는 사람들이나, 그녀를 보내는 사람들 모두 큰 기대를 걸고 있었다. 한달 뒤 증기
선을 타고 무칼라^{Mukalla}로 간 그녀는 그곳에서 당나귀를 구입하여 내륙으로 떠났다.
와디 도안의 오아시스에서 홍역에 걸린 프레야는 어느 정도 회복되자 일정을 강행했
다. 하자라인과 후레이다를 둘러본 그녀는 2월 중순 세이윤에 도착했다. 타림에서
그녀는 마을에 들어온 최초의 서양인 여성이었다. 그녀의 목표는 옛 무역의 중심지

프레야가 걸어 들어간
『아라비아 나이트』의 세계

지도는 지구보다 크다

였다고 추정되는 샤브와^{Shabwa}였는데, 컨디션이 급격히 나빠지는 바람에 결국 샤브와에 입성하지 못하고 급하게 대영제국의 폭격기에 실려 아덴으로 이송되어야만 했다. 실패한 여행이었지만, 그 덕분에 그녀는 국제적으로 더욱 유명해지게 되었다. 이 여행의 결과는 『아라비아의 남문^{The Southern Gates of Arabia}』이라는 책으로 남았다.

1937년 10월 고고학자인 게르트루드 카튼-톰프슨과 엘리너 가드너와 함께 다시 한번 아라비아로 떠난 여행은 순조로웠다고 할 수는 없지만 많은 성과를 냈다. 지난 여행처럼 아덴에 상륙하여 무칼라를 거쳐 와디 아무드의 작은 마을인 후레이다로 향한, 시작부터 어쩐지 삐그덕거렸던 여행은 일행간의 불화, 투병 등 온갖 일화들을 남겼다. 세이윤에서는 엘리너가 인후염과 열병에 걸렸고, 쉬밤에서 프레야는 이질이 도졌으며, 게르트루드는 열이 38.9도까지 치솟았다. 결국 프레야는 비행기로 후송되어야만 했다.

남은 두 학자는 후레이다에서 신전과 귀중한 유적들을 발굴하는 성과를 남겼고, 그들과 다시 합류했던 프레야는 일행과 헤어져 낙타를 타고 남부지역으로 향했다. 앗산에서 술탄이 파견한 대상 일행 속에 섞여 바다를 향한 그는 또 한번 죽을 위험을 넘기고 발하프^{Balhaf}에 도착했다. 주요 향로 무역로의 한 곁가지가 한때 비르 알리의 서쪽 어딘가로 해서 고대 카나 항구까지 이어졌다는 프레야의 학설은 이 여행으로 증명되었다. 프레야는 이 여행으로 사진집 『하드라마우트의 풍경^{Seen in the Hadhramaut}』과 『아라비아의 겨울^{A Winter in Arabia}』을 발간했다.

부자도 아니었고 미인도 아니었고 가족의 지원이 든든한 것도 아니었던 프레야. 체력이 강인한 것도, 학력이 충분한 것도, 품성이 온화한 것도 아니었던 프레야. 그녀가 결국 영국여왕에게 기사작위를 받는 위치에까지 오르게 된 것은 그녀의 불타는 호기심과 모험심, 그리고 철저히 공부하는 자세와 모든 것을 눈 크게 뜨고 받아들이는 자세 덕분이었을 것이다. 그녀가 작은 발을 놀려 부지런히 다닌 곳들은 그녀의 눈과 손을 통해 흘러나와 새로운 풍경이 되었다. 그녀가 '여행가'에서 '전문가'로 발돋움하는 과정은 우리에게 전문가의 소양이란 무엇인가에 대한 색다른 답을 내민다.

ⓟ

의지의 프레야는 말라리아에서 어느 정도 회복되자 넘쳐오르는 호기심을 누르지 못했고, 결국 '아마도 페르시아에서 가장 미지의 지역'인 루리스탄을 탐험한 최초의 유럽 여성이 되었다. 이 과정에서도 경찰에 붙잡히는 등의 우여곡절이 있었지만 그렇게 해서 만들어진 지도는 가치있는 것이었다.

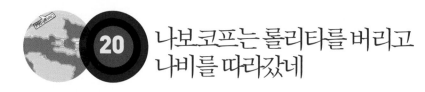

20 나보코프는 롤리타를 버리고 나비를 따라갔네

나비의 여정

비라Vyra의 영지 → 볼로그다Vologda → 비아트카Vyatka=Kirov → 페름Perm → 우랄Ural 산맥 → 야쿠츠크Yakutsk → 세인트로렌스St. Lawrence 섬 → 알래스카Alaska도슨Dawson → 로키Rocky 산맥 → 볼더Boulder

나보코프의 여정

7세 비라Vyra: 영지에서 잡은 나비를 놓치다 → 18세 크리미아Crimea: 볼셰비키 혁명으로 피신 → 20세 케임브리지Cambridge: 대학에서 공부 → 23세 베를린Berlin: 망명자 사회에서 시인으로 활동 → 38세 파리Paris: 아버지가 암살당한 후 러시아 이민과 알력 → 41세 맨해튼Manhattan, New York: 독일군을 피해 미국으로 → 42세 웰즐리Wellesley, Massachusetts: 대학강사직을 구함 → 43세 케임브리지Cambridge, Massachusetts: 강의와 나비 연구 → 47세 채집여행 중 볼더에서 나비를 따라잡다

NEW YORK

CAMBRIDGE

BOULDER

YUKON

DAWSON

ALASKA

St. Lawrence

VOLOGDAD

URAL

VYATKA

PERM

YAKUTSK

© 이명석

롤-리-타^{Lolita}. 인적 드문 숲 뒤에서 작은 눈을 반짝이고 있는 금기의 요정. 소녀는 내게 시선을 흘린 뒤 팔랑거리며 덤불 사이로 사라졌고, 허겁지겁 뒤를 따라가던 나는 나무둥치 속 구멍에서 이끼색 보자기를 찾았다. 보자기 안에는 당연하게도 비밀스런 사실이 감추어져 있었다. 더욱 당연한 일일까? 보자기는 양파처럼 겹을 더했고, 하나를 벗기면 다음 보자기가 나왔고, 그 안에는 더욱 놀라운 비밀이 자리 잡고 있었다. 전혀 연결되지 않을 듯 이어져 있는 비밀의 끈을 따라가며 나는 지도를 그리게 된다. 어느 나비의 궤적을 따라가는 몽롱한 지도였다.

처음 드러난 비밀은 쉽게 눈치챌 수 있는 종류였다. 세간에는 '롤리타'라는 이름이 유아성도착자들이 침을 질질 흘리고 들여다볼 포르노그래피와 동의어로 여겨지지만, 그 이름이 태어난 블라디미르 나보코프의 소설 『롤리타』는 20세기에 영어로 쓰인 소설 중 열 손가락 안에 드는 걸작이라는 사실이다. 이어 등장한 두 번째 비밀은 제법 놀랍다. 그 '영어'가 작가에게는 모국어가 아니었다. 작가 나보코프는 '자연스러운 내 말, 자유롭고 풍요하고 끝없이 온순한 러시아어를 버리고' '2류의 영어'로 이 작품을 빚어낸 서러움에 대해 말한다.

──── 유랑의 나보코프, 20세기의 비극

나보코프는 러시아에서도 알아주는 귀족 가문의 일원이었다. 상트페테르부르그^{Saint Petersburg}와 비라^{Vyra}의 영지를 오고 간 유년의 생활은 풍요로 넘쳐났고, 그의 주변엔 당대의 명사들이 그득했다. 자신에게 남겨질 지위와 재산만으로 여생을 보장받고도 남았다. 그러나 러시아혁명은 그를 일개 빈털터리 망명객으로 만들고 말았다. 그는 독일을 비롯한 유럽 곳곳의 러시아 망명자 세계를, 그 속에서도 아웃사이더로 전전했고, 미국으로 넘어가 영어로 쓴 소설로 세계적인 명성을 얻었지만, 결코 거기에

카를 슈피츠베크의 〈나비 사냥꾼〉(1840)

서도 안정을 얻지 못하고 스위스에서 남은 생을 보냈다.

여기까지라면 천재적인 작가들이 겪어온 몇몇 삶의 궤적에서 그 유사품들을 만날 수 있다. 유랑과 불운은 예술가들을 따라다니는 장식이니까. 가장 놀라운 세 번째 비밀이 여기에서 등장한다. 나보코프에게 문학은 단지 취미일 뿐이었다. 그가 인생에서 진정한 열정을 보인 것은 나비를 비롯한 인시류鱗翅類의 채집과 연구였다. 바람에 팔랑거릴 수밖에 없지만 결코 스스로의 아름다움을 포기할 수 없는 나비…… 나보코프는 그래서 문학보다 나비에게서 더 큰 운명의 동지애를 느꼈던 걸까?

나는 나보코프의 자서전 『말하라 기억이여Speak, Memory』에서 그와 나비가 함께 그린 작은 지도의 이미지를 만난다.

나보코프는 일곱 살 때 검은 반점, 푸른 총안聰眼, 황연빛 가장자리를 두른 검은 꼬리 위로 주홍색 눈 모양의 반점을 지닌 눈부신 연노랑 생물체를 발견한다. 이 나비는 그의 모자 속에 잡혔다 흘러나와 장롱 속으로 들어갔다. 가정교사는 농 안에 있는 나프탈렌으로 죽어버릴 거라 말했지만, 다음날 문을 열자 그녀의 얼굴을 향해 달려든 뒤 창문 밖으로 달아났다. 나비와 나보코프의 인연은 거기에서 끝나지 않았다. 나보코프는 러시아 혁명이 일어난 뒤 이민자의 신세로 북반구를 떠돌아다녀야 했다. 그리고 먼 훗날 이 나비와 운명적으로 재회했다고 한다. (사실인지 환상일지 모르지만, 적어도 그와 같은 생김새의 나비와 만난 것 같다.)

── 40년의 시간, 대륙과 대양을 넘어 만나다

니보코프는 일곱 살 때 그의 창을 떠난 나비가 먼훗날 자신과 다시 만나게 된 궤적에 대해 이렇게 기술하고 있다.

내 제비꼬리나비는 활기차게 날갯짓하여 가정교사의 얼굴로 날아들더니 활짝 열린 창문으로 달아났다. 이어 동쪽으로 높이 솟아오르는 금빛 조각이 되어 숲과 툰드라를 건너 볼로그다로, 비아트카와 페름으로 건너갔으며, 다시 황량한 우랄산맥 위를 날아 야쿠츠크와 베르흐네 칼림스크까지 갔고, 그곳에선 제 꼬리를 잃어버린 뒤 아름다운 섬 세인트로렌스로, 알래스카를 건너 도슨으로 간 뒤에, 이어 남쪽의 로키 산맥을 따라가다가 마침내 40년의 경주 끝에 볼더 부근의 특유한 포플러 나무 아래에 있는 이민자 민들레 위에서 따라잡혀 붙들리고 말았다.

나는 나보코프와 나비, 나-나의 40년에 걸친 숨바꼭질을 지도 위에 그려본다.

세계는
지구보다
크다 . .

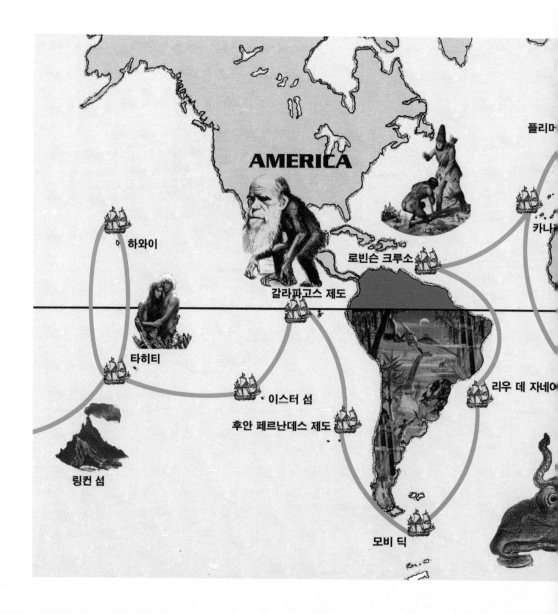

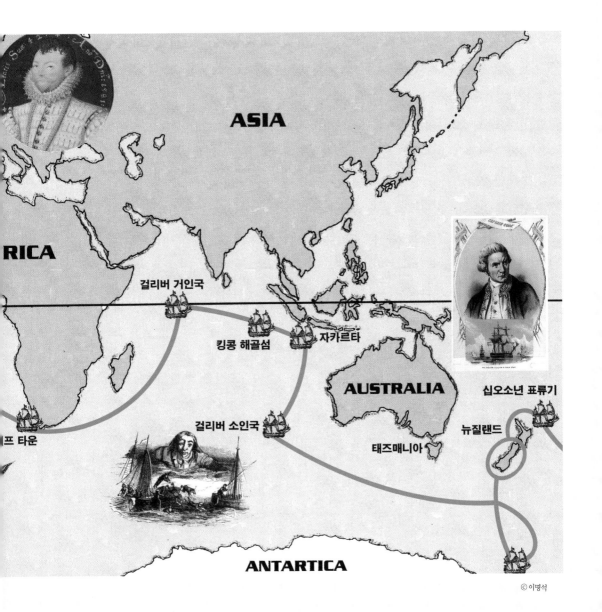

ASIA

RICA

걸리버 거인국

킹콩 해골섬   자카르타

AUSTRALIA

십오소년 표류기

걸리버 소인국

프 타운

뉴질랜드

태즈매니아

ANTARTICA

ⓒ이명석

바다는 소년을 부른다. 어른거리는 수평선 아래 황금 돛을 단 보물선, 벌꿀이 개울처럼 흐르는 무인도, 사악한 식인종의 손아귀에 잡힌 흑진주 같은 소녀를 숨겨두고 사이렌의 노래로 유혹한다. 어느 날 소금 냄새 가득한 바람을 맞거나 석양 속에 울리는 뱃고동 소리에 홀리면, 소년은 럼주에 취한 선원의 눈을 피해 배 밑창으로 숨어든다. 선창의 쥐떼에 물어뜯기고, 노예들과 사슬에 묶여 노를 젓고, 해적의 검은 깃발에 쫓기고, 고래 뱃속에서 나무인형과 부둥켜안고, 보름달 속에서 바스라져 버리는 황금 동전의 허무함을 배운 뒤에 소년은 수염 가득한 모습으로 고향에 돌아온다. 모든 것은 달라져 있다. 그러나 자신의 갈고리 손을 바라보는 또 다른 소년의 마음만큼은 잘 안다.

내게 그 처음은 언제였을까? 아테네의 피레우스 항구에서 만국기를 펄럭이던 수천 척의 요트를 보았을 땐가? 스페인의 발렌시아 항구에서 마요르카 섬으로 가는 배를 놓치고, 웅대한 자태의 막심 고리키 호를 질투의 눈으로 바라보았던 때인가? 아니다. 훨씬 오랜 기억을 거슬러올라가야 한다. 지직거리는 흑백 수상기 속에 외다리로 나타난 『보물섬Treasure Island』의 반역자 실버에게 반해버렸을 때, 친구들과 『십오소년 표류기Deux Ans de vacances』를 읽고 다락방에서 모형 배를 만들었을 때, 사이다 병에 얼기설기 적은 편지를 넣어 강물에 띄워 보냈던 때였는지도 모르겠다.

시속 8백 킬로미터의 속력으로 대양을 가로지르는 여객기에서, 나는 이제는 돌아갈 수 없는 바다의 시대를 향한 한없는 질투에 사로잡힌다. 구글 어스의 위성사진으로 세계 곳곳을 엿보면서 내 이름을 붙일 섬 하나 남아 있지 않다는 사실에 좌절한다. 그래도 내게 그 꿈을 대신할 수 있는 도구가 있다면, 오직 낡은 항해지도들뿐이다.

─── 『보물섬』의 선술집에서 길을 묻다

대항해시대^{大航海 時代}. 스페인과 포르투갈이 앞다투어 신대륙에 깃발을 꽂고, 무적함대를 물리친 대영제국이 새로운 바다의 왕자가 되고, 네덜란드의 영리한 상인들이 곳곳에 항구도시를 건설하고, 카리브 해의 해적들이 잉카에서 세비야로 향하는 보물선을 탈취해 안개 속의 해골 섬에 감추어두던 시대. 나는 미완성의 지도 한 장을 품에 숨기고, 그 시대 세계일주의 항해를 떠나는 선박에 올라타기로 했다. 상상과 역사속의 항해자들이 흩뿌려놓은 바다의 기억들을 나의 것으로 만들기 위해.

맨처음 찾아간 곳은 영국 하고도 런던의 서쪽 항구 브리스톨^{Bristol}. 허풍쟁이 걸리버와 외다리 해적 실버의 배들이 닻을 올린 곳이고, 언제나 내 마음 속에 공명하고 있던 모험의 출발점이기도 했다. 나는 먼저 항해를 위한 정보를 얻기 위해 항구 근처를 어슬렁거렸다. 그때 낯익은 간판이 보였다. 항구 근처의 여관 겸 선술집 어드미럴 벤보^{The Admiral Benbow}. 『보물섬』의 주인공인 짐 호킨스 소년의 고향 집이다.

"너 같은 애송이를 태워줄 배가 있을 것 같아?" 구릿빛 얼굴의 선원은 어이없다는 웃음을 지었다. "게다가 세계일주라니…… 나 참." 나는 여관의 급사로 일하는 소년에게 그 이유를 알아냈다. "남쪽의 플리머스^{Plymouth}로 가세요. 세계일주라면 영국 해군성의 직접 명령을 받은 배여야 하죠." 플리머스. 바로 영국에게는 전설, 스페인에게는 악마 무적함대를 물리친 프랜시스 드레이크가 1581~85년에 시장으로 있었던 항구도시다. 드레이크가 직접 세계일주를 감행한 배도, 다윈의 비글호도 이곳에서 출발했다. 그래, 그렇다면 내가 타야 할 배도 정해졌다.

제임스 쿡은 세계의 모든 대양을 세 번 항해하면서 그 이전 250년간의 항해가들이 발견한 것보다 더 많은 발견을 했다. 그는 괴혈병을 이겨냈고, 정확한 항해술을 남겨주었

으며, 비밀과 전설의 왕국이던 태평양을 지금 우리가 알고 있는
태평양으로 만들었다.…… 그는 평화로운 방법으로 역사상 그
어떤 인물보다 더 많이 세계지도를 바꾸었다.

『브리태니커 백과사전』이 침을 튀기며 칭찬하는 이 사
람의 배를 빼고 어떤 선택이 있겠는가? 어드벤처, 레절루
션,…… 제임스 쿡 선장이 이끈 배들 중 어느 것이라고는 말
못 하겠다. 나는 그를 설득해 세 번의 항해 중 가장 중요한 노
선을 따라갈 것이지만, 상상 속의 항해자들을 만나기 위해 가
끔은 길을 잃기도 할 것이다.

그 시대 사람들에게 세계일주는 일확천금을 거둘 기회
이기도 했지만, 위험 역시 만만찮았다. 요즘 신문의 경제 면
에서 '블루 오션^{Blue Ocean}'이라는 말을 자주 만나는데, 미지의
바다를 찾아가는 항해는 말 그대로 블루 오션을 향한 하이 리
스크의 벤처사업이었다. 이탈리아 제노바의 선원 콜럼버스는
스페인 왕을 꼬득였고, 해적 드레이크는 스페인 식민지에서
약탈한 보물의 절반을 여왕에게 바치고 기사작위를 받았다.
그렇다면 우리 쿡 선장의 후원자는 누구일까? 샌드위치 백
작! 그렇다. 밤낮으로 도박을 하기 위해 '샌드위치'를 애용
했다는 바로 그 쾌락주의자 존 몬터규가 당시 해군성의 실권
을 잡고 있었다. 그에게는 이 미지의 바다와 대륙을 찾아가는
항해 역시 꽤나 짜릿한 도박이었을 것이다. 쿡 선장의 배는
샌드위치 백작이 탄 요트의 환송을 받으며 플리머스 항구를

1 · 로빈스 크루소
2 · 쿡 선장

떠난다.

—— 제임스 쿡의 배를 타고 별을 찾아 떠나다

시작은 여유롭고 마치 유람하는 기분까지 들 정도다. 배는 포르투갈령 마데리아 제도에 잠시 머물러 물자를 충당하고, 아프리카 서쪽 해안 스페인령의 카나리아 제도에 이른다. 카나리아 제도라, 이름부터 '종달'거린다. 예쁘게 지저귀는 카나리아 새가 바로 이 섬 출신이고, 바나나를 비롯해 여러 열대의 산물 역시 여기에서 유럽으로 전해졌다. 생각만 해도 기분 좋은 섬이다. 하지만 우리 배는 섬 근처에서 머뭇거리기만 한다. 그때 둔중한 스페인의 갤리선이 나타나 '어디로' '무얼 하러' 가는지 물어본다. 절대 친절한 어조가 아니다. 갑판 위의 선원들 사이에는 팽팽한 긴장감이 돌고 있다.

대항해시대 세계일주를 떠난 선박들은 여러 목적을 지니고 있었다. 콜럼버스, 마젤란처럼 대놓고 신대륙을 발견하기 위해서라고 말하는 경우도 있었고, 드레이크처럼 스페인의 도시들을 약탈하기 위해서라고 뻔뻔하게 소리 지르는 경우도 있었다. 쿡의 시대에는 영국이 무적함대를 물리친 뒤 스페인, 포르투갈과 긴장 속의 평화를 유지하던 때다. 무턱대고 상대를 공격할 필요도 없었지만, 뭔가 구실을 줄 이유도 없었다. 특히 '지도제작'은 가장 큰 위험을 초래하는 말이었다. 학술탐사라는 명목은 염탐과 밀수를 위한 핑계임을 서로 잘 알고 있었고, 실제 쿡이 그린 남아메리카 동쪽 해안의 지도로 포르투갈령인 리우 데 자네이루 항구를 폭파할 수도 있었다.

스페인 군인과 우리가 나눈 대화는 이랬다.

"어디 가는 길이오?"

"남태평양에 갑니다."

"뭐하시려고요?"

"별 보러 갑니다."

"뭐, 별?"

쿡의 2차 세계일주 항해의 공식적인 목적은 '금성의 태양면 통과 측정'이었다. 태양계 행성의 움직임에 대한 중요한 관찰의 기회인데, 영국은 물론 남반구에도 관찰점을 하나 두어야 했다. 소문을 들자니 남태평양의 평화롭고 날씨 좋은 섬 타히티가 적당해 보였다. 말이 그렇다는 거지. 이렇게 엄청난 예산을 투자해 관찰할 만한 과학적 기회였다고 여겨지지는 않는다. 일단 해군성과 쿡은 그렇게 말을 맞추고, '알아서' 이런저런 목적을 수행해야 했다.

아쉽게도 우리는 카나리아의 노래를 한 소절도 듣지 못하고 서쪽으로 뱃머리를 돌렸다. 카나리아 제도는 스페인의 배들이 대서양의 거점으로 삼는 요충지다. 크리스토퍼 콜럼버스의 신대륙 항해선 역시 카나리아 제도에서 출발했다. 그런데 그 항해법이 지금 생각하면 유치하기 그지없다. 해상에서 위도의 측정은 어렵지 않다. 해가 뜨고 지는 것만 잘 관찰하면 된다. 하지만 경도는 '시간'의 문제이기 때문에 정확한 시계가 없었던 15세기에는 바다에서 정확한 경도를 측정하기란 불가능에 가까웠다. 그래서 콜럼버스는 같은 위도 위를 따라가는 직선항법을 택했다. "'지구는 둥그니까~' 카나리아 제도에서 무조건 서쪽으로 '자꾸 걸어(헤엄쳐) 나가면~' 아시아가 나올 거야."

과연 그럴까? 18세기 쿡의 배에는 비로소 제대로 된 정밀시계 크로노미터 _{Chronometer}를 지참할 수 있었지만, 콜럼버스의 추억을 되새기며 멕시코 만류에 몸을 싣고 서쪽으로 가보기로 했다. 무언가 육지가 나오는데 아시아는 절대 아닌 듯하다. 청명한 태양 아래 열대야자가 탐스럽게 열린 카리브 해다. 아름다운 섬 나라이지만 오래 머물 수는 없다. 잔혹한 스페인 전투선이 바닷길을 막고, 야비한 해적들이 좁은 섬과 섬 사이에 숨어 있다. 어서 남쪽으로 달아나는 게 낫겠다. 그렇게 해안선을 따라 남아메리카 대륙을 돌아가던 우리는 태풍을 만나 잠시 항로를 이탈한다. 겨우겨우 태양 아래로 돌아와 위치를 파악하니 오리노코 강 하구 근처의 바다를 지나고 있다. 그때 관측병이 작은 섬 쪽을 바라보라고 한다. 섬의 백사장에 모닥불이 높은 연기를 피우고 털북숭이 남자와 검은 원주민이 손을 흔들고 있다.

── 오리노코의 하구에서 로빈슨 크루소를 만나다

"나는 영국여왕의 충실한 시민, 이 섬의 총독이요."

남자의 이름은 로빈슨 크루소. 요크에 정착한 독일상인의 아들인데, 이 무인도에서 28년간 혼자 살아왔다고 한다. 아니 완전히 혼자는 아니다. 원주민 하나를 구해준 뒤, 프라이데이라는 이름을 붙이고 하인으로 삼았다고 한다.

우리가 리우 데 자네이루로 간다는 말을 듣고선 남자는 배에 태워달라고 간청했다. 섬에서 너무 오래 살아서 그런지, 쉴새없이 자신의 무용담을 떠들어댔다. 로빈슨 크루소는 "바다로 나가면 넌 세상에서 제일 비참한 신세가 될 것"이라는 아버지의 말을 무시하고 선원이 되었던 작자다. 1651년 친구와 처음 배에 오르는데, 곧 폭풍이 일어 돌아온다. 다시 아프리카로 향한 배에 올라 제법 성공을 거두는데, 이번에는 터키해적들의 포로가 되어 모로코의 살레 항구로 잡혀간다. 거기에서 무어인 청년 수리[Xury]와 함께 탈출해 포르투갈선박에 구조되어 브라질로 간다. 여기에서 사탕수수와 담배를 재배해 제법 부를 축적하는데, 농장이 커지다 보니 일손이 모자라게 된다. 그래서 농장의 노예를 얻기 위해 아프리카로 가는 배를 탔다가, 그만 폭풍우 속에 난파해 다니엘 디포의 소설 〈난파선의 유일한 생존자로 오루노크(오리노코) 강 어귀의 아메리카 해안 무인도에 떠밀려가 혼자 28년을 살다가 마침내 놀랍게도 해적들에 의해 구출되기까지의 요크 출신 뱃사람, 로빈슨 크루소의 일대기와 기이하고 놀라운 모험담 ― 주인공의 생생한 수기〉의 주인공이 된다.

배는 남쪽을 향해 순항을 계속하는데, 위도를 측정하던 항해사가 우리에게 '썩은 미소'를 날린다. "적도야. 이제 곧." 무슨 말인가 했더니, 수병들이 우루루 달려와 모포말이 하듯 우리를 밧줄로 꽁꽁 동여맨다. 말로만 듣던 적도 통과 의례. 처음 적도를 지나는 항해자들은 ― 신성한 지구의 허리띠를 통과하는 기념으로 ― 등받이 없는 의자에 묶인 채 차가운 바닷물에 세 번 떨어져야 했다. 어느 신사분은 면제를 받기 위해 4일분의 럼주 배급권을 포기했다. 거기에 그의 애완견 몫까지 더해야 했다. 아니면 그의 그레이하운드는 상어와 대화하는 법을 배워야 했으리라.

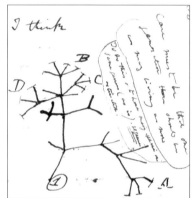

드디어 로빈슨 크루소가 한몫 단단히 잡았다는 리우에 도착했다. 까칠한 포르투갈군인들은 영국해군함의 입항을 거절했다. 몇 명만이 보트에 몸을 싣고 항구를 향해 떠났다. 멀리 보이는 항구는 꿈과 좌절의 배들로 분주했다. 당시 가난한 유럽인들은 플랜테이션 농장의 주인이 되기 위해 아메리카로 내달려왔다. 원조 '아메리칸 드림'이다. 그들의 농장을 위해 아프리카의 흑인노예들이 원조 '아메리카의 나이트메어' 속으로 실려 들어오고 있었다.

지구의 끝 파타고니아^{Patagonia}를 지나, 배는 차디찬 남쪽 끝 바다로 들어선다. 멀리서 천둥 치는 것도 아니고 독수리가 우는 것도 아닌 괴성이 들려온다. 이 남쪽 비다는 예부터 기대 오징어 같은 괴물들의 바다로 알려져 있다. 어디서 괴수라도 나타나지 않을까?

다윈과 그가 그린 스케치

왜 아니겠나? 배가 크게 휘청거리더니 보랏빛 물보라를 튕기며 하얀 괴물이 물속에서 튀어나왔다. "저게 뭐죠?" 나는 분주히 갑판 위를 뛰어다니는 장교를 붙잡고 물어보았다. "정말 몰라?" "문어인가요? 바다 괴수? 유령 물고기?" 장교는 나의 뺨을 철썩 때리더니 말했다. "어서 배 밑으로 꺼져. 딕이야. 모비 딕^{Moby-Dick}."

집채만한 하얀 고래는 한동안 우리 배 주위를 뛰어다니더니, 맹렬한 포경선에 쫓겨 빙산 사이로 사라졌다.

우리가 지나는 칠레 남쪽 해안의 모하^{Mocha} 섬 근처에는 1830년대 실제로 거대한 알비노 고래가 살았다고 한다. 이름하여 모하 딕^{Mocha Dick}. 바로 『모비 딕』의 모델로 여러 번 포경선과의 싸움을 버텨나가다 죽임을 당했다. 작가인 허먼 멜빌은 이 하얀 고래의 전설에, 자신이 1841~42년 포경선의 선원으로 항해한 체험을 섞어 역사상 가장 위대한 해양소설을 창조해냈다.

아메리카 남단의 혼곶^{Cabo de Hornos}을 돌아 태평양에 들어선다. 1520년 포르투갈의 탐험가 마젤란은 98일 동안 이 대양을 항해해 오늘날의 괌과 세부에 이르렀다. 당시까지 이 미지의 바다는 그저 '남쪽 바다'라고만 불렸는데, 마젤란은 자신의 항해 동안 너무나 평온한 날씨가 이어진 데 감탄하며 태평양^{太平洋, Mare Pacificum}이라 이름지었다. 하지만 태평양은 그렇게 만만한 곳이 아니다. 우리의 배는 다시 한번 폭풍에 휘말려 북쪽으로 이끌려 들어간다. 칠레 연안의 후안 페르난데스 군도다.

원래 『로빈슨 크루소』의 모델이 된 스코틀랜드 뱃사람 알렉산더 셀커크가 살았던 무인도는 바로 여기에 있었다고 한다. 디포가 소설로 개작하면서 유럽에 좀더 가깝고 온갖 판타지가 섞인 카리브 해로 무대를 옮겨놓은 것이다. 『로빈슨 크루소』의 철학적 패러디로 1960년대에 발표된 미셸 투르니에의 『방드르디^{Vendredi}』는 다시 무대를 원래의 자리로 옮겨왔다. '방드르디'는 프랑스어로 '프라이데이'를 뜻하는 말로, 그 제목에 나설 만큼 똑똑한 원주민인 방드르디는 더 이상 유럽백인의 멍청한 노예로 살아가지 않는다. 카리브 해의 크루소, 칠레 연안의 방드르디, 어느 쪽의 손을 들어주느냐는 당신에게 달렸다. 그 전에 잠깐. 이 군도에는 현재 공식적인 '로빈슨 크루소 섬'이라는 지명이 있다. 1960년대 샌프란시스코와 쌍벽을 이룬 히피 문화의 본거지다.

우리의 배는 해안선에서 점점 멀어지며 북서쪽으로 항로를 잡는다. 그리고 황량한 바위투성이에 이상한 거북이들이 기어다니는 섬에 누군가를 내려놓는다. "저 사람은 누구죠?" 나의 말에 어느 장교가 대답한다. "찰스 다윈이라는 미친 과학자야. 섬에서 이상한 새와 거북이들을 잔뜩 잡아다가 배의 창고를 어지럽혀놓는 놈이지. 원숭이가 인간의 선조라는 헛소리를 한다나?" 그렇다. 이곳은 갈라파고스 제도다. 1831~36년 비글호에 올라탄 찰스 다윈이 진화론의 여러 증거들을 찾아낸 땅이다.

아무튼 신기한 바다와 희한한 땅과 별스러운 짐승들이 가득한 여행이다. 거대한 석상들이 솟아 있는 이스터 섬에 와서는 우리가 모르고 있는 문명들은 또 얼마나 많을까 싶은 마음에 무기력해지기까지 한다. 나의 이런 감상에는 아랑곳하지 않고 선원들은 히히덕거리며 항해를 재촉한다. 고향은 아직 멀었을 텐데 뭐가 그렇게 좋을까?

——— 타히티에서 남태평양의 낙원을 꿈꾸다

과일나무는 태양 아래 춤추고, 새들은 그늘 아래 속삭이고, 물고기는 개울에서 노래하네. 자연의 보화 속에서 악도 편견도 마음의 갈등도 없이 노니는 사람들. 남자도 여자도 서로 지배하고 지배받을 줄 모르며, 사랑하고 사랑받을 줄만 아네. 섬은 그 자체로 신전이라.

1766~69년 프랑스 최초로 세계일주 항해를 한 부갱빌^{Louis-Antoine de Bougainville}은 그

후 수백 년간 유럽인들의 마음을 지배하게 될 지상낙원의 이미지를 만들어낸다. 뉴질랜드, 하와이, 이스터 섬을 잇는 삼각형 지역의 폴리네시아인들은 비교적 밝은 색의 피부에 멋진 몸매를 하고 '티모도레' 라는 선정적인 춤을 즐겼다. 그들을 찾아온 유럽인들에게도 매우 관대했다. 특히 성적인 면에서. 소시에테 제도의 '타히티^{Tahiti}' 는 풍요로운 자연 속에서 아름다운 남녀들이 성적인 자유를 마음껏 누리는 이상향이었고, 오랜 항해에 지친 뱃사람들에게는 더할 나위 없는 행복을 전해주는 몸과 마음의 안식처였다.

　낙원을 동경하는 여행은 뱃사람들의 몫만은 아니었다. 수많은 지식인과 예술가들이 타히티를 확인하기 위해 항해해왔는데, 그 중 가장 유명한 이름은 1891년 영감을 잃어버린 유럽의 삶을 뒤로 한 채 열대의 낙원을 찾아 배를 탄 화가 고갱이다. 카리브 해의 마르티니크와 파나마를 거친 그가 마지막으로 도착한 곳이 바로 타히티.

The director of "Grease," Randal Kleiser, brings to the screen a sensual story of natural love.

Two children, shipwrecked alone on a tropical island. Nature is kind. They thrive on the bounty of jungle and lagoon. The boy grows tall. The girl beautiful.

When their love happens, it is as natural as the sea, and as powerful.

〈블루 라군〉

　그는 '물고기와 과일 속에서 살아 있다' 는 것을 느끼며, 원시적인 화풍으로 폴리네시아의 풍광과 사람을 마음껏 캔버스에 옮겼다. 1908년에 나온 소설 『블루 라군^{Blue Lagoon}』은 이 벌거벗은 낙원을 풋과일 같은 로맨스로 형상화했고, 브룩 쉴즈 주연의 영화 〈푸른 산호초〉로 그 이미지를 이어왔다.

　나와 가까워진 하사관은 몇 마디 원주민 어를 가르쳐준다. "어떻게 지내 / 우리는 친구다 / 너 예쁘다 / 네가 좋아." 이거면 충분하단다. 그리고 선물로 줄 동전, 못, 유리구슬, 거울을 챙겨두라고 한다. 우리의 시덥잖은 짓거리를 보던 쿡 선장이 혀를 차며 말한다.

　문명인이라고 자칭할 뿐만 아니라 기독교 신자라고 여기는

고갱이 그린 타히티

우리 유럽인들은, 부끄럽게도 원주민들의 도덕을 파괴하고 이들이 전에 몰랐던 욕망을 일깨우고 질병을 전파한 셈이다.

쿡 선장은 스페인 사람들이 아메리카 대륙의 원주민을 총과 전염병으로 몰살시킨 것처럼, 자신 역시 남태평양의 평온한 삶을 파괴할 수 있다는 사실에 괴로워했다. 어느 정도는 사실이고, 좀 지나친 점도 있다. 가장 큰 걱정거리였던 매독과 같은 성병은 열대병의 일종으로 태초부터 그곳에 있었다. 고갱도 그 열대의 병으로 죽었다.

타히티의 처녀들을 뒤로 한 채 우리의 배는 끝도 없이 남쪽으로 내려간다. 당시 유럽대륙에는 미지의 남방대륙Terra australis incognita에 대한 환상이 널리 퍼져 있었다. 사실 샌드위치 백작과 해군성의 가장 큰 목적은 이 대륙을 발견하는 것이었다. 유럽은 높은 위도에 있으면서도 난류 덕분에 사람들이 살아갈 수 있다. 남쪽의 같은 위도에도 해류의 도움으로 문명을 꽃피울 만한 큰 땅이 있지 않을까? 그렇다면 스페인과 포르투갈인들이 아메리카의 황금을 파내며 떵떵거린 것처럼 영국에도 큰 축복이 되리라.

쿡 선장은 2차 항해 때 일행들과 선원들의 불평에도 불구하고 무모하리만큼 남쪽 바다를 유랑한다. 그의 마음속에는 남방대륙에 대한 기대는 거의 사라졌다. 그럼에도 그는 확인해야 한다고 생각했다. 아이들은 꿀항아리를 뒤집어 바닥을 보여주지 않으면, 여전히 항아리에 꿀이 남아 있다고 졸라댄다.

이번에는 남방대륙이 존재할 거라는 망상에 종지부를 찍으리라. 꿈을 꾼다는 건 인간의 본능이다.…… 그러나 망상은 안 된다. 인간은 망상을 없애버리도록 힘써야 하며, 그 일에 기여한다는 것이 나의 욕심이자 자부심이다.

그가 유랑 중에 남방대륙을 찾지는 못했더라도 쥘 베른의 소설 『신비의 섬^{The Mysterious Island}』에 나오는 '링컨 섬'을 발견할 수 있었을지는 모른다. 『해저 2만리』의 잠수함 노틸러스 호와 네모 선장의 비밀기지인데, 뉴질랜드 동쪽 2천 5백 킬로미터로 쿡의 항해로와 겹치는 것으로 보인다.

남방대륙을 깨끗이 포기하고, 우리는 다시 서쪽으로 항해해 뉴질랜드를 만난다. 이 세상 어디 쿡 선장의 발길이 닿지 않은 곳이 있겠냐만, 쿡 선장을 가장 기리는 땅이다. 쿡 이전에도 이곳을 찾아온 유럽의 항해자들이 없지는 않았다. 하지만 쿡은 뉴질랜드가 대륙일지도 모른다고 기대하며 꼼꼼하게 해안선을 그려나갔다. 그의 지도로 인해 이 땅은 비로소 '발견'된 것이다.

── 표류당한 십오소년을 만나 민주주의를 묻다

우리는 이 부근의 섬에서 한 무리의 소년들을 구해낸다. 뉴질랜드에서 살고 있던 영국, 프랑스 출신의 아이들인데, 해양학교를 위해 배에 타고 있다가 어른 선원이 하나도 없는 사이에 닻이 풀려 낯선 섬에 표류해버렸다고 한다. 쥘 베른은 권력과 부패로 오염된 유럽을 떠나 깨끗한 백지와 같은 땅에서 새로운 민주주의의 세계를 건설하기 위한 꿈을 『십오소년 표류기』의 소년들에게 걸었던 것 같다. 소년들은 자기들끼리 싸움을 벌이기도 하지만, 어떤 어른들보다 훌륭히 새로운 사회를 만들어갔다.

그래도 아이들은 어쩔 수 없다. 배에 올라타서는 지도를 보여주며 자기들이 지은 지명들을 자랑해댔다. 지도 위에 자신의 이름을 붙일 수 있는 특권은 세계일주라는 고된 여정을 겪어간 선원들에게는 커다란 위로이자 명예였다. 우리는 오늘날의 지도에서 쿡의 동반자들의 이름을 적지 않게 발견할 수 있다. 조지 왕, 샬럿 왕비, 해군성 위원…… 견습선원 닉 영까지 넉넉히 돌아간다. 후원자 샌드위치 백작의 이름은 하와이를 포함한 '샌드위치 제도'에 붙여졌다.

오스트레일리아 남쪽을 돌아가니 태즈매니아^{Tasmania}가 나온다. 역시 이 섬을 발견한 태즈만의 이름을 붙인 것인데, 여기에서만 사는 '태즈매니언 베어'가 세계에서 가장 못생긴 동물로 일컬어지기 때문에 태즈만 씨 역시 추남이 아닐까 상상하게 된다. 이름도 잘 붙여야 한다.

당시 세계일주 항해에서는 선원의 2/3 정도는 살아 돌아오지 못하는 게 당연했다. 모진 풍랑과 원주민의 공격 같은 것도 있었지만, 가장 큰 적은 '병'이었다. 쿡 선장이 괴혈병을 막기 위해 선원들에게 매주 세 번 절인 양배추를 먹도록 한 조치는 항해역사에 길이 남을 업적이다. 쿡은 배의 위생에 있어서도 강박적인 명령을 내렸다. 매주 한 번씩 배 전체를 청소하고, 식초와 폭탄의 혼합물로 훈증하고, 폭풍이 칠 때를 제외하고는 해먹을 매일 상갑판으로 옮겨 일광 소독해야 했다.

오스트레일리아 서쪽으로 항해해 갈 때, 나는 모포를 들고 햇볕을 쪼이러 갑판으로 올라갔다. 오랜만의 따스한 날씨라 노곤해졌는지, 잠시 모포로 몸을 감고 잠이

들었다. 그러다 벼락 치는 소리에 놀라 깨어보니, 때 아닌 풍랑에 쿡의 배는 저 멀리 날아가고 나는 모포를 타고 하늘을 날고 있는 게 아닌가? 잠시 혼절했다 다시 눈을 떠보니, 온몸이 밧줄로 묶인 채 바닷가에 누워 있었다. 그리고 손가락만한 인간이 나의 눈꺼풀을 가시로 찔러댔다. "야, 일어나." 뜻밖에도 그 소인들은 영어로 물어왔다. "너, 걔 친구지." "누구요?" "걸리버 자식 있잖아. 여기 왔다가 사고치고 도망간 놈."

──── 걸리버를 따라 남쪽 바다를 헤매다

1699년 앤틸로프 호에 타고 있던 의사 걸리버는 남쪽 바다에서 동인도제도로 가다 반 디맨스 랜드^Van Diemen's Land (현재의 태즈매니아) 서북쪽의 남위 30도 2분 근처에서 표류한다. 그리고 눈을 뜬 곳이 그 유명한 소인국 릴리푸트^Lilliput였다.

나는 소인국 건설사의 외주를 받아, 몇 개의 건물을 지어주며 하루하루 목숨을 연명했다. 그러던 어느 날 대신에게 이끌려 궁으로 들어갔다. 그리고 온갖 오물로 더럽혀진 나의 모포를 발견했다. 전날 밤 왕이 그 위에서 3천 궁녀와 파자마 파티를 했다고 한다. "네 거니까 네가 빨아." 대신의 말에 짜증이 난 나는 공중에 대고 모포를 있는 힘껏 흔들어 먼지를 털었다. 그러자 상상하지도 못한 돌풍이 불어왔다. 나를 지키고 있던 병사들은 사방으로 튕겨나갔고, 나는 하늘로 솟구치는 모포 끝을 잡고 금세 구름 위로 치솟았다. 다시 정신을 차렸을 때는 알 수 없는 마법의 힘으로 쿡의 배에 돌아와 있었다. 나는 동료들에게 나의 모험에 대해 말했지만, 다들 "아무렴" 하며 놀란 척도 안 했다. 얼마 뒤 의사가 찾아와, 내가 몸이 허해서 헛것이 보이는 거니 양배추 주스를 식전 식후에 1리터씩 마시라고 처방전을 적어주었다.

배는 어느새 그나마 익숙한 땅인 아시아로 들어섰다. 눈이 휘둥그레질 만큼 분주한 이 도시는 자카르타. 네덜란드 사람들이 고향인 암스테르담처럼 만들어놓은 운하의 도시다. 나는 이곳에서 뉴욕에서 찾아온 영화 제작자들과 어울리게 되었다. 그들은 '수마트라의 먼 서쪽'에 있다는 '해골 섬'을 찾아간다고 했다. 거대한 고릴라인 〈킹콩〉이 살고 있는 땅이란다. 나도 이제 웬만한 일에는 놀라지도 않게 되었다. 그들은 풍랑 속에서 길을 헤매다 지도 위에 있던 '커피 얼룩'이라고 여겼던 거대한 해골 모양의 섬을 찾아낸다.

킹콩 시리즈의 배후 이야기에 따르면, 킹콩이 죽은 뒤 이 섬은 레거시 계획^{Project}^{Legacy}에 의해 좀더 탐험된다. 그러나 1948년 진도 9.2의 강진으로 바다 속으로 사라져버린다. 최근 인도네시아를 휩쓴 쓰나미와 강진으로 해골 섬이 다시 물 위로 올라오지는 않았을까?

신세계의 탐험선에는 거의 언제나 생물학자들이 동승했다. 그들은 과학의 발전을 위해, 그리고 사람들의 호기심을 위해 숱한 동물과 식물을 배 밑바닥에 실어왔다. '킹콩' 정도의 인기스타라면 긴 항해의 비용을 상당 부분 충당해주었으리라. 코끼리, 악어, 거대한 뱀뿐만 아니라, 원주민들도 꽤나 관심을 끌었다. 쿡 선장 역시 2차 항해 때 남태평양의 원주민 오마이를 통역관을 겸해 데리고 다니다 영국까지 모셔온다. 그를 집에 데려다주는 게 3차 항해의 주요 목적 중 하나였다.

해골 섬에서 인도양을 지나 좀더 서쪽으로 가면, 킹콩 족속의 본거지가 나온다. 걸리버 여행기의 거인국 브롭딩나그^{Brobdingnag}이다. 1702년 다운즈의 어드벤처 호를 올라탄 걸리버는 마다가스카르 섬 북쪽, 적도 부근에서 2천 4백 킬로미터 정도 동쪽으로 날아가 거인들의 나라에 떨어졌다고 한다.

배가 아프리카 최남단의 항구도시 케이프타운에 들어서자, 뱃사람들은 고향에라도 돌아온 듯 안도의 한숨을 내쉰다. 희망봉을 돌아 인도와 중국으로 가는 길을 처음 발견한 사람들은 포르투갈인들이지만, 여기에 항구도시를 만들어 거점으로 삼은 것은 네덜란드인들이었다. 그들은 자카르타와 마찬가지로 여기에서도 항해에 필요한 모든 것을 제공해주었다. 하지만 이 뱃사람의 안식처에 들어오지 못해 영원한 방랑생활을 하는 자가 있으니, 바그너의 오페라와 〈캐리비안의 해적〉으로 잘 알려진 플라잉 더치맨이다. 이 가련한 네덜란드인은 심판의 날이 올 때까지 케이프타운의 앞바다를 헤매 다녀야 한다.

케이프타운에 들어서면 선장과 모험가들은 항해를 정산하고 기록하는 일로 바빠진다. 벌써부터 소문을 듣고 몰려온 기자 나부랭이들이 온갖 과장과 추측으로 엉터리 기사를 전송할 게 뻔하기 때문에 고향에 도착하자마자 항해의 결과를 또렷하게 알려주어야 한다. 나폴레옹이 유배되었던 세인트헬레나 섬을 지나갈 즈음에는 벌써 우리의 항해에 대한 헛소문들이 퍼져 신문으로 나오고 있다. 생물학자들은 그 동안 채집한 새로운 종의 식물들을 정리해 스웨덴의 린네 선생에게 라틴어로 편지를 쓴다. 다윈 역시 이 마무리의 항해에서 갈라파고스 제도의 생명체에 대한 깊은 의문에 빠져들었다고 한다.

—— 희망봉을 돌아가며 내 마음의 항해지도를 그리다

나는 이 벅찬 세계일주의 지도를 어떻게 그려야 할지 모르겠다. 나와 비슷한 관찰자의 입장으로 세계일주의 항해에 참여한 친구의 도움을 받아볼까? 식물학자였던 아버지를 따라 쿡의 2차 항해에 함께했고 뒤에 작가가 된 게오르크는 쿡 선장에게 '마음의 항해지도'에 대해 물어봤다고 한다. 그러자 쿡은 이렇게 답했다.

나는 여러 대양을 측정했고, 그 일을 자랑스럽게 여긴다네. 섬과 조류와 여울과 산호 사이의 미로와 위험한 빙산이 있는 지도도 그려야 했지. 그런데 마음의 항해지도라…… 누가 측량을 하겠나? …… 별도 나침반도 크로노미터도 길을 가르쳐주지 않지…… 셰리 주^酒 한잔 더 들겠나?

게오르크에게 좀더 또렷한 마음의 지도를 보여준 것은, 게오르크에게 타히티 처녀들과 사랑하는 법을 가르쳐준 위병하사관 새뮤얼 깁슨이었던 것 같다.

"샘의 항해지도는 너무 단순해서 내 마음을 끈다. 거기에는 기다란 열도^{여자들}, 남태평양의 환상 산호도^{게오르크}, 그리고 육지 쿡 대륙이 있다." ⒨

시속 8백 킬로미터의 속력으로 대양을 가로지르
는 여객기에서, 나는 이제는 돌아갈 수 없는 바
다의 시대를 향한 한없는 질투에 사로잡힌다. 구
글 어스의 위성사진으로 세계 곳곳을 엿보면서
내 이름을 붙일 섬 하나 남아 있지 않다는 사실
에 좌절한다. 그래도 내게 그 꿈을 대신할 수 있
는 도구가 있다면, 오직 낡은 항해지도들뿐이다.

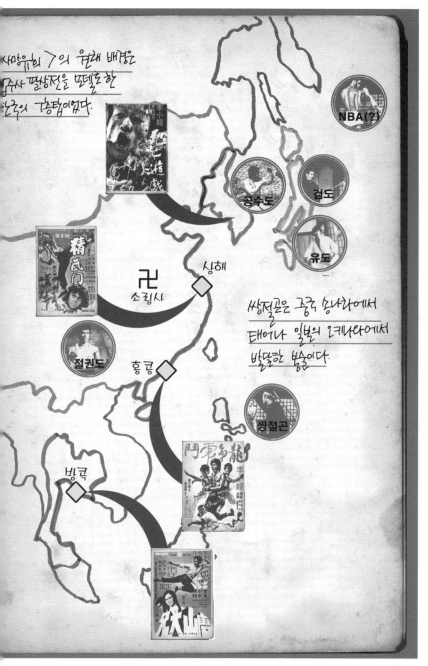

「사망유희」의 원래 배경은
무사 팔상전을 떠올린
한국의 강종탑이었다.

쌍절곤은 중국 청나라에서
태어나 일본의 오키나와에서
발달한 무술이다.

NBA(?)

공수도

검도

유도

권

상해

소림사

절권도

홍콩

쌍절곤

방콕

© 이명석

여권에 도장을 찍으며 낯선 도시들을 돌아다니다 보면, 가끔 뜨끈하고 얼큰한 국물이 그리워진다. 꼬슬꼬슬하든 찐득찐득하든 밥알 몇 톨을 씹어먹고 싶다. 그렇다고 배낭 한쪽에 소고기 고추장 튜브나 컵라면을 쑤셔넣고 다니는 타입도 아니다. 현지에 가서는 현지 음식. 그것이 지론이고 웬만하면 입가림 없이 잘 먹는다. 그래도 구름이 우중충한 날 무릎과 발목이 찌릿찌릿해지면, 고향음식이 그리워지는 법이다. 그럴 때도 이상하게 한식집을 찾지는 않는다. 만나기도 쉽지 않고 그 가격에 그 정도의 맛이라니, 배를 채우고 나면 실망감에 빠지기 일쑤이기 때문이다. 대신 내가 찾는 곳은 중국집이다. 세계 어느 도시든 차이나타운은 있고, 거의 언제나 싸면서도 익숙하고 실망스럽지 않은 맛을 만날 수 있기 때문이다.

볶음밥에 계란탕, 거기에 얼큰한 핫소스를 달라고 해서 서양의 기름때를 벗기고 나면 슬슬 주변의 모습이 잡힌다. 세계 어디서나 중국집의 풍경은 비슷하다. 붉은색과 황금색을 참 좋아하고, 용이 날아다니는 알록달록한 그림이 가득하다. 안쪽 방 어디서는 마작 패 섞는 소리가 쨱쨱거리며 들리기도 한다. 정말로 중국인은 세계 어디로 퍼져나가서도 제 색깔을 잊지 않는구나.

나와 친구들은 갑자기 궁금해졌다. 그렇다면 바깥세상 사람들에게 가장 널리 알려진 중국인은 누구일까? 한 친구는 정치인 마오저뚱을 이야기한다. 서구의 좌파 젊은이들에게는 체 게바라와 더불어 혁명의 아이콘으로 군림해왔으니까. 조조나 제갈공명 같은 삼국지의 영웅도 나왔지만, 동양권에 한정되는 인물이라며 묵살당했다. NBA 스타 야오밍도 한 표 나온다. 그만한 국제적인 스포츠 플레이어는 없으니까. 아니다. 역시 영화배우가 아닐까? 성룡이나 주성치!

그러다 우리 모두는 한꺼번에 실소를 터뜨리고 만다. 쓸데없는 논쟁을 벌이고 있었던 거다. 너무나 밝은 태양이 저 하늘에 떠 있어 그 존재를 잠시 망각했던 것이다. 지구상에서 가장 유명한 중국인의 이름은 다음과 같다.

이소룡^{李小龍}.

——— 영원에 가장 가까이 간 무술 영웅

불과 다섯 편의 영화를 내놓고 요절한 지 30여 년. 우리는 아직도 세상 곳곳에서 그를 만난다. 뉴욕 할렘을 배경으로 한 뮤직비디오의 흑인가수는 그의 트레이드마크인 노란색 트레이닝복을 입고 랩을 한다. 케이블 영화채널에 나온 권상우는 "대한민국 학교 전부 족구하라 그래"라며 쌍절곤을 휘두른다. 디시인사이드 사이트에서는 '싱하 형'으로 변신해 "굴다리 밑으로 뛰어오라"고 소리를 지르고, '아비요-' 괴성을 지르며 보험광고에서 튀어나오기도 한다.

이소룡은 온몸을 스타의 자질로 꽉 채운 엔터테이너였고, 자신감으로 똘똘 뭉친 선구적인 무술가였다. 〈킬빌^{Kill Bill}〉〈쿵푸 허슬^{Kung Fu Hustle}〉〈매트릭스^{The Matrix}〉……오랜 삼류의 세계에서 주류로 올라온 액션무술의 주인공들은 앞다투어 그에게 경의

초창기의 샌프란시스코 차이나타운

를 표한다. K1, 프라이드, UFC 등 21세기 스포츠 엔터테인먼트의 총아가 된 이종격투기 단체들은 세계의 무술을 집대성해 철저한 실전파인 '절권도'를 창시해낸 이소룡의 선견지명을 찬탄한다. 만화 사상 최초로 1억만 부 신화를 돌파한 〈드래곤 볼〉, 올해로 20주년을 맞이하는 대전 게임 〈스트리트 파이터〉의 구도도 모두 그의 영화 속에 먼저 펼쳐져 있던 것들

1 · 중국 무술 복장을 한 초기의 이소룡

2 · 〈맹룡과강〉

3 · 〈용쟁호투〉

이다.

나는 처음에 이소룡 월드에 모인 세계 격투기들의 지도를 그리는 일로부터 시작했다. 그런데 머지않아 뜻밖의 발견을 하게 된다. 지도 위에 그려진 이소룡의 궤적은 꿈 많은 권법 소년의 유랑이 아니었다. 그가 찾아가는 세계 각지에는 언제나 생계의 터전을 얻기 위해 애쓰는 중국계 이민들이 있었다. 그들은 헐벗은 몸에 빈약한 도구를 들고 그 지역의 토박이 조직폭력배들, 혹은 또 다른 이주세력들과 싸우고 있었다. 현지에 완전히 동화되지 않으려는 중국인 특유의 고집 때문에 더욱 큰 어려움을 겪기도 했다. 그리고 그들이 극한의 위기에 처한 순간, 바로 그가 나타난다. 그의 쌍절곤이 각국의 무술고수들을 부르고 있을 때, 그의 맨발은 세계 곳곳에 자리잡은 차이나타운을 향하고 있었다. 그래서 이소룡의 지도는 세계의 무술지도이며, 차이나타운의 세계지도이다.

—— 모든 도시의 차이나타운, 모든 나라의 이소룡

이소룡은 1940년, 용의 해에 샌프란시스코의 차이나타운에서 태어났다. 그의 출생지 자체가 상징적이다. 1700년대부터 아시아 여러 지역으로 뻗어나가던 중국계 이민의 행렬은 19세기 중엽 북아메리카로 향한다. 아프리카에서 노예들을 꿰어오던 미국이 노예해방과 더불어 극심한 일손 부족에 처하게 된 것이다. 캘리포니아 골드러시 시대에 배를 탄 중국인들이 아시아 바깥에서 가장 먼저 차이나타운을 건설한 곳이 바로 샌프란시스코다. 그러나 이소룡에게 그 시절 고향을 그리워하며 부르는 화교들의 노래에 대한 기억은 없었을 것 같다. 그가 태어난 지 삼개월 뒤, 그의 가족들은 홍콩으로 집을 옮겨갔다.

그를 키운 팔 할이 바람이라면, 그것은 홍콩항의 바닷바람이리라. 그리고 바람

속에는 아편전쟁 이후 자유무역항으로 급성장한 도시의 국제적인 분위기에 국공내전國共內戰과 중국의 공산화를 피해온 이민들의 땀냄새가 섞여 있었을 것이다. 그는 비교적 자유로운 분위기 속에 아버지를 따라 영화에도 출연하고, 차차차 댄스 챔피언이라는 경력도 얻는다. 다시 미국으로 건너가 고등학교를 졸업할 즈음 의사가 되겠다는 꿈을 말했다는 건 좀 뜻밖이다. "자네는 질문이 너무 많아 철학을 하는 편이 낫겠네." 진로를 지도하던 선생의 말 때문이었는지, 그는 시애틀에 있는 워싱턴 대학UW에서 드라마와 철학을 함께 공부한다.

철학도 연기도 조금 뒷전으로 물리친 이십대의 초반, 그는 무술연마에 온힘을 쏟는다. 롱 비치의 공수도空手道 대회에서 신예 무술가로 큰 주목을 받고, 이어 〈그린 호네트The Green Hornet〉라는 TV 시리즈를 통해 연기자로 명성을 얻는다. 이 드라마는 전형적인 복면覆面 해결사물인데, 그는 여기에서 운전수 겸 보디가드 역할을 맡았다가 호쾌한 액션연기가 인기를 끌면서 핵심 조역으로까지 올라서게 된다. 그러나 곧 할리우드에서 동양인 배우가 처할 수밖에 없는 한계를 깨닫고 홍콩으로 돌아간다.

1971년의 〈당산대형唐山大兄〉으로부터 화려한 그의 이력이 시작된다. 이 영화에서 그는 태국의 제빙공장을 배경으로 마약범죄단으로부터 고통받고 있는 중국인들을 구원하는 역할을 맡는다. 방콕의 야오와라트 로드는 일본의 나가사키와 더불어 가장 오랜 역사를 이어온 차이나타운으로, 1700년대부터 중국이민자들의 거리가 만들어져왔다. 이소룡 식 중화민족주의의 원점이 되기에 꽤나 적당한 지역인 것이다. 태국은 무에타이의 본 고장이고 남아시아 특유의 찐득한 정서가 묻어 있는 세계로, 영화 속에서도 상당히 잔혹한 장면들을 연출하고 있다. 이소룡의 액션 연기가 완전히 무르익지는 않았지만, 세계 영화계에 '쿵푸 영화'라는 장르의 존재감을 확연히 알리기에는 충분했다.

화교의 첫 진출지에서 쾌거를 거둔 이소룡은 〈정무문精武門〉을 통해 중국 본토로

들어간다. 그리고 20세기 역사에서 중국인에게 가장 비참한 치욕을 준 장본인들에게 복수의 주먹을 들이댄다. 이 작품은 1910년 상하이에 정무 체육회와 무술학교를 설립한 곽원갑(이연걸 주연의 영화 〈무인 곽원갑〉이 만들어지기도 했다)이 일본인에 의해 독살되었다는 설에 기초해서 만들어졌다. 은사의 장례식에 참가하기 위해 상하이를 찾아온 이소룡은 그가 일본인 무도가들에 의해 살해당했다는 사실을 알고 단신으로 일본 무도협회와의 싸움에 나선다. 이소룡은 일본의 검도, 유도 등과 대결하며 자신이 창시한 절권도의 진수를 펼쳐낸다.

이때부터 쌍절곤이 마력을 뿜어내, 몸 좀 쓴다는 남학생들의 멋내기 소품으로 각광받게 된다. 봉 두 개를 줄로 이은 쌍절곤의 역사와 유래에 대해서는 여러 설이 있다. 중국 송나라에서 사용했던 대반룡곤^{大盤龍棍}에서 나왔다는 학설도 있고, 중국에서 유래했지만 일본의 오키나와에서 새로운 무기로 재탄생했다는 주장도 있다. 오키나와 무술인 코부도^{古武道}에서 주로 사용하고 있는 것은 사실이다. 일본의 공수도장과 한국의 태권도장에서도 쌍절곤을 가르치지만 그 사용법은 사뭇 다르다고 한다.

중화세계를 장악한 이소룡은 〈맹룡과강^{猛龍過江}〉을 통해 '아비요~' 하는 괴조음^{怪鳥音}을 내지르며 국제적인 무대로 날아간다. 그런데 왜 이탈리아였을까?

중국인은 아시아나 미국뿐만 아니라 유럽 지역에도 오래전부터 그 혈족들을 퍼뜨려왔다. 웬만한 대도시에서는 크고 작은 차이나타운을 어렵지 않게 만날 수 있다.

이소룡, 차이나타운이 있는 곳에 그가 있다

그러나 파시즘의 민족주의 영향 때문인지, 이탈리아로의 이민은 1970년대에 이르러서야 본격적으로 시작된다. 그마저도 1980년대 초반 로마 다빈치 공항 근처에 차이나타운을 건설해줄 것을 요구하다 거부당했다든지, 최근 밀라노에서 중국인들과 경찰들이 충돌을 일으키는 등 순탄치 않은 역사를 이어오고 있다.

〈맹룡과강〉은 바로 이민 초창기의 로마에서 중국인 식당의 경영권을 노리는 현지의 조직 폭력배와의 다툼을 그리고 있다. 〈원스 어폰 어 타임 인 아메리카〉 시대부터 여차하면 총질을 일삼는 이탈리아인들이지만, 웬일인지 이소룡에게는 어설픈 주먹질로 대항한다. 그마저 여의치 않자, 미국에서 살인청부업자 척 노리스를 불러온다. 앞뒤의 연유야 어떻든, 우리는 콜로세움에서 벌어지는 두 액션 영웅의 처절한 싸움을 감상할 수 있게 된다. 콜로세움으로서는 〈로마의 휴일〉에서 낭만적인 풍경으로 그려지는 것보다는 이쪽이 본 모습에 가까우리라.

이국땅에서 많은 활약을 했으니, 이제 고향인 홍콩 중국인들의 삶을 돌볼 차례다. 〈용쟁호투龍爭虎鬪〉는 홍콩 근처에 있는 섬을 배경으로 마약공장을 굴리며 살인적인 무술대회를 벌이는 범죄조직과의 대결을 그리고 있다. 이소룡은 소림사 출신의 젊은 무도가로 등장해 중국무술의 본령에 대한 존경을 표한다. 이 작품은 〈드래곤볼〉 스타일의 무규칙 이종 무도대회의 원형을 만들어냈고, 거울의 방에서 벌어지는 격투장면으로 새로운 차원의 서스펜스 액션의 힘을 보여주었다. 국내 네티즌 사이에 유행한 '싱하 형'의 표정은 바로 이 영화에서 여동생의 원수를 죽일 때 이소룡이 분노와 슬픔의 감정을 압축적으로 얼굴에 표현해내는 장면에서 나왔다.

─── 법주사 팔상전에까지 뛰어들다

유작인 〈사망유희死亡遊戱〉는 이소룡의 팬들 사이에서 많은 논쟁이 되고 있는 작품이다. 원래 이 작품은 〈사망적유희〉라는 제목으로 한국에 있는 7층탑^{법주사 팔상전이 모델} 꼭

대기에 있는 보물을 얻기 위해 각층에 있는 무술고수들을 꺾어나간다는 설정으로 제

작되었다. 그런데 4층까지의 분량을 세트 촬영한 뒤 한국에서 로케이션을 하는데 이

소룡이 11월의 악천후를 견디지 못해 철수하고 만다. 그 후 이소룡이 급사하는 바람

에 미완이 되었지만, 뒤늦게 7층탑을 5층탑으로 바꾸고 앞뒤에 대역을 써서 졸렬하

게 편집한 영화로 등장했다.

　　영화는 혹평을 면치 못했지만, 이소룡에게 쌍절곤을 가르친 장본인인 필리핀

출신 댄 이노산토, 한국의 합기도 고수 지한재, 제자이며 NBA 스타인 카림 압둘 자

바와의 대결장면만큼은 화려한 카리스마가 넘친다. 이 영화에 등장한 노란색 트레이

닝복은 이소룡의 또 다른 트레이드마크가 되어, 〈킬빌〉의 우마 서먼과 〈소림족구^{少林}

^{足球}〉의 골키퍼 등을 통해 오마주되고 있다.

　　서른세 살의 요절은 비극이지만, 그로 인해 전설은 완성되었다. 〈사망유희〉의

전개상 '빌리 호'라는 영화배우 역을 맡은 이소룡이 가짜 죽음을 연출하는 장면이 있

는데, 바로 여기에 이소룡의 실제 장례식 장면이 사용된다. 홍콩에서 죽었지만, 그

육신은 다시 먼 바다 길을 가야만 했다. 부인 린다는 두 사람이 만났던 시애틀로 그

를 데리고 가 레이크사이드 묘지에 안장했다.

　　지난 2005년 동유럽 보스니아 헤르체코비나 남부의 도시 모스타얼의 한 공원

에는 시 차원에서 만든 황금빛 이소룡 동상이 세워졌다. 이 지역은 오랜 인종분규로

고통을 받아왔는데, 모든 인종과 민족들이 함께 추앙할 수 있는 존재로 이소룡만한

영웅이 없다는 이유 때문이었다. 이소룡은 이제 중국인뿐만 아니라, 세계의 모든 핍

박받는 민중들의 곁에 서 있게 되었다. 🎬

23 쥘 베른을 따라 80일간 세계를 돌다

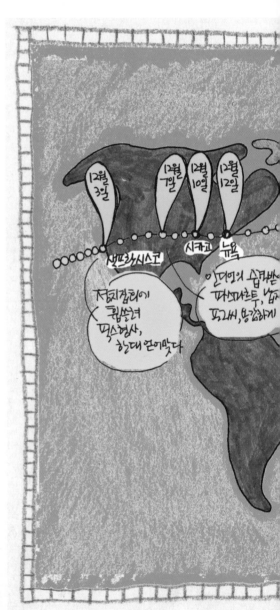

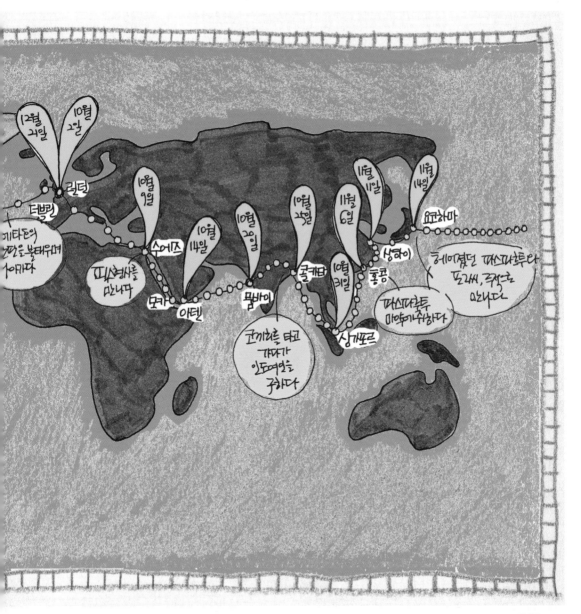

©박사

——— 꿈속에서만 여행하는 진정한 여행자

쥘 베른^{Jules Verne}은 열한 살 되던 해 사랑하는 사촌에게 산호목걸이를 사주기 위해 인도로 떠나는 원양어선에 올라탄다. 소년 견습선원 증명서까지 사는 등 치밀한 계획 끝에 이루어진 과감한 실행이었지만, 루아르^{Loire} 강 어귀에서 아버지에게 붙잡히면서 그의 원대한 포부는 불발되고 말았다. 노발대발하는 아버지에게 쥘 베른은 약속한다. "꿈속 외에는 절대 여행하지 않겠다"고. 이후 그는 그의 공상 속의 여행을 기록한 여러 권의 책을 냈고, 그 책들은 수많은 이들이 여행을 떠나도록 북돋고 부추겼다.

그때 쥘 베른이 무사히 인도로 떠날 수 있었다면 그의 인생은 어떻게 바뀌었을까? 이후에 태어난 어린아이들은 무엇을 읽으며 자랐을까? 쥘 베른이 책을 쓰지 않았다고 해서 그 이후의 아이들이 읽을 게 없지야 않았겠지만, 그토록 쉽고 재미있게 '꿈속에서 여행하는 법'을 배울 기회를 얻지는 못했을 것이다. 그는 여행을 상상하는 달인이 되었다. 그가 써낸 흥미진진한 '여행기'들은 그가 한 번도 가보지 못한 땅을 실감나게 우리에게 소개했다. 쥘 베른의 여행기들은 사람들에게 그 어떤 실제여행기보다 더 많은 영향력을 끼쳤다.

——— 80일간의 세계일주를 꿈꾸다

그는 수많은 '여행기'들을 썼는데, 그 중에서도 『80일간의 세계일주^{Le Tour du Monde en 80Jours}』는 꿈속 여행의 결정판이었다. 주인공인 필리어스 포그^{Phileas Fogg}는 『브래드쇼의 대륙철도교통안내서』한 권을 달랑 겨드랑이에 끼고 세계를 한 바퀴 돌기 위해 런던을 떠난다. 가장 빠르고 효율적으로 움직이기 위해 포그 씨는 한눈파는 법 없이 앞으로만 직진하지만, 작가는 그 여로에서 볼 수 있는 풍경들을 묘사하는 데 아낌없이 상상력을 발휘한다. 지구를 단번에 감아안는 매력적인 경로. 그의 여행은 고군분투의 연속이지만, 또한 매끄럽고 경쾌하다. 과묵한 신사와 말썽꾸러기 하인의 여행기는 우리에게 '세계'에 대한 새로운 눈을 갖게 해주었다.

당시 『80일간의 세계일주』는 프랑스의 일간지 《르 탕 Le Temps》에 연재되었는데, 매력적인 발상과 흥미로운 여로는 사람들을 흥분시켰다. 신문이 불티나게 팔리는 것

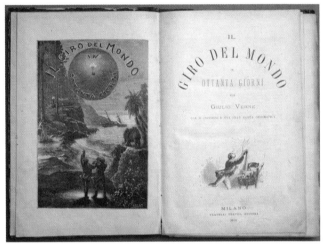

PHILEAS FOGG. — Page 1.

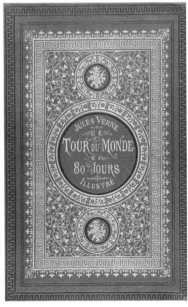

은 물론, 포그 씨의 여행이 과연 성공할까 궁금해하며 실제로 토론하고 내기를 거는 사람들도 적지 않았다고 한다. 소설 속의 포그 주식이 실제로 모습을 드러낸 셈이다. 이 소설의 폭발적인 인기는 소설 자체의 재미도 물론 큰 몫을 했지만, 당시의 동양문화, 과학, 여행에 대한 관심 등 소설 외적인 요소들을 통해 증폭작용을 한 덕이 컸다. 쥘 베른은 그 시대가 요구하던 바로 그 작가였다. 그의 치밀하고 과학적인 설명은 그의 소설을 읽는 사람들에게 당장 떠날 수 있을 듯한 기대감을 안겨주었다.

필리어스 포그의 호언장담에도 불구하고, 꿈속의 여행은 꿈속의 여행일 뿐이다. 그때도 마찬가지였지만 백년이 훨씬 지난 지금에도 "어느 나라에서든 통용되는 은행권 뭉치"는 없다. 런던에 살고 있는 필리어스 포그 씨의 돈으로는 인도 한가운데서 코끼리를 살 수 없는 것이다. 더구나, 이 소설에서는 누구하고나 말이 통한다. 세상 모든 사람들은 영어를 한다. 그들은 누구와도 흥정한다. 하지만 현실의 여행에서는 언어의 장벽이 큰 제약이 된다. 미국에서 제작된, 세계를 헤매는 사람들의 리얼리티 쇼인 〈어메이징 레이스〉를 보더라도 세계를 일주하는 데 관건은 '거리'만이 아님을 알 수 있다.

그러나 그것이 무슨 중요성을 가지랴! '경이의 여행' 시리즈를 써내며 『기구를 타고 5주간

영화 〈80일간의 세계일주〉 스틸

^{Cinq Semaines en ballon}』(1862) 하늘을 날아다니고, 『지구속 여행^{Voyage au centre de la Terre}』(1864)을 감행하며, 『해저 2만리^{Vingt mille Lieues sous les mers}』(1869)를 누비고『지구에서 달까지^{De la Terre à la lune}』(1865) 여행하는 것도 서슴지 않는 그에게, 지구상에서의 현실적인 제약은 '달나라 모험'에서 상상한 제약의 1/10만큼도 의미를 가지지 않는 것이다. 그의 상상 속에서는 어떤 곳으로 떠나건 소소한 것들이 발목을 잡지 않는다. 그의 "꿈 속 여행"이 가진 가장 큰 장점일 것이다.

그렇듯 중요한 제약들을 과감하게 무시하는 모습을 보인 반면, 그는 과학적인 사실들을 작품 속에 반영하는 데는 꼼꼼하면서도 놀라운 재능을 보였다. 인공위성, 잠수정 등 그가 상상해낸 상당수의 발명품들은 그의 언급 이후에 현실 속에 모습을 드러냈다. 동시대에 부는 과학적 혁명과 발명에 지대한 관심을 보였던 그는 그러한 열풍을 치밀하고도 흥미진진하게 작품 속에서 다루었다. 그의 작품은 또한 과학의 발전에 박차를 가하는 역할을 맡았다.

——— 백년이 지난 후 다시 80일간 세계를 돈다

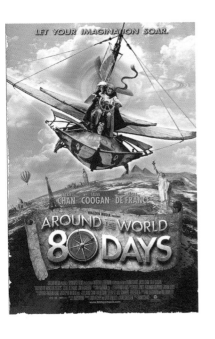

『80일간의 세계일주』는 수많은 연극, 애니메이션과 영화로 제작되었다. 재미있는 것은 소설 자체에는 기구를 타는 이야기가 없는데도 기구를 타고 여행하는 장면이 즐겨 묘사되고 있다는 것. 소설 32장에 대서양을 횡단하려고 할 때 "기구를 타는 방법도 있지만 너무 위험한데다 가능성도 없었다" 정도로 간단히 언급되었던 이 이동수단은, 쥘 베른의 유명한 다른 소설인 『기구를 타고 5주간』과 이미지가 결합하면서 『80일간의 세계일주』를 설명하는 이미지의

하나로 자리잡았다. 게다가 1956년에 만들어진 영화에서 기구 타는 장면을 집어넣으면서, 이후에는 책표지에도 기구를 타고 날아가는 두 남자가 등장하게 되었다.

가장 최근에 만들어진 것은 2004년에 개봉한 프랭크 코라치 감독의 영화 〈80일간의 세계일주〉이다. 80일이라는 한정된 기간 동안 미션을 완수해야 한다는 조건, 그리고 날짜변경선을 지났기 때문에 번 하루라는 극적인 장치는 이 소설에서 가장 흥미진진한 발상이라 할 수 있는데, 성룡이 파스파르투^{Passepartout}를 맡은 이 영화는 쥘 베른의 소설에서 가장 중요한 발상만 가져오고 나머지는 허황되고 황당무계하며 그만큼 재미있는 판타지로 채워넣었다.

쥘 베른의 소설에서는 악인이 없는 반면 이 영화에서는 분명한 악당이 존재하며, 여행의 성공은 악당을 물리치는 것과 맞닿아 있다. 그렇기 때문에 악당의 방해는 집요하고 과격하다. 엄격하고 과묵하며 상식이 풍부한 주인공 필리어스 포그는 이 영화에서 젊고 치기 어린 과학자로 등장한다. 사실, 영화의 주인공이 좀더 쥘 베른의 이미지를 닮았다. 아무것도 모르는 순진무구한 하인 파스파르투는 이 영화에서는 마을을 지키기 위해 나선 의로운 협객으로 돌변한다. 포그 씨의 연인이 되는 인도 여인 아우다^{Aouda} 부인은 뜬금없이 파리의 화가지망생 모니크로 대체된다. 소설에서 중요한 역할을 맡고 있는 픽스^{Fix} 형사는 이 영화에서는 얼간이 끄나풀로 나와 슬랩스틱 코미디로 웃음을 주는 역할만 간신히 맡고 있다.

이들의 여정은 '성룡식 액션'이라는 한 마디로 요약할 수 있는 쫓고 쫓기는 모험으로, 사실상 어디에서 어디까지 몇 시간이 걸리는가는 그다지 중요하지 않다. 공간이동하듯 10일 후에는 이스탄불에, 24일째에는 인도에, 41일째에는 중국에, 61일째에는 샌프란시스코에 불쑥불쑥 나타날 뿐이다. 중국 란조우 마을을 홀로 떠난 포그 씨가 양손에 여행가방을 들고 머나먼 만리장성을 터벅터벅 걸어가는 장면에서 외로움은 느껴질지언정 시간을 맞춰야 한다는 절박감은 전혀 느껴지지 않는다. 80일

쥘 베른을 따라가는 꿈속 같은 모험의 세계 지도

ⓒ 박사

동안 세계를 한 바퀴 도는 것은 누구나 알고 있는 일, 중요한 것은 여행을 하는 도중에 어떤 재밌는 일을 만나고 무엇을 얻는가이다. 이것이 이 유명한 작품을 영화로 만들겠다고 결심한 감독의 의도 아니었을까.

그 와중에 고흐를 만나고, 로트렉을 스쳐지나가고, 라이트 형제와 인사를 나누는 건 맛깔스러운 볼거리를 늘려주기 위한 장치다. 뿐이랴, 아놀드 슈왈제네거가 터키 왕자로, 캐시 베이츠가 빅토리아 여왕으로 나오는 등 유명배우의 깜짝 출연도 볼거리를 풍성하게 해준다. 소설 『80일간의 세계일주』가 꼼꼼히 일정을 따라가며 따져보는 재미를 준다면, 영화 〈80일간의 세계일주〉는 화려한 볼거리를 입 딱 벌리고 따라가는 롤러코스터와 같은 재미를 준다. 쥘 베른이 소설을 통해 지구를 하나의 띠로 엮었다면, 영화는 지구를 하나의 놀이터로 만든다. 마음껏 뛰놀아도 괜찮은 테마 놀이터로.

── 과학이야말로 진정 재미있는 것

여행의 방편으로 비행기가 필수적인 수단이 된 요즘에는 여행의 목적도 바뀌었고, 느낌도 많이 달라졌다. 이전의 쥘 베른 소설이 가지 못한 곳을 상상하게 하는 역할을 했다면, 지금은 이미 없는 시대를 그리워하게 하는 역할을 맡게 되었다. 백년이라는 세월이 명작의 빛을 바래게 하지는 못했지만 그 과정에서 의미가 바뀌는 것은 어쩔 수 없었던 것이다. 그 과정에서도 변하지 않은 것이 있으니 "과학이야말로 진정 재미있는 것"이라는 쥘 베른의 경쾌하고 한결같은 철학이다. 지금도 여전히, 그리고 앞으로도 오랫동안 시대를 앞서간 천재의 이 간명한 철학은 유효할 것이다. ⓟ

그때 쥘 베른이 무사히 인도로 떠날 수 있었다면 그의 인생은 어떻게 바뀌었을까? 이후에 태어난 어린아이들은 무엇을 읽으며 자랐을까? 쥘 베른이 책을 쓰지 않았다고 해서 그 이후의 아이들이 읽을 게 없지야 않았겠지만, 그토록 쉽고 재미있게 '꿈속에서 여행하는 법'을 배울 기회를 얻지는 못했을 것이다. 그는 여행을 상상하는 달인이 되었다.

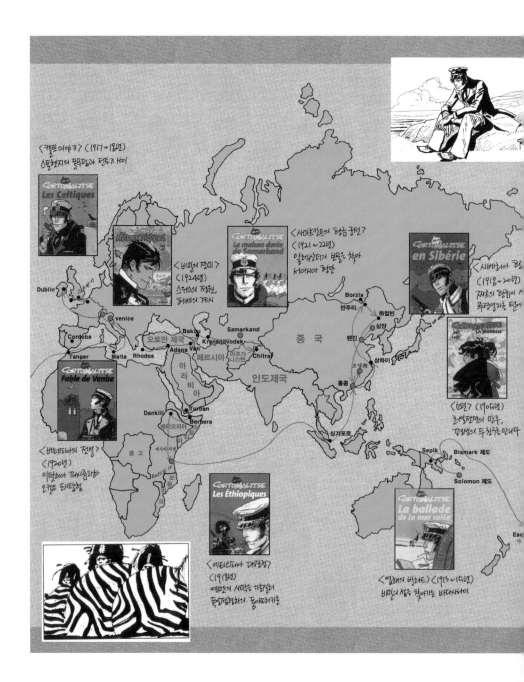

〈켈트 이야기〉(1917~1918년)
스탈린지의 멸무타니아 전투기 비미

〈비밀의 장미〉(1924년)
스위스 전쟁, 헤세와 개암

〈사마르칸트의 황금 궁전〉
(1921~22년)
알렉산더의 보물을 찾아
시아시아 텅덤

〈시베리아 햐〉
(1918~20년)
제가의 황금을 써
무장열차를 털어

Dublin

venice

Cordóba

오토만 제국   Bakou   Samarkand   중국

Tanger   Malta   Rhodos   Adana Van   Krasnovodsk   텐진

페르시아   Chitral   상하이

아   아프가   인도제국   포양쳬   홍콩
라   니스탄
비
아

Dankili   Turban
Berbera

에티오피아

싱가포르

〈비밀 7〉(1904년)
러일전쟁의 만주,
라스푸친에서 두 친구를 만나다

콩
고

Sepik   Bismark 제도

Solomon 제도

〈베니스의 전설〉
(1920년)
이탈리아 파시즘하의
오컬트 판타지아

〈에티오피아 대탐험〉
(1918년)
여인의 사막을 가로질러
독립파들하여 동행하다

〈염해의 발라드〉(1913~1914년)
비밀의 섬을 찾아가는 바다사나이

로마의 스페인 광장에 이어져 있는 콘도티 가[街]와 보르고냐 가는 세계적인 명품의 거리다. 수천 명의 사람들이 바티칸 입구에 줄지어 있을 때, 일군의 여성들은 이곳의 베르사체, 프라다, 펜디 매장을 순회하는 또 다른 성지순례를 한다. 지난 세기의 끝자락에 나는 그 거리 어딘가를 헤매고 있었다. 손에는 얼기설기 그려진 지도 한 장이 땀에 젖은 채 너덜거리고 있었다.

화려한 쇼윈도가 발을 붙들고 보티첼리의 '비너스의 탄생'에서 튀어나온 듯한 늘씬한 점원들이 유혹의 미소를 보냈지만, 나는 눈을 질끈 감은 채 좁은 골목으로 꺾어져 들어갔다. 작은 갤러리와 아트숍이 끊어질 듯 끊어질 듯 숨바꼭질 하는 모퉁이들을 돌아갔다. 그리고 로마에서도 가장 아름다운 골목길이라 일컬어지는 마르구타 가를 만났다. 그곳 51번지 앞은 카메라 셔터를 누르는 사람들로 분주했다. 〈로마의 휴일〉에서 도망나온 공주 오드리 헵번이 그레고리 펙의 도움으로 하룻밤을 보낸 작은 아파트다. 그러나 내 지도의 목적지는 그곳도 아니었다. 다시 골목을 돌아 마르구타 가로 들어서고 나서야, 스파치오 코르토 말테제[Spazio Corto Maltese]라는 작은 간판과 함께, 내가 찾던 그 남자의 초상화를 만날 수 있었다. 코르토 말테제라는 한 영웅을 위해 지어진 서점. 작지만 영예로운, 코스모폴리탄의 성전에 도달했다.

—— 훈장처럼 많은 별명을 지닌 현대의 기사

바다의 기사[騎士], 불멸의 여행자, 모든 항구가 사랑한 선장, 황금과 연애해도 되는 유일한 모험가…… 휴고 플라트[Hugo Platt]가 만들어낸 만화 주인공 코르토 말테제[Corto Maltese]를 부르는 이름은 수를 헤아릴 수가 없다. 아직 국내에는 그의 명성이 널리 퍼져 있지 않지만, 유럽과 남아메리카에서는 수십 년간 007에 못지않은 국제적인 영웅대접을 받아왔다. 프랑스의 전설적인 카 레이서 자크 라피트가 부상으로 입원했을 때,

미테랑 대통령이 병문안을 와 전해준 책이 『코르토 말테제』 시리즈였다는 것은 놀라운 사실도 아니다. 풍성한 고고학과 민속학의 지식, 놀라운 용맹성과 위기대처능력, 어떤 이념과 국적에도 소속되지 않는 자유로운 영혼을 가지고 항해와 모험을 거듭했던 코르토 말테제는 〈인디아나 존스〉, 〈마스터 키튼〉, 〈툼 레이더〉의 라라 크로프트 등을 탄생시킨 원초적 DNA다.

코르토 말테제의 배에 올라타는 일은 킹콩이 살고 있는 '해골 섬'에 가는 것보다도 훨씬 길고 험난한 여정이다. 조금이라도 멀미를 예방하기 위해, 먼저 그를 탄생시킨 휴고 플라트의 지도를 따라가보자.

아마존 강 근처의 보물지도

1 · 엘도라도를 찾아서

2 · 염해의 발라드

3 · 사마르칸트의 황금궁전

20세기 최고의 그래픽 아티스트 중 하나인 휴고 플라트는 인생과 창작의 여정, 양쪽에서 '가장 국제적인 만화가'로 불려도 손색이 없다. 그는 1927년 이탈리아의 리미니^{Rimini}에서 프랑스–영국계 군인 아버지와 유대–스페인–터키계 어머니 사이에서 태어났다. 그가 어린 시절을 보낸 물의 도시 베네치아는 오랜 방랑의 길을 떠나야 할 아이에게 수많은 우화를 들려주었다. 〈코르토 말테제〉의 여러 에피소드에서 베네치아는 항상 계시의 장소이고, 다른 세계로 나아가는 관문의 역할을 한다. 열 살이 된 소년 휴고는 에티오피아 식민개척에 나선 아버지를 따라 아프리카로 가 청소년기를 보낸다. 파시즘과 제국주의가 세계를 들끓게 하던 때, 휴고는 자연스럽게 무솔리니의 유년대가 되고 현지의 식민 경찰로 첫 직업을 얻는다. 이어 2차 세계대전의 불길 속에서 스파이 혐의로 독일군에게 체포되고 가까스로 탈출에 성공한 뒤에는 연합군 쪽으로 넘어가 전쟁이 끝날 때까지 연합군의 연회 이벤트를 담당했다고 한다. 1945년 지브롤터로 향하는 선상에서 찍은 낡은 사진에서, 그는 스코틀랜드 군대의 체크무늬 치마 군복을 두르고 있다.

　　누구보다도 격동적인 소년기를 보내며, 온갖 민족의 신화와 민담, 파시즘과 자유주의의 사상을 섭렵한 휴고는 전쟁이 끝난 뒤 이탈리아에서 만화를 그리기 시작한다. 그러나 방랑의 신은 쉽게 그의 정착을 허락하지 않았다. 그는 곧 지구의 반대편, 라틴아메리카로 건너가 모험과 창작을 거듭했다. 부에노스아이레스를 중심으로 활동하던 그가 이탈리아로 돌아와 잡지 《커크 상사^{Sgt. Kirk}》를 창간한 것이 1962년. 『염해의 발라드^{Una Ballata del Mare Salato}』를 통해 전설의 영웅 '코르토 말테제'의 이야기를 시작한 것은 1967년. 그의 나이 마흔의 일이었다. 코르토 말테제의 성공 이후에도 유럽과 라틴아메리카를 넘나들며 다채로운 창작활동을 펼친 휴고는, 1984년 제네바 호수 근처의 작은 마을에 3만 권의 장서를 모아둘 수 있는 집을 마련해 정착한다. 그러나 1995년 눈을 감을 때까지 50년 간 1만 페이지에 달하는 작품을 그리며, 그는 현실

속에서나 작품 속에서나 결코 여행을 멈추지 않았다.

빠르게 펜을 달린 듯하지만 정교하게 선을 맺은 인물, 세계 곳곳의 풍광을 생생하게 재현하는 수채물감, 동서의 역사를 꿰뚫는 민속학과 고고학의 해박한 지식, 실존했던 역사적 사건과 뒤얽은 복잡한 플롯, 그 안에 담긴 고독하지만 자유로운 개인의 영혼…… 휴고 플라트가 창조해낸 세계는 다시 하나의 이름 '코르토 말테제'로 통한다. 코르토는 전쟁과 혁명의 소용돌이였던 20세기 초반을 살아간 가공의 인물로, 『염해의 발라드』에서부터 『베네치아의 전설^{Favola di Venezia}』, 『사마르칸트의 황금 궁전^{La Casa Dorata di Samarcanda}』, 『시베리아 횡단열차^{Corte sconta detta Arcana}』, 『켈트 이야기^{Les Celtiques}』, 『에티오피아 대장정』을 지나 『뮤^{Mu}』까지 12권의 시리즈를 통해 전무후무한 모험의 생애를 보낸다. 작품의 발표 연도와는 별도로 연대기별로 코르토의 발자국을 따라가 보도록 하자.

—— 작가와 주인공이 다투는 모험의 편력

코르토의 지도는 1887년 말타^{Malta}의 발레타^{Valleatta} 지구에서 시작한다. 콘월에서 온 영국선원과 지브롤터에서 온 집시 사이에서 태어난 아이, 코르토의 유년기에 대해서는 많은 기록이 남아 있지 않다. 다만 한 에피소드에 따르면 열 살 무렵의 소년 코르토는 스페인 코르도바의 유대인 지구에 살고 있었다. 그때 미래를 예지하는 어머니의 친구가 그의 손금을 보며 운명선이 없다고 하자, 그는 아버지의 면도칼로 손바닥에 직접 운명선을 파냈다고 한다. 어린 코르토는 그 운명의 선이 지구를 몇 바퀴나 돌게 만들 것인지 결코 예측하지 못했으리라.

새로운 세기로 바뀌는 해인 1900년, 열세 살이 된 코르토가 처음으로 먼 여행길에 오른다. 중국으로 떠난 코르토는 1905년 발발한 러일전쟁의 소용돌이 속으로 들어가 풋풋한 모험담『소년^{La giovinezza}』을 펼쳐낸다. 제임스 조이스가 소설『율리시스^{Ulysses}』에서 "일본 사람들에게 러시아는 하루아침 밥 먹기에 불과하다"라는 대사를 썼을 정도로, 러일전쟁은 지구 반대편에까지 큰 화제가 되었던 일대의 사건이었으며, 전쟁과 혁명으로 점철된 20세기사의 본격적인 출발이었다. 당시 만주에 있던 코르토는 종군기자이자, 후에 유명 작가가 되는 잭 런던^{Jack London}과 만나 친구가 된다. (잭 런던은『늑대 개』,『강철군화』로 잘 알려진 실존 인물이 모델. 그는 실제로 러일전쟁을 취재하기 위해 만주에 왔었고, 그때 조선을 지나면서『잭 런던의 조선 사람 엿보기』라는 여행기를 집필하기도 했다.) 또한 이때 당시 짜르 군의 탈영병인 라스푸틴^{Rasputin}을 만나, 일생을 이어갈 기묘한 우정을 시작한다. (실존 인물인 잭 런던과는 달리, 라스푸틴은 제정 러시아 말기의 신비주의 권력자 라스푸틴과 생김새와 이름만 같은 인물이다.)

이어 코르토는 라스푸틴의 꼬임으로 에티오피아의 황금광을 찾아 배를 탄다. 하지만 이 배는 남아메리카로 향하고, 그 덕분에 파타고니아에서 전설적인 도둑 부치 캐시디(영화 〈내일을 향해 쏴라〉의 주인공)를 만나게 된다. 이어 1907년에는 이탈리아의 안코나에서 후에 러시아의 독재자 스탈린이 되는 호텔종업원 요제프와 사귀는 등, 코르토는 생애 곳곳에서 세계사의 주요 인물들과 만나고 그들이 만들어내는 굵직굵직한 사건들에 적지 않은 영향을 미친다. 1908년과 1913년 사이, 코르토의 구체적인 행적은 잘 알려져 있지 않지만, 마르세유, 튀니지, 뉴올리언스, 인도, 중국 등을 여행한 것으로 보인다.

말쑥한 해군제복에 담배연기를 휘날리는 코르토의 모습은 언제나 바다와 방랑의 냄새를 느끼게 한다. 어른이 된 그의 본격적인 여정이 남태평양의 푸른 바다, 비스마르크 제도를 배경으로 펼쳐진다는 사실도 무척 당연해 보인다.『염해의 발라드』(1913~15)에서 비밀스러운 범죄조직 아래 일하던 코르토는 가상의 섬 에스콘디다^{Escondida}에서 판도라와 짧은 사랑을 나누기도 한다. 이어 서인도 제도로 옮겨간 코르토는 『카프리콘의 사인 아래^{Sous le signe du Capricorne}』(1915~17)에서 프라하 출신의 대학교수 예레미아 스타이너^{Jeremiah Steiner}와 라틴아메리카를 탐험한다. 브라질의 무술 춤 카포에 이라^{capoeira}, 신비한 주술사의 의식, 화려한 원주민 의상 등 민속학의 백과사전과도 같은 『코르토 말테제』 시리즈의 진면목을 만날 수 있다.

이탈리아, 영국 등지로 무대를 옮긴 『켈트 이야기』(1917~18)에서는 제1차 세계대전을 배경으로 역사적 사건 사이사이에 맛깔나는 픽션을 집어넣고 있다. 하루에도 몇 번씩 국경선이 뒤바뀌며 이념과 대의명분이 무고한 삶들을 끝장내고 있는 현장에서, 코르토는 '황금'이라는 엉뚱한 목적을 위해 목숨을 건다. 물론 전쟁의 와중에서도 부귀영화를 꿈꾸며 동지를 가볍게 배반하는 자들이 있다. 하지만, 코르토에게 '잃어버린 보물'을 찾아가는 과정은 전쟁광들의 무모하고도 얄팍한 허영과는 다른 차원의 것이다. 그것은 참을 수 없는 호기심으로 숨겨진 비밀을 찾아가는 인간의 순수한 욕망이다. 코르토는 이탈리아와 오스트리아 군의 방해를 뚫고 프랑스, 스코틀랜드, 미국, 그리스 군의 협력으로 몬테네그로 공화정의 황금을 찾아내는 작전을 완수한다. 이곳에서 어네스트 헤밍웨이를 모델로 한 앰뷸런스 운전병 헤른스트 웨이를 만나는데, 그가 쓰고 있는 작품은 『전쟁이여 잘 있거라』(『무기여 잘 있거라』의 패러디)다. 이어 더블린의 아일랜드 혁명군의 틈바구니를 지나 스톤헨지의 비밀에 접근한 코르토는 노르망디 해변에서 전설적인 전투기 조종사 '붉은 남작'의 죽음을 지켜본다. 『에티오피아 대장정』에서 아프리카에까지 몰아닥친 전쟁의 포화를 경험한 코르토는 홍콩으로 향한다. 오랜 방랑생활로 유명한 그의 공식적인 집이 있는 곳이다. 휴식은 오래가지 못했다. 다시 라스푸틴의 꼬득임이 시작되고, 그는 짜르의 황금을 찾아 『시베리아 횡단열차』(1918~20)에 올라탄다. 텐진, 하얼빈, 선양 등 낯익은 지명에서 우리의 할아버지들과도 만났음에 분명하다.

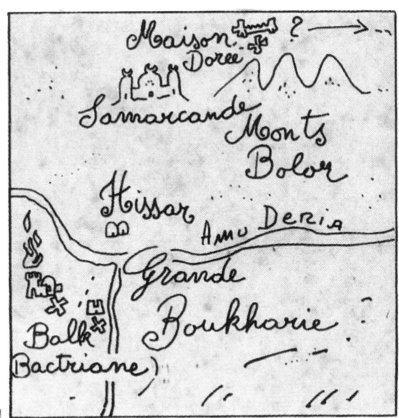

사마르칸트의 황금궁전

───── **베네치아와 사마르칸트와 부에노스아이레스를 꿰뚫다**

작가 휴고의 고향으로 돌아온 『베네치아의 전설』(1920)은 현실의 지도에는 표기될 수 없는 여행지로 우리를 안내한다. 유대-그리스-베네치아의 전통부적, 마법의 에메랄드, 아라비아의 묘석, 프리메이슨 조직 등에 얽힌 신비주의의 퍼즐 찾기가 '병기창의 사자상' 등 실제 베네치아 곳곳에 존재하는 고전적인 도상들을 통해 펼쳐진다.

"베네치아에는 비밀스런 마법의 장소가 세 군데 있다. 하나는 '아무르 데 자미' 거리에, 또 하나는 '메르베이유' 다리 근처에, 마지막은 옛 게토의 산 제레미아 가까이 있는 '칼레 데이 마라니'다. 베네치아 사람들은 — 때론 몰타 사람일 때도 있다(코르토) — 삶에 염증을 느낄 때면 비밀스런 이곳으로 가 정원 끝의 문을 두드린다."

당신 역시 베네치아에서 그 문을 찾을 수 있을까? 비밀의 문을 통해 지중해의 로도스 섬에 도착한 코르토는 『사마르칸트의 황금 궁전』(1921~22)을 통해 서아시아 횡단에 나선다. 사마르칸트의 감옥에 갇혀 있는 친구 라스푸틴을 구하고 페르시아 사이러스 왕의 보물을 찾기 위한 이 행로는 지중해-터키-페르시아-아제르바이잔-카스피 해-투르크메니스탄(당시 소비에트 연방)-부카라(현 우즈베키스탄)-아프가니스탄을 지나 인도 북서쪽(현 파키스탄)에까지 이른다. "러시아에서 태어났지만 국적은 돈"이라고 서슴없이 외치는, 그럼에도 이상주의자 코르토와 아낌없는 우정을 나누는 라스푸틴의 진면목이 여기에서 유감없이 드러난다. 보물을 찾지만 도덕적이며 정갈한 코르토와는 달리, 라스푸틴은 같은 감방의 죄수가 자살을 해도 눈도 껌뻑하지 않는 냉혈한에 탐욕의 화신이다. 그런데 그처럼 초연하기까지 한 이기심과 절제할 줄 모르는 욕망의 누더기 외투가 코르토의 빳빳한 제복 반대쪽에서 야릇한 공감을 만들어낸다. 내게는 자꾸만 『그리스인 조르바』를 떠올리게 하는 인물이다.

향수 광고에 등장한 코르토 말테제

아름다운 여인 루이즈 부르크조비츠^{Louise Brookzowyc} 를 찾아 아르헨티나로 온 코르토는 곧 『탱고^{Tango}』(1923)의 어둡고 끈적끈적한 음률 속으로 빠져든다. 그리고 방랑의 남자들이 거쳐 간 여인들이 그렇듯 길지 않은 생애를 마감해야 하는 그녀를 대신해 복수에 나선다. 말쑥한 양복을 입은 코르토가 여인의 허리를 팔로 감고 있는 모습을 볼 수 있는 시간은 길지 않다. 살인범이 된 그는 아르헨티나를 빠져나와 유럽으로 돌아간다. 그리고 『비밀의 장미^{Le helvetiche Rosa alchemica}』(1924)에서 예레미아 교수와 함께 스위스 칸톤 지방으로 소풍을 가, 작가 헤르만 헤세를 만난다. 코르토는 어떤 종교에도 기대지 않지만, 생애 동안 적지 않은 초자연적인 체험을 한다. 헤세와의 만남은 그의 신비주의적인 경향을 더욱 농후하게 만들고, 결국 이듬해 사라진 대륙 『뮤』(1925)를 탐험하게 만든다. 이로써 공식적인 시리즈에 담긴 코르토의 행적은 끝이 난다. 여러 조각난 단편들을 통해 알려진 사실은 코르토가 스페인 내전 중에 우리들의 시선에서 완전히 사라졌다는 정도다. 그러나 결코 죽었다는 이야기는 없다.

코르토는 진정한 여행과 모험의 대리자, 특히 유럽 지식인들의 머릿속에 있는 순결한 코스모폴리탄의 이상과도 같은 존재다. 그의 이야기가 더욱 생명력을 발휘하는 것은, 그의 모험이 절대 책속에만 존재하는 허공의 판타지가 아니기 때문이다. 코르토가 배를 저어가는 섬, 목숨을 걸고 뛰어내리는 다리, 그를 몽롱하게 만드는 이국의 춤, 보물의 단서가 되는 기이한 글자들…… 우리 역시 그의 지도를 들고 그 현장을 재확인할 수 있다. 휴고 플라트 자신이 쉬지 않는 여행자였기 때문에, 그의 꼼꼼한 체험과 조사가 코르토의 상상력을 현실보다 더 생생하게 빚어낼 수 있었던 것이다.

코르토의 손에는 언제나 잃어버린 보물이 묻힌 지도가 들려 있다. 그 지도는 부귀영화를 안겨줄 로또가 아니다. 어떤 대가를 치르더라도 인간이 찾아내야 하는 '숨겨진 비밀, 가치로운 지혜' 다. 코르토가 소녀에게 이야기를 들려준다.

"옛날 사이러스 대왕은 타미리스 여왕과 결혼하기 위해 엄청난 보물을 내놓았지. 그러나 여왕은 그의 머리를 베어버리고 보물을 감추어버렸단다. 훗날 그곳을 정복한 알렉산더 대왕이 사이러스의 보물을 모두 녹여 태양을 상징하는 황금덩어리로 만들어 산속 깊이 묻었지. 트렐로니의 황금 이야기는 그렇게 끝이 난단다." 코르토의 이야기를 듣던 소녀는 말한다. "그건 '행복한 결말'이 없는 이야기잖아요." 코르토 말테제의 항로도, 그의 영혼을 믿는 사람들의 모험에도 행복한 결말 같은 건 없다. 보물은 영원히 묻혀 있고, 끝없이 우리를 부른다. 코르토가 말한다. "보물은 분명히 존재해. 짓궂은 악마가 숨기고 있어서 우리의 질문과 대답의 미로 속에서는 도저히 찾을 수 없을 뿐이지." _M_

만화 『코르토 말테제』 시리즈

메인 앨범은 모두 열두 권의 시리즈로 불어, 이탈리아어 등 다채로운 언어권에서 출판되어 있다. 본문의 원제는 초판본인 이탈리아, 혹은 프랑스 판의 제목이다. 국내에는 『사마르칸트의 황금궁전』, 『시베리아 횡단열차』, 『에티오피아 대장정』, 『켈트 이야기』, 『베네치아의 전설』 등의 다섯 권이 번역 출판되어 있다. 해외 판본은 휴고 플라트 특유의 매력적인 수채화로 채색된 것들이 있는데, 국내 본은 흑백으로만 나와 있는 점이 아쉽다. 메인 시리즈에 담기지 않은 유년 시절의 행적 등은 『코르토 말테제의 여인들 Les Femmes de Corto Maltsse』 『코르토 말테제의 발라드 Les Balades de Corto Maltese』 『코르토 말테제의 회상 Corto Maltese Memoires』(모두 프랑스 카스트만 출판사)에서 확인할 수 있다.

빠르게 펜을 달린 듯하지만 정교하게 선을 맺은 인물, 세계 곳곳의 풍광을 생생하게 재현하는 수채물감, 동서의 역사를 꿰뚫는 민속학과 고고학의 해박한 지식, 실존했던 역사적 사건과 뒤얽은 복잡한 플롯, 그 안에 담긴 고독하지만 자유로운 개인의 영혼…… 휴고 플라트가 창조해낸 세계는 다시 하나의 이름 '코르토 말테제'로 통한다.

© 이명석

어젯밤 꿈속에서 나는 동남아시아로 싸구려 패키지 여행을 떠났다. 여행사의 쇼핑관광에 넌덜머리가 난 나는 차라리 호텔에 처박혀 있겠다고 소리를 질렀고, 앙심을 품은 가이드는 좌석이 모자란다며 나 혼자만 예정과 다른 싸구려 전세기에 태워 다음 지역으로 이동시켰다. 비행기 조종사가 헤롱거리는 목소리로 안내방송을 할 때부터 불안불안하더니, 결국 비행기는 정글 한가운데로 떨어져버렸다. 목에 붙은 머리를 확인하며 안도의 한숨을 내쉰 것도 잠시, 무시무시한 맹수의 울음소리가 등 뒤를 덮치자 나는 꽁지가 빠져라 달리기 시작했다. 이어 무언가 두 다리를 쑤욱 잡아당기는 듯하더니, 수십 척 깊이의 지하동굴로 떨어지고 말았다. 어디선가 들리는 기묘한 주문소리, 발밑으로 다가오는 뱀들의 기척, 나는 다시 정신없이 벽을 더듬으며 기어갔다. 그러나 어디에도 출구는 보이지 않고 계속해서 제자리로 돌아올 뿐이었다. 제발 누구든 좀 도와줘! 소리를 질렀더니, 놀랍게도 눈앞에 꿈에 그리던 영웅이 등장했다.

늘씬한 몸매에 아크로바틱한 곡예 솜씨를 자랑하는 〈툼 레이더〉의 라라 크로프트, 총명한 머리와 특수 요원의 생존력으로 위기를 뚫고 나가는 〈마스터 키튼〉의 다이치 키튼, 미끈한 턱시도 차림으로 마티니 잔을 흔들고 있는 〈007〉의 제임스 본드…… 그들 중 누구라도 좋았을 것이다. 그러나 내 앞에 나타난 남자는 그들 모두를 무릎꿇게 만들 만한 사람이었다. 적도의 태양도 너끈하게 막아내는 페도라 모자, 미궁의 좀비들과 정글의 독충들을 가볍게 물리치는 채찍, 지구상 가장 어려운 수수께끼도 척척 풀어버리는 총명한 두뇌…… 고고학 액션 영웅의 원조, 인디아나 존스였다.

2008년 잡지 《토털 필름》이 뽑은 '영화사상 1백 명의 위대한 영웅과 악당' 순위에서 최고의 영웅자리에 오른 주인공. 뉴잉글랜드의 대학교수이지만 강의실보다는 악의 위협에 맞서 불가사의한 유적 속으로 들어갈 때 더욱 빛나 보이는 이 남자, 인디아나 존스가 우리에게 펼쳐보인 모험담은 실로 방대하면서도 다채롭다. 〈레이더스〉에서 〈크리스탈 해골의 왕국〉까지 모두 네 편의 극장판 영화, 30여 편의 TV 드라마와 비디오 버전으로 나온 〈영 인디아나 존스〉 시리즈뿐만 아니라, 여러 버전의 소설, 만화, 게임 들이 이 지구를 그의 고고학 탐험 놀이터로 만들었다. 두근거리는 마음에 당장이라도 그를 따라 세계지도 속으로 뛰어들고 싶겠지만, 잠시 흥분을 가라앉혀보자. 우리가 먼저 살펴보아야 할 것은 인디아나 존스라는 존재를 만들어낸 유전자 지도다.

나의 주장은 아주 소박하다. 나는 생명이 없는 예술작품이나 찾아다니고 싶지 않다. 처음부터 나의 유일한 발굴목적은 트로이를 찾는 것이다.

1869년 봄 히사를리크^Hisarlik의 언덕에서 하인리히 슐리만은 이렇게 말했다. 그는 나폴레옹이 주도한 정복자의 약탈과 요한 요아힘 빙켈만의 '예술고고학'을 넘어서는 낭만적인 고고학의 시대를 열었다. 오직 수수께끼 자체에 도전한다는 슐리만의 정신은 여든 살이 넘어서도 현장에서 피라미드의 비밀에 도전한 플린더스 피트리와 더불어 19세기 후반의 고고학적인 태도를 대표한다. 인디아나 존스의 세계에서는 아버지인 헨리 존스 교수가 이들과 같은 시대를 살아간 세대다.

아마추어 고고학자로 크레타의 상형문자를 해독한 마이클 벤트리스, 언제나 아랍복장을 하고 나일강을 탐험한 에드워드 레인, 아슬아슬한 밧줄에 매달려 다리우스 히스타피스^{Darius Hystaspis}의 무덤 내부를 탐사한 로버트 커 포터도 떠오른다. 이들 역시 인디아나 존스에게 모험을 두려워하지 않는 낭만적인 고고학자의 이미지를 만드는 데 큰 도움을 주었을 것이다.

인디는 여기에 허세를 떠는 자객을 총 한 방으로 잠재우는 서부극의 영웅, 세계정복을 획책하는 악한들을 일거에 물리치는 슈퍼 히어로, 모험을 위해 세계 어디든 자유롭게 날아가 온갖 능력을 발휘하는 특수요원의 능력을 더해 슈퍼 프로페셔널 고고학자로 탄생한다.

인디아나 존스의 지도는 1899년 7월1일 미국 뉴저지에서 시작된다. 그의 아버지는 옥스퍼드 대학 출신의 중세연구 학자로 프린스턴 대학에서 강의 중이었고, 어머니는 버지니아 명가 출신의 아름다운 여성이었다. 1908년부터 어린 인디의 모험이 본격화되는데, 이때의 행적은 TV 시리즈인 〈영 인디아나 존스〉의 연대기를 통해 확인할 수 있다.

고향인 프린스턴에서 증기선을 탄 어린 인디의 첫 행로는 런던을 지나 카이로로 이어진다. 인디는 이집트의 왕의 계곡에서 고대의 미라를 찾아내는데, 뻣뻣하게 말라 있는 수천 년 전의 시체를 보고 놀랄 때가 아니다. 그 옆에는 죽은 지 얼마 되지 않은 시체가 놓여 있다. 인디는 살인사건에 휘말려 노예상들에게 납치되어 말라케시로 끌려가는데, 이때 〈아라비아의 로렌스〉의 T. E. 로렌스가 나타나 그의 도움으로 수수

1 • 고고학자 하인리히 슐리만
2 • 히사를리크에서 발굴된 보석으로 치장한 소피아 슐리만

께끼를 풀고 탈출에 성공한다.

이어 인디는 가족들과 함께 피렌체로 가는데, 여기에서는 〈나비부인〉으로 유명한 작곡자 푸치니가 인디의 어머니에게 푹 빠지는 사건이 발생한다. 이런 사태를 아는지 모르는지 아버지는 로마에 가버리고, 인디는 갈릴레이의 물리학 실험을 재현하기 위해 피사의 사탑에 올라가면서 어머니의 기울어지는 마음을 되돌리기 위해 노력한다.

사랑의 시련은 어머니에게만 있었던 게 아니다. 인디는 아버지를 따라 빈의 정신분석학회에 참가했다가 오스트리아-헝가리 제국의 황태자인 프란츠 페르디난트 대공의 딸인 소피 공주에게 반해버린다. (이들 황태자 부부가 암살당하는 것이 1차 세계대전을 촉발한 사라예보 사건이다.) 괴로워하는 인디 앞에 세 심리학자 프로이트, 융, 아들러가 상담자로 나타나, '사랑'에 대한 제각각의 심리학적 이론을 전해준다.

실연의 상처는 아팠지만, 인디의 모험가족에겐 머물러 있을 시간이 없다. 1909년에는 케냐의 마사이 마라 공원에서 전 미국 대통령인 테오도어 루스벨트와 사파리를 하고, 이듬해엔 인도 갠지스 강가에서 어린 철학자 크리슈나무르티에게 야구 카드를 건네준다. 러시아여행 중에는 부모와 떨어져 혼자 이 황량한 나라를 여행하기로 결정하는데, 소설가 톨스토이가 나타나 집시들의 아름다운 공동체를 체험할 수 있게 해준다. 아버지와의 관계를 개선하기 위해 그리스 산속에 있는 암벽 수도원 '메테오라Meteora,'를 방문했을 때, 철학적 도움을 주는 사람은 나중에 소설 『그리스인 조르바』를 쓰게 될 니코스 카잔차키스다.

—— 20세기의 모든 영웅과 위인들 사이에서 자라다

대충 눈치챌 수 있겠지만, 〈영 인디아나 존스〉의 유년기는 늘 이런 식이다. 세

1, 2 • 크리스탈 해골의 왕국
3 • 미궁의 사원

계 곳곳을 여행하고, 그 시대의 가장 유명한 인물들을 만나, 역사의 현장을 펼쳐보여 준다. 소년들에게 낭만적인 모험심으로 역사와 지리를 배울 수 있게 해주는 교육적 목적이 적지 않다.

1912년에 이르면 영화판을 통해서만 인디를 만난 사람들에게도 익숙한 사건이 등장한다. (영화판 3편 〈최후의 십자가〉의 오프닝에 나오는 이야기다.) 미국의 유타 주에서 보이스카우트 활동을 하던 인디는 '코로나도Coronado의 십자가'를 두고 도적떼와 엎치락뒤치락 싸움을 벌이게 된다. 신대륙을 탐험하던 시대의 스페인에는 대서양 너머에 있는 '7개의 황금도시'에 관한 전설이 있는데, 코로나도는 이 도시를 찾아 북상해 유럽인으로서는 처음으로 콜로라도 강과 인디언의 협곡도시를 찾아낸 바 있다. 인디가 찾아낸 십자가는 정복자 코르테스가 코로나도에게 건네준 십자가라고 하는데, 사실 역사적 신빙성은 거의 없다. 인디아나 존스의 팬들이 이 오프닝에 흥분하는 이유는 다른 데 있다. 바로 인디아나를 대표하는 온갖 아이템의 유래를 알려주는 장면들이 이어지기 때문이다. 서커스 기차의 차량 속에서 쫓고 쫓기는 액션장면이 이어지는데, 여기에서 인디는 뱀에 대한 공포와 더불어 페도라 모자, 채찍, 턱 밑의 흉터와 같은 자신의 캐릭터를 구성하는 여러 특징들도 함께 얻는다.

다시 〈영 인디아나 존스〉의 이야기로 돌아가자. 청년이 된 인디는 1차 대전을 배경으로 더욱 다채로운 사건을 경험한다. 솜므에서 독일군의 포로가 된 뒤 드골과 함께 탈출하고, 파리에서 마타 하리를 만나 동정을 잃고, 콩고에서 알버트 슈바이처에게 희생정신을 배우고, 이탈리아에서 헤밍웨이와 연적이 된다. 그 모든 일을 기록하는 것은 로제타 비문을 새기는 만큼의 노력이 필요해 보인다.

1935년 누르하치의 유골을 찾아 상하이에 들어서면서 우리는 영화를 통해 좀더 잘 알고 있는 인디의 행적을 만난다. 영화로는 2편이지만 시기로는 1편보다 앞서는 〈미궁의 사원〉의 모험은 나이트 클럽 '오비완'에서 시작되는데, 인디는 가수 윌리 스코트와 중국인 꼬마 숏 라운드와 운명 공동체가 되어 〈인디아나 존스〉 역사상 가장 공포스러운 현장으로 들어가게 된다. 중국대륙을 가로지르는 비행기에서 낙하한 이들은 히말라야 산맥과 거친 강줄기를 헤치고 인도의 판콧^(Pankot) 궁전의 지하신전으로 들어간 뒤, 상카라 스톤을 둘러싼 스릴 넘치는 사건들을 경험한다.

인디아나 존스가 펼쳐보이는 고고학적인 모험정신은 물론 매력적이지만, 미지의 문명을 바라보는 서구인의 시선을 일방적으로 묘사하는 경우가 많다. 이 영화에서 그려진 장면들도 어디까지 실제의 인도와 연결되는지 의심스럽다. 아랍과 인도가 뒤섞인 이교도의 종교는 아이들을 노예로 착취하고 아프리카의 부두교처럼 인간을 조종하고 좀비로 만든다. 지나친 다국적 신비주의는 영화를 보는 많은 이들에게 지리적인 오해를 불러일으키기도 한다.

영화로는 1편인 〈레이더스〉는 그 이듬해 벌어진 사건들이다. 인디는 페루의 정글에서 모험 끝에 고대 동굴에 숨겨진 골든 아이돌^(Golden Idol. 고대 여신상)을 손에 넣지만 라이벌인 악덕 고고학자 벨로크에게 빼앗기고 만다. 허탈하게 미국의 대학으로 돌아온 그에게 정보국 사람들이 방문해 이집트의 타니스에서 나치가 성궤를 발굴했다는 소식을 전한다. 나치는 구약성서에 나오는 이 언약의 궤를 이용해 투명한 군대를 만들 음모를 꾸미고 있는데, 그 열쇠가 되는 태양신^(Ra)의 지팡이 장식을 지닌 레이븐우드 박사를 찾아야 되는 것이다.

인디는 네팔에서 옛 연인이자 박사의 딸인 마리온을 만나고, 두 사람은 카이로로 날아가 베를린으로 성궤를 가져가려는 나치들과 싸우게 된다. 인디가 검은 옷의 괴한과 진지한 대결을 하다가 싱겁게도 총으로 쏘아 처리하는 유명한 장면의 배경은 카이로 시장이다. 인디 일행은 성궤를 구해 영국으로 옮겨가던 중 유보트^(U boat)의 출현으로 위기에 처하지만, 성궤 자체의 초능력이 나치병사들을 처리하고 스스로 닫힌다. 성궤의 최종 행로는 온갖 보물과 초능력 무기들이 숨겨져 있다는 워싱턴의 미 정부 창고로 알려져 있는데, 이 정부 창고는 〈엑스 파일〉과 같은 여러 픽션에서 각종 음모론을 만들어내는 본거지로 등장하기도 한다.

인디아나 존스의 반대편에는 언제나 잔혹한 고고학자들이 등장한다. 역사적으로도 그런 모델들을 어렵지 않게 찾을 수 있다. 나폴레옹이나 세계대전 때의 여러 군대들 역시 적지 않은 횡포를 저질렀고, 거대한 체격과 괴력으로 현지인들을 착취하며 피라미드를 약탈한 바티스타 벨초니도 악명에는 뒤지지 않는다. 영화 속 인디의 가장 큰 적은 히틀러와 나치군대였다. 시대적으로 가장 그럴싸한 위치에 있기도 했지만, '쉰들러 리스트'로 유대인의 악몽을 토해낸 스티븐 스필버그 감독의 뿌리 깊은 적대감도 작용했던 것 같다. 〈최후의 성전〉에서는 나치에 대한 반감만큼이나 인디아나 존스 속에 깊이 박혀 있는 기독교주의가 등장한다. 1938년 포르투갈 연안에서 '코로나도의 십자가'를 되찾은 인디에게 '성배'에 대한 소식이 들려온다. 최후의 만찬에서 예수의 입에 닿았던 이 보물에 가슴이 두근거리지 않을 고고학자가 있을까. 인디는 베네치아로 가서 도서관 지하에 있는 비밀의 장소를 탐험하고, 오스트리아의 브룬월드 성에 잡혀 있는 아버지를 구해 나치의 본거지 베를린으로 간다. 이어 수수께끼 속에 등장하는 알렉산드레타가 현재 터키의 이스켄데룬이라는 사실을 알고 '초승달의 계곡'을 찾아간다. 혹시라도 성배를 찾으러, 혹은 영화 속의 장소를 찾으러 이스켄데룬을 찾아가지는 마시라. 영화에 나오는 웅장한 동굴교회 장면은 요르단의 페트라에서 촬영되었다.

—— 또다시 부활하는 인디아나의 모험세계

인디아나 존스의 팬들은 3편으로 시리즈를 끝낸 아쉬움을 19년이 지난 2008년

〈크리스탈 해골의 왕국〉으로 털어버리게 되었다. 영화 속의 시간도 19년이 지났다. 적들은 나치에서 소련의 비밀요원으로 바뀌었고, 노년의 해리슨 포드는 자신과 닮은 젊은 고고학자와 함께 아카토르의 '크리스탈 해골'을 찾으러 나선다. 멕시코를 비롯한 중앙아메리카에서 발견된 수정 해골은 고고학에서 오파츠라 부르는 불가사의한 물건의 대표적 존재다. 오파츠_{OOPARTS; Out-of-place Artifacts}는 고고학에서 도저히 그 시대의 물건이라고 할 수 없을 만큼의 기술과 정교함을 지닌 발견들을 말한다. 인디아나가 탐을 내지 않을 수 없는 물건인 게다. UFO의 출몰로 유명한 뉴멕시코의 로스웰, 외계인 비행장이었다는 설을 만들어낸 페루의 나스카, 아마존 열대우림의 마야 피라미드가 우리의 지도에 기록될 또 다른 장소다.

인디아나는 이제 백발을 휘날리고 있겠지만, 여전히 살아서 지구상 어딘가에서 수수께끼의 문명들을 찾아헤매고 있을 것이다. 우리가 인디에게 배운 것은 무얼까? 고고학자의 암호해독술, 쾌걸 조로에 버금가는 채찍기술, 까탈스러운 아버지와 지내는 방법? 내가 아는 것은 인디아나의 고고학 지도와 우리 몽상의 지도가 맞닿은 지점에 이런 글귀가 적혀 있다는 사실뿐이다. '세상에 대한 끝없는 호기심.' ⓜ

'영화사상 1백 명의 위대한 영웅과 악당' 순위
에서 최고의 영웅자리에 오른 주인공. 뉴잉글랜
드의 대학교수이지만 강의실보다는 악의 위협에
맞서 불가사의한 유적 속으로 들어갈 때 더욱 빛
나 보이는 이 남자, 인디아나 존스가 우리에게
펼쳐보인 모험담은 실로 방대하면서도 다채롭
다. 여러 버전의 소설, 만화, 게임 들이 이 지구
를 그의 고고학 탐험 놀이터로 만들었다.

26 커피, 각성과 착취의 검은 세계

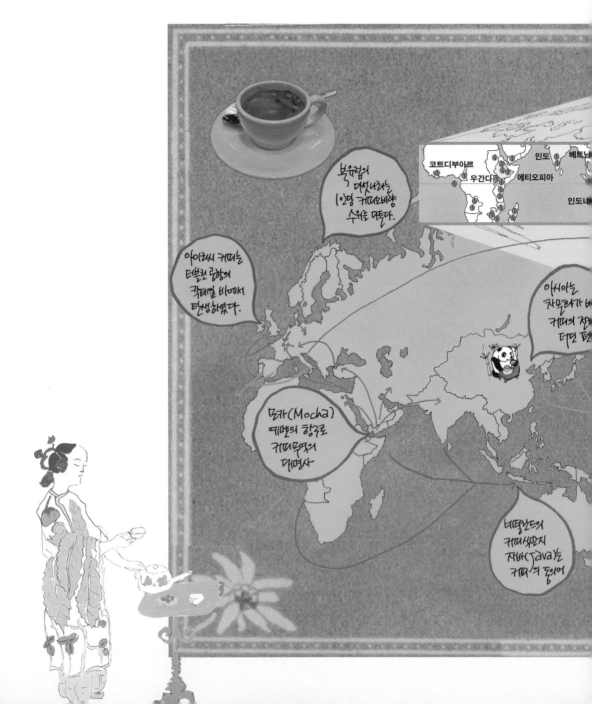

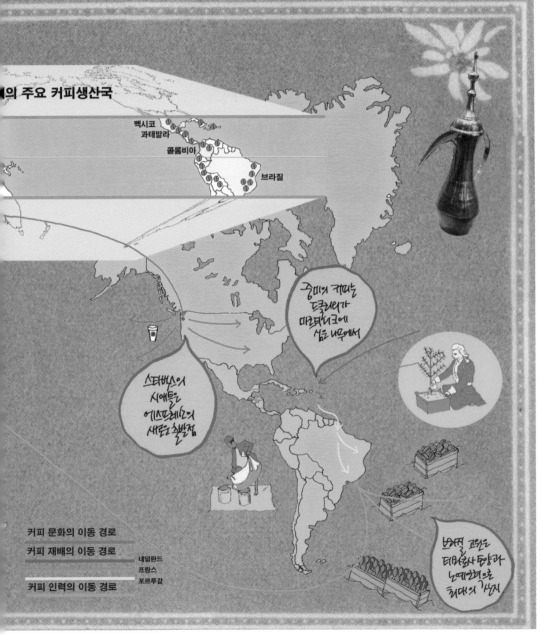

의 주요 커피생산국

맥시코
과테말라
콜롬비아
브라질

커피 문화의 이동 경로
커피 재배의 이동 경로
네덜란드
프랑스
포르투갈
커피 인력의 이동 경로

© 이명석

태양을 사랑한 소녀는 하루도 빠뜨리지 않고 바닷가에서 춤을 추었고, 아폴로는 그녀의 뺨에 새까만 보석의 가루를 내려주었다. 우리의 여동생들은 주근깨라는 선물을 별로 달가워하지 않지만, 지구라는 소녀는 자신의 광대뼈 주변에 피어난 검은 꽃을 무척이나 자랑스럽게 여긴다. 적도에 피어난 향기로운 검은 보석, 커피 덕분에 그녀의 인기가 더욱 높아졌기 때문이다. 오늘도 나를 비롯해 수많은 사람들이 커피 한 잔 덕분에 지구 탈출을 포기하고 그녀와 함께 살아가고 있다.

알래스카 상공의 조종사에서부터 남극 세종기지의 연구원까지, 커피는 지구상 모든 위도와 경도의 인간들을 지배하고 있다. 하지만 커피나무 농장은 북회귀선과 남회귀선 사이의 조금 도톰한 띠, 커피콩 벨트^{Bean Belt}라고 불리는 지역에서만 발견할 수 있다. 머리 꼭대기에서 내리쬐는 정오의 태양, 아보카도나 바나나 나무의 적당한 그늘, 해발 8백~2천 미터의 맑은 공기, 평균 20~25도의 기온, 지나친 습기를 피하되 규칙적인 비…… 커피는 이 모든 것을 요구하는 정말로 까탈스러운 나무이기 때문이다.

적도 부근에 초점을 맞추고 지구본을 돌려보면, 자바^{Java}, 모카^{Mocha}, 안티구아^{Antigua}처럼 우리가 커피숍에서 무의식중에 수없이 지나쳤던 이름들을 발견하게 된다. 아프리카, 인도네시아, 브라질 등 벨트 안의 고지대에서는 거의 예외 없이 빨간 커피콩이 열매 맺고 있다. 얼핏 보기에 태고부터 함께 자라난 듯 번성하고 있는 커피나무이지만, 그 모든 땅에 뿌리내리기까지 커피는 수백 년간 지구라는 실타래를 쉼 없이 휘감고 또 휘감았다. 요란한 환대의 찬사, 영문 모를 박해의 고함소리, 절절한 혁명의 절규, 메아리 없는 사랑의 노래가 우리 손에 잡힌 커피 한 잔에 더욱 복잡 미묘한 향과 맛을 더해왔다.

커피의 발견에 대해 말하는 전설은 여럿 있지만, 그 중 가장 널리 사랑받고 있는 주인공은 아마도 목동 칼디일 것이다. 아라비아 사람들은 예멘에서, 에티오피아 사람들은 아비시니아 고원에서 살았다고 주장하는 이 목동은 이솝 우화의 거짓말쟁이 양치기와는 달리 자기 일에 충실한 소년이었다. 그의 염소들 역시 주인을 닮아, 잘 때 자고, 먹을 때 먹고, 젖 달랄 때 배를 맡기는 선한 짐승들이었음에 분명하다. 하지만 순진한 모범생도 유혹에는 한순간이다. 어느 날 볼일을 보고 돌아오던 칼디는 그의 염소들이 두 발로 일어나 춤을 추고 있는 기이한 모습을 보게 된다. '아니 저 놈들이 약을 먹었나?' 생각했더니, 과연 염소들 옆에 올리브 비슷한 나뭇잎이 보이고 그 위로 빨간 열매들이 초롱초롱 맺혀 있었다. 칼디는 순수한 도핑 테스터의 마음으로 열매를 따먹었고, 잠시 후 염소와 같이 춤추고 있는 자신을 발견한다.

칼디의 고향이 에티오피아인지 예멘인지는 분명하지 않지만, 식물학자 린네가 '코페아 아라비카^{Coffea Arabica, 아라비아에서 온 커피}'라고 이름 붙인 아라비카 종 커피의 고향은 에티오피아의 고원지대임에 분명하다. 올리브처럼 단단한 잎, 자스민을 닮은 달콤한 향기의 하얀 꽃, 눈부신 체리빛의 붉은 열매를 가진 커피 관목은 오래도록 이곳에서 야생의 시절을 보냈다. 에티오피아 왕의 백성들이 카파^{Caffa, 아랍어로 '힘'}라고 이름 붙인 그 나무의 각성효과를 몰랐던 것은 아니다. 이웃부족과의 싸움에서 상처를 입은 전사들은 그 열매를 으깨먹으며 고통을 잊었고, 마을의 주술사들은 커피죽을 만들어 병자에게 먹이기도 했다. 하지만 커피가 약용의 과실을 넘어 문명인들의 삶을 지배하는 기호품으로서 출세가도를 달리기 위해서는 자기만큼 붉은 바다, 홍해를 건너야만 했다.

에티오피아는 한때 기독교인의 땅이었기 때문에 그 전사들은 간혹 바다를 건너

아라비아로 원정을 가기도 했는데, 어쩌면 그들의 짐에 들어 있던 커피열매가 예멘의 바위산에 떨어졌을지 모른다. 아니면 커피열매를 먹고 맛이 간 염소가 밤새 바다를 헤엄쳐 예멘의 여자친구 집 근처에 씨를 배설하고 돌아왔든지. 아무튼 멀게는 6세기부터 아랍 여러 지역에 약용으로 재배되었다고 기록되어 있는 커피는 15세기 들어 예멘의 수도사들을 통해 '신비의 음료'로 각지로 퍼져나간다. 일설에 따르면 예멘 쉬오뎃 지방의 수도원장 이맘이 커피 열매로 이런저런 실험을 하다가, 냄비에 씨앗만 넣고 가열해 남은 검은 덩어리에 물을 넣어서 다시 끓이는 방법을 개발했다고 한다.

미시사의 대가인 하인리히 야콥은 『커피의 역사』라는 책을 통해, 바쿠스로 대표되는 기독교 문명의 와인과 아폴로로 표상되는 이슬람 문명의 커피를 대비시킨다. 실제로 커피라는 말이 쓰이기 이전에 유럽에서는 이슬람 인들이 마시는 검은 음료를 '아라비아의 와인'이라고 부르기도 했다. 감성적인 흥분과 잠을 부르는 와인의 대척점에 이성적인 각성으로 잠을 쫓아내는 커피가 서 있었던 것은 분명해 보인다. 커피는 여러모로 수학, 기하학, 건축학에 탁월한 성취를 이룬 종교적 지성주의의 이슬람과 딱 맞아떨어지는 음료인 것이다.

『코란』에 따라 술을 마실 수 없었던 이슬람 세계에서 커피는 빠른 시일에 큰 인기를 얻어갔다. 천사 가브리엘이 마호메트에게 졸음의 고통을 이겨낼 수 있도록 커피를 전해주었고, 그 음료를 마신 마호메트가 "40명의 남자를 말안장에서 떨어뜨리고 40명의 여인과 사랑을 나눌 힘을 얻었다"며 허세를 부렸다는 이야기도 등장한다. 이처럼 떠들썩한 인기는

아라비아 포트와 터키제 로스팅 머신

곧 금욕파의 심기를 거스르게 되고, 1517년 메카의 신임총독 카이르 베이는 커피를 금지하기 위한 청문회를 벌인다. 머리에 핏발이 선 총독이 성직자, 철학자, 법학자, 장교들을 불러놓고 논쟁을 벌인 내용은 대충 다음과 같다.

"『코란』의 '식탁' 편은 와인과 도박을 사탄이 만든 최고의 발명품이라고 하지 않는가? 커피도 당연히 사탄의 것이다." "열매를 가지고 만드는 와인과는 다릅니다. 오히려 자연산 숯에 가깝지 않습니까?" "그렇다면 흙이라는 건데, 『코란』에서는 흙을 음식으로 삼는 걸 금지하지 않는가?" "볶은 씨앗은 식물의 죽은 부분입니다. 오히려 불에 의해 정화된 거지요." "좋다. 의사에게 물어보자." "술을 마시면 의식이 없어진다던데, 커피는 의식을 두 배로 또렷하게 해주더군요." "그렇지, 그런 초자연적인 힘을 준다면, 더욱 악마의 도구가 아닌가? 게다가 잠을 뺏는다면, 신의 섭리를 어기는 것이다." 논쟁의 우열과는 상관없이, 총독은 소란을 야기한다는 이유로 커피를 금지시킨다.

동서고금의 위정자는 왜 모르고 있는 걸까? '금지'는 더 큰 선전효과를 가져올 뿐이다. 커피는 삽시간에 아랍을 대표하는 음료가 되었고, 성인들이 공개적으로 모여 커피를 마시는 커피하우스가 아랍 도시 곳곳에 생겨난다. 사람들이 모여 머리를 총명하게 하는 음료를 마시니 당연히 말이 많아지고, 말이 많다보니 다툼이 생기고, 다툼은 1521년 카이로의 커피하우스에서 폭동을 불러오기도 한다.

─── 아랍을 정복하고 유럽을 거슬러올라가다

17세기가 되자 콘스탄티노플을 수도로 한 오스만 제국은 기독교 사회를 차례차례 정복해간다. (오리엔트 특급 노선의 역순을 생각하면 된다) 보스니아를 지나 헝가리를 함락시킨 투르크 군은 1683년 여름 신성로마제국의 수도 빈을 포위하기에 이른다. 성안에 고립된 빈 시민들은 기독교 세계의 종말이 가까워온 것이라 여기고 나날이 절망에 빠져들었다. 도대체 성 밖의 사정이라도 알아야 항복을 할 것인지, 십자가를 붙들고 버틸 것인지 결정할 수 있을텐데. 이때 세르비아 출신(혹은 폴란드인이라고도 한다)으로 투르크어를 유창하게 구사하는 게오르크 콜시츠키가 투르크 군으로 위장한 채 성 밖으로 빠져나간다. 그는 몇 번의 고비를 거친 뒤에 막강한 기독교 지원군이 서쪽에 있음을 알게 되고, 빈으로 돌아와 그 사실을 알린다. 그의 귀환을 축하하며 성 슈테판 성당에서 세 발의 신호탄이 발사되고, 그로부터 한 달 뒤 독일 폴란드 연합군에 의해 빈은 해방된다.

투르크 군이 남기고 간 것들 중 5백 포대 가량의 검은 곡물이 있었다. 이제는 쓸모없게 된 낙타의 사료라며 다뉴브 강에 쏟아버리려는 군인들과 도시의 재건에 도움이 되는 것이라면 무엇이든 끌어안으려는 시민들이 옥신각신하는 사이에 군인 하나가 포대에 불을 지른다. 탁탁 튀는 검은 콩이 형언할 수 없는 마력의 향기를 뿜어냈고, 마침 주변을 지나가던 콜시츠키가 나타나 그 포대들을 자신에게 넘겨달라고 한다. 군인들도 시민들도 이 전쟁영웅의 요구를 거절할 이유가 없었다.

전쟁의 시대뿐만 아니라 평화의 시대를 살아갈 줄 알았던 콜시츠키는 콘스탄티노플에 넘쳐나던 커피하우스를 빈에서 새롭게 창조하기로 마음먹는다. 지금도 터키같은 아랍권을 여행하다 보면 그쪽 방식의 커피를 마셔볼 기회가 있는데, 전통적인 아랍커피는 작은 주전자에 가늘고 진한 커피콩과 물을 같이 넣고 몇 번씩 끓인 뒤 침전물을 가라앉혀 먹는다. 하지만 이 거무튀튀하고 뒷맛이 좋지 않은 침전물을 빈 사람들은 탐탁찮게 여겼다. 콜시츠키는 곧 여과법으로 찌꺼기를 거르고, 꿀과 우유를 넣어 부드러운 갈색으로 희석한 빈 스타일 커피를 만든다. 여기에 투르크의 상징인 초승달 모양으로 구운 롤빵을 곁들여 내놓았는데, 그것이 바로 프랑스로 시집간 마리 앙트와네트를 통해 유럽인의 아침식사가 되는 크로와상이다. 또한 시럽을 채운

동그란 빵을 내놓은 커피하우스도 생겨났는데, 이것이 도넛의 기원이라고 한다.

합스부르크 왕조의 수도인 빈이 아랍의 검은 와인에 빠져들기 전부터, 베니스, 함부르크, 마르세유 등 서유럽의 주요 항구를 중심으로 커피가 전파되고 있었다. 하지만 커피가 전 유럽을 자신의 지배하에 두기 위해서는 역시 '파리'와 한판 승부를 벌여야 했다.

오스트리아가 투르크와의 월드컵 홈경기에서 치욕을 당하자 프랑스 왕은 표정 관리에 들어갔다. 물론 대의의 측면에서는 기독교 우방을 응원해야겠지만, 유럽 리그에서 우승을 다투어야 할 프랑스로서는 동쪽의 나라들이 터키와의 다툼에서 적당히 출혈을 해준다면 그만큼 고마운 일이 없었기 때문이다. 태양왕 루이 14세는 투르크와 동맹을 맺어 독일을 견제하고자, 1669년 술탄의 사자를 베르사유로 맞아들인다. 비록 화친을 핑계로 투르크인을 불러들이더라도 기독교 세계의 위신을 과시할 필요는 있었다. 루이 14세는 다이아몬드 의상, 부르고뉴 산의 태피스트리, 순은 식탁 등으로 요란을 떨며 터키 촌놈을 맞아들였다. 하지만 검소한 차림으로 나타난 술라이만 대사는 그 흔한 외교적 찬사도 없이 술탄의 편지만을 들이밀 뿐이었다. 살짝 기분이 상한 루이 14세는 편지가 너무 길어서 나중에 읽겠다고 했고, 그쪽대로 자존심이 상한 대사는 '술탄의 서명부터 확인하는 게 법도'라고 따졌다. 루이 14세가 '프랑스 왕은 법 위의 존재'라며 발끈한 정도로 끝낸 것이 다행이었다.

베르사유 궁전을 떠나 파리의 숙소로 돌아간 술라이만은 프랑스 왕에게 문화적 복수를 행하기로 결심한다. 그는 곧 으리으리한 저택을 세놓아 페르시아풍의 분수와 실내 정원을 만들고, 향목의 가구와 화려한 광택의 타일 벽과 다채로운 색의 돔 천장으로 완벽한 인테리어를 꾸민다. 동방의 사자를 찾아온 손님들이 의자를 찾지 못해 두리번거리면 바닥의 쿠션에 반쯤 기대앉게 하고, 검은 노예들을 시켜 커피를 대접하게 했다. 그들이 커피의 깊은 맛에 단번에 빠져들기는 힘들었겠지만, 그 이국적인 분위기만은 파리 사교계를 뒤흔들기에 충분했다.

최근 들어 미국의 스타벅스가 유럽 곳곳에 지점을 세우며 유럽신사들의 혀를 차게 만들고 있는데, 사실 파리 최초의 카페를 연 것도 미국인이었다. 투르크풍의 이국적 분위기가 유행하자, 1672년 미국인 사업가 파스칼이 생제르맹 시장에 프랑스 최초의 카페 '메종 드 카오바^{Maison de Caova,}'를 열었다. 하지만 투르크 스타일의 카페들은 몇 번 문을 열었다 닫았다를 반복하며 큰 재미를 보지는 못했다. 이 때 팔레르모 출신의 프로코피오 디 코텔로가 '파리지앵을 위한 카페'로 완전히 방향을 바꾸어, 대리석 테이블에 커피와 함께 초콜릿, 샤베트, 알코올 음료 등을 함께 제공하는 새로운 카페를 선보인다. 이것이 바로 파리는 물론 유럽 카페의 모델이 되는 '카페 프로코프^{Procope,}'로, 아직까지 생제르망 거리에 남아 있다.

아랍에서 유럽으로 커피콩이 날아갔다면, 이젠 유럽인이 커피나무를 전 세계로 옮겨놓는다. 때는 대항해와 식민개척의 시대, 스페인과 포르투갈은 계속 새로운 땅을 찾아 종교^{혹은 전염병}를 전파하고 금과 은을 캐오는 데 집착했다. 하지만 정복자라기보다는 장사꾼이었던 네덜란드인들은 어떻게 하면 자신들의 땅에서 새로운 돈벌이를 만들어낼까 궁리하게 된다. 네덜란드의 동인도 회사는 말레이 군도의 비옥한 땅에 정향나무와 후추를 심었고, 머지않아 끝없이 쏟아지는 태양과 축축한 빗줄기 아래 자리잡은 검은 화산토가 먼 적도의 친구 아프리카의 식물을 환영한다는 사실을 깨닫게 된다. 자급자족하는 원주민들이 평화롭게 살던 땅에 커피노예들의 역사가 시작된다.

── 세계에 퍼지는 검은 보석, 커피

1770년 남반구의 신대륙을 찾아 남태평양을 항해하던 쿡 선장은 꿈의 대륙을 찾지는 못했지만 뉴질랜드의 지도를 그린 것으로 만족한다. 암초에 부딪혀 천신만고 끝에 뉴기니를 벗어난 쿡의 눈앞에 갑작스레 유럽처럼 번화한 도시가 나타난다. 티모르의 동쪽, 그의 지도에 표시조차 되어 있지 않은 섬에서 만난 것은 네덜란드 동인도회사의 대표인 랑이였다. 암스테르담을 모델로 해서 도시 가운데로 운하가 들어오는 자카르타가 자리잡은 섬. 당시 바타비아라고 불린 그 섬은 지금은 자바라고 불리는 네덜란드 커피식민지의 대명사다. 서울의 거리에 있는 수많은 카페 이름이 '자바' 라는 이름을 달고 있고, 커피잔 모양의 컴퓨터 프로그램 언어가 '자바' 인 이유가 거기에 있다.

루이 15세는 투르크 대사와 실랑이를 벌인 아버지와는 달리 커피를 매우 즐겼다. 베르사유의 수석 정원사 르노르망에게 온실에서 열두 그루의 커피나무를 심게 했고, 그의 아기자기한 취향을 따라 금으로 만든 알코올램프와 커피포트를 이용해 손님들에게 커피를 대접했다. 온실 속에서 자란 커피라니 그 맛이 변변치 못했을텐데, 그는 왜 프랑스가 지닌 거대한 온실을 이용할 생각을 하지 못했을까?

프랑스령의 서인도 제도에 주둔하고 있던 가브리엘 드클리외는 지루함을 독서

로 채우다가 네덜란드인들이 동인도제도에 커피를 옮겨왔다는 사실을 알게 된다. 서인도제도와 동인도제도는 지구 반대편의 땅이었지만, 그 이름만큼이나 자연조건은 비슷했다. 그는 프랑스령 앤틸리스 제도에 커피를 심기로 하고 휴가 중에 고국으로 돌아가지만, 왕실은 별로 협조적이지 못했다. 그는 왕실의 주치의를 통해 겨우 커피나무 가지를 반출해 배를 탄다. 네덜란드 첩자의 방해, 해적과의 전투, 거대한 폭풍을 이기고 앤틸리스 제도에 도달한 커피나무는 빠르게 새 땅에 적응했고, 머지않아 멕시코의 과달루페와 도미니카의 산토 도밍고에서도 커피나무가 발견된다. 18세기 중후반 유럽에서 마신 커피의 2/3가 앤틸리스 제도에서 재배되었을 정도로 그 파급력은 컸다. 하지만 프랑스혁명이 일으킨 자유의 불길은 멀리 식민지에서 아이티 혁명을 불러일으키고, 이후 앤틸리스 대신 네덜란드의 자바가 세계 커피의 2/3를 공급하게 된다.

유럽인의 기호품으로 완전히 자리잡게 된 커피는 독점과 투기와 공황의 진원지가 된다. 영국과 대립한 나폴레옹이 대륙봉쇄를 실시한 시기에, 커피를 만져볼 수 없게 된 유럽인들은 치커리 뿌리를 볶아서 '커피'라는 이름으로 시장에서 팔기도 했다. 식민지의 작황과 여러 상인들의 농간에 따라 커피의 공급량과 값이 좌지우지되면서, 커피 판매업자들은 적당한 맛의 커피를 평균적인 가격에 제공하기 위해 블렌딩^{혼합} 기술을 개발한다. '모카^{Mocha}'라는 말은 '커피'를 대체하는 용어로 많이 쓰이는데, 원래 예멘에 있는 커피 수출항의 이름이다. '모카'는 오늘날에도 최상품의 아라비카 커피를 부르는 용어로 쓰이지만, 어디에서 왔는지 알 수 없는 정체불명의 커피에 '모카'라는 이름을 붙인다고 해도 어쩔 도리는 없다. 왜냐면 이 블렌딩의 시대에 각처에서 실려온 커피원두가 모카 항을 거처 블렌딩되면 '모카'라는 이름을 얻었기 때문이다.

네덜란드와 프랑스는 서인도제도에서 커피재배를 양분하며 티격대고 있었지만, 적어도 커피나무를 제3국에 반출하지 말자는 데는 암묵적인 동의를 하고 있었다. 하지만 그들의 국경분쟁에 포르투갈계 브라질 관리를 불러 중재를 부탁한 일에 대해서는 땅을 치고 통곡해야만 했다. 팔레타라는 이 대범한 관리는 프랑스령 기아나 총독부인과 사랑을 나누고, 그녀로부터 커피열매가 숨겨진 커다란 부케를 선물받는다. 이 씨앗은 브라질의 북쪽 파라에 뿌리를 내리고, 이어 남하하여 왕국의 심장인 상파울루 고원까지 번져간다. 네덜란드와 프랑스의 축구경기에서 포르투갈 심판이 MVP가 되고 그 트로피를 브라질에게 넘겨준 꼴이다.

남반구 최대의 나라 브라질이 커피세계에 뛰어들면서, 이제 사람들이 커피를 옮기는 게 아니라 커피가 사람들을 불러모으는 시대가 된다. 처음에는 포르투갈인들에 의해 아프리카인 노예들이 실려 오고, 이들이 다채로운 혼혈을 만들고, 노예제도가 폐지되면서 이탈리아, 포르투갈, 스페인에서 유럽인 자유노동자들이 '커피 드림'을 꿈꾸며 신대륙으로 달려온다. 차의 나라인 중국과 일본에서도 대규모의 이민이 들어오면서, 브라질은 유례를 찾아볼 수 없을 정도로 다채로운 인종의 블렌딩 장소가 되고, 20세기 최강의 커피왕국을 건설한다.

남의 부인을 꼬셔 커피를 훔쳐갔다고 포르투갈인을 욕만 할 수는 없을 것 같다. 아라비카의 맞상대는 되지 못하지만 그 대체물은 될 수 있는 로부스타 종의 커피를 앙골라에서 발견한 것이 바로 포르투갈인이다. 10미터 정도 높이의 나무로 자라는 로부스타는 품질은 좀 떨어지지만 병충해, 온도차 등에 강해 19세기 후반부터 세계 각지에서 재배되고 있다. 1877년 곰팡이병으로 커피농장이 황폐화된 인도네시아에 대량으로 보급되었고, 프랑스 인들에 의해 베트남에도 뿌리를 내렸다. 현재 브라질 커피의 15퍼센트 정도도 로부스타인데, 코스타리카처럼 법으로 로부스타의 재배를 금지하고 있는 나라도 있다.

──── 열매는 산업을 만들고, 산업은 문화를 꽃피운다

20세기가 만들어낸 몇 가지 발명품들은 세계의 커피지도를 더욱 복잡하게 만든다. 그 중 가장 획기적인 두 가지는, 이탈리아에서 만든 에스프레소 퍼컬레이터와 미국에서 만든 인스턴트 커피가 아닐까 여겨진다. 에스프레소가 세계인의 커피미각을 두 단계 정도 올렸다면, 인스턴트 커피는 두 단계 끌어내리지 않았을까? 미국은 1960년대까지만 해도 카페인 과다의 저질 로부스타와 인스턴트가 범람하는 나라였고 그 싸구려 커피문화를 전 세계에 수출해왔지만, 1980년대 이후 시애틀에서 태어난 스타벅스를 통해 '시럽'과 '테이크 아웃'이라는 새로운 카페문화로 에스프레소의 전도사가 되고 있다.

우리나라에 커피가 들어온 것은 구한말. 고종 황제는 아관파천 당시 커피에 맛을 들였는데, 이를 안 반대파가 덕수궁 환궁 뒤에 독극물이 든 커피를 황제에게 먹이려 했던 사건이 있었다고도 한다. 그 유래만큼 커피와 한국인 사이에는 극단적인 애호와 혐오의 역사가 이어져왔던 것 같다. 시인 이상과 모던 보이들의 다방편력, 계란 동동 모닝커피와 티켓다방, 자판기 커피의 전국점령시대를 지나, 바야흐로 스타벅스/라바짜/일리를 비롯한 세계 커피 전문점의 각축장이 되어가는 느낌이다.

한 잔의 커피에는 설익은 산딸기와 구운 호두에서부터 고양이 오줌까지 수십 가지 냄새들이 뒤섞여 있고, 그 오묘한 배합이 최고 혹은 최악의 맛을 만들어낸다. 또한 어떤 사람들은 그 향기 속에서 먼 바다로부터 날아온 비릿한 피냄새를 맡기도 한다. 세계 커피생산량의 90퍼센트를 만들어내던 브라질의 노예들은 사라졌지만, 아직도 세계 커피생산자들의 대부분은 열악한 집단농장의 일꾼이거나 영세한 소작농들이다. 1990년대 중반 커피가격의 폭락으로 커피대기업들은 입이 찢어지게 되었지만, 2천 5백만 커피농가들은 빈곤의 나락에서 배를 움켜쥐고 있다. 우리가 만 원

짜리 커피원두 한 통을 사면 생산농가에는 단돈 2백 원이 돌아간다고 한다. 커피식민지를 가장 먼저 개척한 나라에서 가장 먼저 반성이 시작되었다. 1980년대 네덜란드 출신의 데어호프 신부가 멕시코의 오악사카 커피농가와 손잡고 만든 브랜드 '막스 하벨라르Max Havelaar'가 유럽에서 큰 인기를 끌면서, 커피의 유통과정을 단순화하고 생산자에게 정당한 가격을 지불하고자 하는 페어 트레이드Fair Trade 운동은 점점 많은 기업들을 끌어들이고 있다. 그러나 진정 편한 마음으로 커피 한 잔을 마시기엔 지구를 뒤얽고 있는 착취의 실들이 결코 만만하지가 않다. ✍

빈의 세기말 커피하우스 지도

아일랜드에는 아이리시 커피가 있지만, 비엔나에는 비엔나 커피가 없다. 대신 멜랑제/아인슈페너/브라우너 등 은빛 쟁반 위를 춤추며 떠다니는 수십 종의 커피 메뉴가 있고, 달콤한 롤빵과 혀를 녹여버리는 토르테가 있고, 티스푼을 얹은 유리물 컵이 있다. 손잡이가 달린 독서대로 신문을 읽는 신사가 있고, 오페라를 보러 가기 전에 애인에게 편지를 쓰는 귀부인이 있고, 당구대에서 큐대를 돌리며 뽐을 내는 제복의 장교가 있다. 비엔나에는 비엔나 커피가 없지만, 세상 모든 커피애호가들이 부러워하는 커피하우스의 이상향이 있다.

커피가 악마의 나무라는 옛 주장에는 나름의 일리가 있다. 커피는 농장일꾼의 손에 잡혀 한번 죽고, 과육을 벗으며 또 한번 죽고, 불에 굽혀 다시 죽고, 끓는 물을 맞으며 죽음에 체념하고, 인간의 목구멍으로 떨어지며 마지막으로 죽는데, 그 끝에 자리잡은 '카페'라는 처형장에서 새로운 생명을 얻기 때문이다.

모든 카페의 고향인 콘스탄티노플의 커피하우스들, 고골리와 로시니와 쇼펜하우어가 들락거리며 국제 예술인 회의장을 만든 로마의 '카페 델 그레코', 마드리드 혁명의 진원지였던 '로렌초니 커피하우스', 카사노바와 여인들의 놀이터였던 베니스의 '카페 플로리안', 사르트르와 보봐르의 창작과 사랑의 아지트였던 파리의 '카페 플로르' 등 많은 도시와 많은 카페들이 자신들이 카페문화의 진수임을 주장한다. 하지만 빈은 그와는 또 다르다. 마치 이 도시 자체가 카페들을 위해 존재하는 것처럼 느껴진다.

"커피맛은 정말 멋져. 수천 번의 입맞춤보다 달콤하고, 맛좋은 포도주보다 순하지. 커피, 난 커피를 마셔야 해. 내게 즐거움을 주려거든 제발 커피 한 잔을 따라줘요." 바하가 〈커피 칸타타〉를 작곡한 18세기는 바야흐로 유럽전역에 카페문화가 무르익던 때. 그 중에서도 오스트리아–헝가리제국만큼 커피하우스가 사회와 문화의 중심이 된 곳은 찾기 어렵다. 빈에 살고 있는 대부분의 시민들은 사교와 업무를 함께 누릴 수 있는 자신만의 카페를 가지고 있었고, 그런 카페를 찾지 않고서 제대로 된 사회생활을 하기란 불가능에 가까웠다. 합스부르크 왕가는 자신들의 정복지마다 이러한 카페들을 퍼뜨렸고, 제대로 된 빈 스타일의 카페가 있어야만 제국의 도시로 인정받을 정도였다.

빈 카페는 크로와상과 도너츠의 발명지이지만, 신문과 당구의 보급처이기도 했다. 당시 카페의 주인들이 신문을 비치하기 위해 만든 손잡이 달린 신문대는 아직도 여러 클래식 카페에 남아 있다. 새로운 유희문화인 당구 역시 빈 카페를 중심으로 유럽 전체에 퍼져나갔는데, 모차르트 역시 점심식사 후에는 카페에서 당구대를 잡고 있을 때가 많았다고 한다.

현재 빈 시내 곳곳에 남아 있는 고전카페들은 19세기 말의 문학카페들을 원형으로 하고 있다. 1890년에서 1897년 사이에 전성기를 보낸 세기말 문학그룹 '청년

빈^{Jung Wien}을 두고 '빈 커피하우스 문학'이라 할 정도로 그들은 카페에서 모든 활동을 벌였다. 카페 그리엔슈타이들^{Griensetidl}이 이들의 핵심 본거지였고, 스테판 츠바이크, 헤르만 바르, 페테르 알텐베르크 등은 여기에서 원고와 비평, 그리고 종종 사교계의 여자들을 주고받았다. 이들은 1897년 카페 그리엔슈타이들이 부서지기 하루 전날, 동료의 하나였던 카를 크라우스가 발표한 '붕괴된 문학'이라는 글을 둘러싼 다툼으로 해체되고 만다. 이들 중 다수파가 새로 모인 곳이 카페 센트랄^{Central}이다.

스프링 빠진 침대는 용서해도, 맛없는 커피는 용납 못해. 이것이 내 여행의 모토. 2005년 겨울, 체코공화국을 순례하던 나는 그 멋들어진 맥주에도 불구하고 밍숭맹숭한 보헤미아의 커피맛을 견딜 수 없어 국경을 넘어 빈으로 잠시 탈출한다. (체코는 터키 커피의 영향을 오래도록 받아, 에스프레소가 많이 보급되었음에도 진하지만 명료하지 못한 커피맛을 보여준다.) 다섯 배가 넘는 숙박비의 압박을 받으면서도 빈의 카페에서 보낸 몇 시간의 가치는 충분했던 것 같다. 빈에 1년 정도 체류하며 거기에 있는 모든 카페들을 돌아다녀보는 것도 좋겠지만, 잠깐 동안의 방문이라면 지도와 함께 소개하는 몇 가지 테마의 순례를 권한다. 물론 아무 생각없이 빈에 도착했다 하더라도 당신의 눈에는 저 카페들이 붙잡힐 것이다. 극작가 브레히트가 말했듯이 빈은 '카페의 둘레 속에 만들어진 도시'다.

WIENER KAFFEEHAUS

빈 카페를 즐기는 네 가지 코스

- 문학 카페 순례 │ 포르크스 가르덴(Volks Garten)을 중심으로 란트만, 첸트럴, 그리엔슈타이들 등을 돌아본다.
- 미술관과의 앙상블 │ 프뤼켈과 장식미술 박물관을 연결하는 등 미술관과 카페를 짝지어 반나절씩 여유롭게 마끽한다.
- 오페라의 저녁 │ 자허, 슈바르첸베레크 등 남쪽 카페를 찾아 화려한 의상의 신사숙녀들과 어울리다 오페라하우스로 향한다.
- 디저트 결사대 │ 데멜, 자허 등 토르테가 유명한 카페에서 아주 진한 커피와 아주 단 디저트를 대결시킨다.

빈 카페의 상징과도 같은 손잡이가 달린 신문대. 그 역사는 18세기까지 거슬러올라
간다. 신문도 읽고, 편지도 읽고, 수다도 떨고, 한번 앉으면 반나절쯤 여유롭게 앉아
있는 것도 빈 카페의 전통.

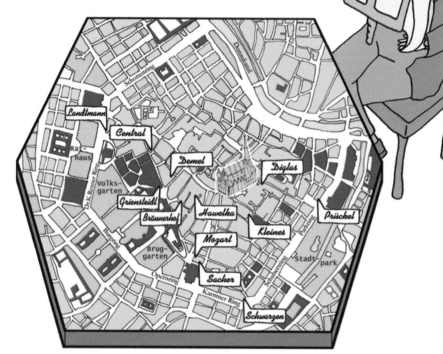

카페는 또한 사교와 오락의 징소이기도 하다. 그 중 대표적인 것은 당구.
카페 역사 초기에는 포켓볼이었지만, 나폴레옹 시대 프랑스 장교들이 4구 당구를 유행시켰다.
브릿지와 체스 모임을 위한 별실을 갖춘 곳도 있다.

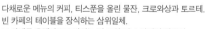

다채로운 메뉴의 커피, 티스푼을 올린 물잔, 크로와상과 토르테.
빈 카페의 테이블을 장식하는 삼위일체.
그 아래를 은쟁반으로 받치는 것 또한 빈 스타일의 왕도다.

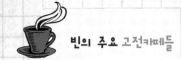

✚ **Bräunerhof, Stallburggasse 2**
작가 토마스 베른하르트가 즐겨찾던 카페. 주말에
는 음악 콘서트가 열린다.

✚ **Café Central, Herrengasse 14**
빈 보헤미안의 안식처. 작가 피터 알텐베르크는 이
곳을 첫 번째 주소로 썼다. 혁명가 레온 트로츠키도
단골이었는데, 주인장이 그의 신세를 생각해 돈을
받지 않은 적도 많다고.

✚ **Café Demel, Kohlmarkt 14**
온갖 종류의 달콤한 디저트로 유명한 카페. 다른 곳
에서 볼 수 없는 토르테가 잔뜩인 데다, 방의 장식
까지 설탕을 뿌린 듯하다.

✚ **Café Diglas, Wollzeile 10**
모던하면서도 가정적인 소박한 분위기, 커다란 케
이크가 자랑.

✚ **Café Griensteidl, Michaelerplatz 2**
1846년에 처음 문을 연 19세기의 대표적 카페로
1990년에 새로 오픈.

✚ **Café Hawelka, Dorotheergasse 6**
하웰카 부부가 1939년에 연 카페로, 심야 예술가들
의 살롱. 화가이며 건축가인 훈데르트바서 등이 단
골. 벽에는 커피와 밥값 대신 받은 벽화들이 가득.

✚ **Café Landtmann, Dr.-Karl-Lueger-Ring 4**
1873년에 오픈. 심리학자 지그문트 프로이트, 여배
우 마들렌 디트리히, 배우 버트 랭카스터, 가수 폴
매카트니 등이 고객. 과거 여성 전용실로 쓰인 방과
브릿지 게임 룸이 있다.

✚ **Café Mozart, Albertinaplatz 2**
모차르트가 죽은 지 3년 뒤인 1794년에 처음 문을
열었다. 현재의 위치에는 1929년부터 자리잡았고,

1947년 오손 웰즈가 출연한 영화 〈제3의 사나이〉
의 각본이 여기에서 쓰였고 영화장면에도 등장한
다.

✚ **Café Prückel, Stubenring 24**
물잔 위에 티스푼을 올려놓는 전통을 처음 시작했
다고 주장한다.

✚ **Café Sacher, Philharmonikerstraβe 4**
살구잼이 들어간 단단한 초코 케이크 자허 토르테
(Sacher Torte)로 유명. 휘핑크림에 맞춘 듯한 붉
은 벨벳의 인테리어도 인상적이다.

✚ **Café Schwarzenberg, Kärntner Ring 17 (at
Schwarzenbergplatz)**
오페라하우스 근처로 저녁 무렵엔 멋진 신사들과
화려한 무도회복의 여인들이 수를 놓는다.

✚ **Kleines Café, Franziskanerplatz 3**
이름 그대로 빈에서 가장 작은 카페. 여름의 야외
테이블도 좋지만, 독창적인 장식의 실내 방도 일품.

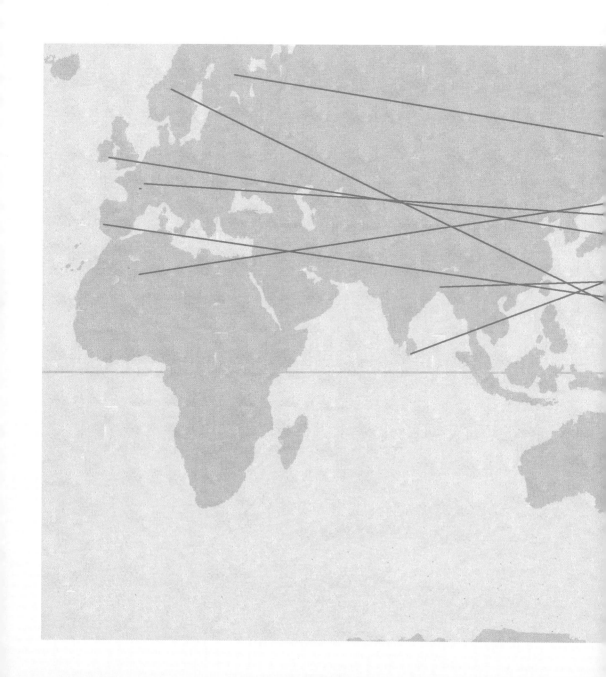

| 성북동에서 만날 수 있는 세계의 나라들 - 각 나라와 연결해보세요. |

● **대사관저** **1** 독일, **2** 핀란드, **3** 알제리, **4** 스리랑카, **5** 엘살바도르, **6** 아일랜드, **7** 포르투갈, **8** 노르웨이, **9** 콜롬비아, **10** 베네수엘라, **11** 스웨덴, **12** 슬로바키아, **13** 파푸아뉴기니, **14** 오스트레일리아, **15** 칠레, **16** 캐나다, **17** 중국, **18** 일본, **19** 오스트리아, **20** 방글라데시

▶ **국기** **21** 폴란드, **22** 오만, **23** 멕시코, **24** 그리스, **25** 유럽연합, **26** 아제르바이젠, **27** 수단, **28** 싱가포르

◆ **기타** **a** 글라렛미션센터(스페인, 쿠바) **b** 작은형제회(이탈리아) **c** 파리바게트(프랑스) **d** 첼시플라워(영국) **e** 홍콩중화요리 **f** 스위스빌라 **g** 테이크아웃 드로잉 카페

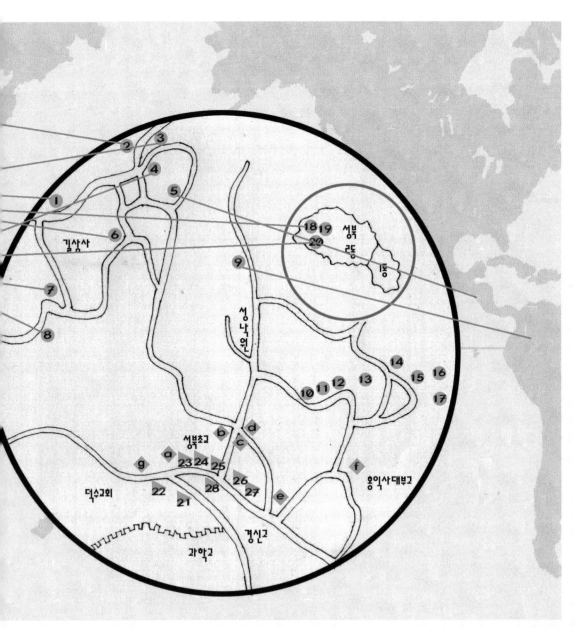

© 이명석

지구라는 행성에는 수백 개의 나라들이 저마다의 빛깔로 반짝거리고 있다. 그 모든 나라들을 하나하나 찾아다니며 지도 위에 나의 발자국을 찍는 일은 정말로 멋진 일이겠지. 그러나 그런 행운이 누구에게나 허락되지는 않는다. 어쩌면 우리가 이 책을 통해 제멋대로의 지도를 그리게 된 것은, 좁은 책상 앞에서 꼼지락거리면서 가능한 게으른 방법으로 세계를 만나려는 간사한 마음에서 비롯했는지 모른다.

오늘 나는 적어도 곰팡내 나는 내 책상 앞에서는 일어나려고 한다. 그렇다고 여행가방을 챙겨들고 공항으로 향하고 있는 건 아니다. 여권은커녕 지갑조차 챙기지 않았다. 바지주머니에 원래 들어 있던 잔돈 몇 푼을 확인하고, 노트와 연필을 윗주머니에 넣은 게 전부다. 아, 가장 중요한 준비물인 꼬깃꼬깃 접은 세계지도를 잊을 뻔했다. 더 이상은 필요 없다. 이것만으로도 나는 10여 분 뒤부터 세계를 발견할 수 있다. 고개 하나를 넘어가면 수많은 나라들을 만날 수 있는 행운의 동네에 살고 있는 덕분이다.

─── 펄럭이는 만국기 사이를 걸어가며

서울에서 가장 쉽게 세계의 나라들과 만날 수 있는 곳은 어딜까? 나처럼 그 옆동네에 살고 있지 못하다면, 지하철을 타고 한성대 입구역에서 내려 성북동 길을 따라 천천히 걸어와 보시라. 머지않아 펄럭이는 만국기를 만날 수 있을 것이다. 성북구, 특히 성북동에는 20여 개의 외국 대사관저가 빽빽이 자리 잡고 있는데, 바로 그 나라의 국기들이 이 길거리를 장식하고 있다.

나는 단골인 테이크아웃 드로잉 카페에서 에스프레소를 더블로 마신 뒤 곧바로 일어선다. 혀뿌리의 뒷맛이 사라지기 전에 성북동에서 얼마나 많은 나라들을 만날 수 있는지 둘러보기로 한 것이다.

만국기 | 성북구에 나부끼는 국기들
은 원래 구청 차원에서 '다문화의 날'
을 기념해 관내 대사관저의 깃발을 게
양한 데서 시작했다. 주변의 반응이
좋아 상시 게양하고 있다고 한다.

대사관저 표지판 | 골목 모퉁이마다 이런 재미난 표지들이 즐겁
다. 스웨덴 대사관은 제법 꼬불꼬불 가야 하나보다.

성북초등학교를 끼고 길상사로 올라가면 가장 규모가 크다는 독일 대사관저를 비롯해 알제리, 스리랑카 등의 대사관저를 만날 수 있다. 예전 어느 초파일에는 길상사의 연등행사를 구경하러 나온 포르투갈 대사관저의 소년, 그리고 메이드로 보이는 아름다운 여인과 눈인사를 나누기도 했다. 성낙원과 홍익사대부고 뒤쪽의 꼬불꼬불한 언덕길에도 여러 나라들이 따닥따닥 붙어 있다. 가장 최근에 이사온 건 중국 대사관저라고 한다. 삼청터널 쪽에서 배밭길을 따라 길상사 쪽으로 가면, 항상 경비가 삼엄한 일본 대사관저에서 유럽연합까지 여러 나라들을 숨은 그림 찾기 하듯 발견하기도 한다.

성북동의 세계지도를 더욱 풍성하게 하는 것은 가톨릭을 중심으로 한 여러 종교단체들이다. 성북초등학교 옆의 글라렛미션센터에서는 바르셀로나 출신으로 쿠바 등지의 선교사로 이름을 떨친 글라렛의 이름을 만날 수 있다. 성낙원으로 올라가는 도중의 사거리에서는 개를 안고 있는 '작은 형제회' 수도사의 조각상과 마주치는데, 이탈리아 아시시가 고향인 성 프란체스코다. 바로 앞의 제과점에서는 빵의 대명사 '파리'를 만날 수 있고, 그 옆 꽃집에서는 매년 플라워 쇼로 유명한 '첼시'의 영국식 정원향기를 맡을 수 있다.

동네를 돌아다니다 보니 그런 생각이 들었다. 내

가 살고 있는 도시에서 세계지도를 그리기 위해 굳이 대사관과 외교관 관저들을 탐험할 필요는 없다. 홍콩반점, 파리바게트, 카페밀라노, 뉴욕제과…… 온갖 가게의 이름들은 저 먼 나라의 냄새를 풍기며 우리에게 또 다른 지도를 그리게 한다.

여러분도 햇빛 따뜻한 날 세계지도 한 장을 들고 거리로 나가보시라. 그리고 세계를 떠올리게 하는 건물과 가게를 만날 때마다, 그곳이 지도 위 어디에 있는지 찾아보는 거다. '돌로미티^{Dolomity,}' 아이스크림은 이탈리아 북쪽 알프스 지역을 뒤져야 하고, 일식집 '츠키지'는 일본 도쿄에 일단 표시한 뒤에 도시 상세지도에서 어시장을 찾아야 하겠지. 혹시라도 더 큰 재미를 위해 성북동을 찾아오게 되면 내가 찾아내지 못한 나라들도 지도에 표시해주시기 바란다. Ⓜ

M이 쓰고 그린 목록

P가 쓰고 그린 목록

지도는 지구보다 크다

1판 1쇄 펴냄 2009년 4월 27일
1판 2쇄 펴냄 2010년 1월 27일

지은이 박사·이명석

주간 김현숙
편집 변효현, 김주희
디자인 이현정, 전미혜
영업 백국현, 도진호
관리 김옥연

펴낸곳 궁리출판
펴낸이 이갑수

등록 1999. 3. 29. 제300-2004-162호
주소 110-043 서울특별시 종로구 통인동 31-4 우남빌딩 2층
전화 02-734-6591~3
팩스 02-734-6554
E-mail kungree@kungree.com
홈페이지 www.kungree.com

ⓒ 박사·이명석, 2009. Printed in Seoul, Korea.

ISBN 978-89-5820-159-5   03300

값 18,000원